2013 年教育部人文社科基金规划项目(13YJA810008)成果
甘肃省人文社科重点研究基地
西部农村发展与社会保障研究中心成果

农村公共服务多元供给体系与农民需求表达机制

——基于西北民族地区的实证研究

刘书明 著

中国财经出版传媒集团
中国财政经济出版社

图书在版编目（CIP）数据

农村公共服务多元供给体系与农民需求表达机制：基于西北民族地区的实证研究 / 刘书明著. —北京：中国财政经济出版社，2018.5

ISBN 978-7-5095-8083-7

Ⅰ.①农… Ⅱ.①刘… Ⅲ.①民族地区-农村-社会服务-研究-西北地区 Ⅳ.①D669.3

中国版本图书馆 CIP 数据核字（2018）第 042219 号

责任编辑：胡　博　闫　娟　　　　责任校对：黄亚青

封面设计：孙俪铭

中国财政经济出版社 出版

URL：http：//www.cfeph.cn

E-mail：cfeph @ cfeph.cn

社址：北京市海淀区阜成路甲 28 号　邮政编码：100142

营销中心电话：010-88191537　北京财经书店电话：64033436　84041336

北京财经印刷厂印刷　各地新华书店经销

787×1092 毫米　16 开　18.5 印张　305 000 字

2018 年 5 月第 1 版　2018 年 5 月北京第 1 次印刷

定价：60.00 元

ISBN 978-7-5095-8083-7

（图书出现印装问题，本社负责调换）

本社质量投诉电话：010-88190744

打击盗版举报热线：010-88191661　QQ：2242791300

序

甘肃农业大学管理学院刘书明副教授的专著《农村公共服务多元供给体系与农民需求表达机制——基于西北民族地区的实证研究》将由中国财政经济出版社出版。在出版付梓之际，作者特邀我为之作序。书明为我在中国财政科学研究院（原财政部财政科学研究所）指导的博士后。该专著是在其博士后出站报告的基础上修改而成的，也是探讨和分析农村公共服务供给与农民需求表达机制方面的一部新作，具有视角新、起点高的特点，体现了书明同志直面现实、刻苦钻研的良好科研态度和学术追求！作为他的博士后合作导师，非常高兴为该书作序。借此时机，谈谈自己对于公共服务供给与需求表达机制方面的看法。

民族地区由于其特殊的地理位置和复杂的社会环境因素影响，经济社会发展总体落后，公共服务供给成本相对较高，地方政府公共服务财政保障能力不足，供给体系相对单一，供给效率相对低下，基本公共服务供给难以满足农村居民日益增长的公共服务需求。从根本上解决公共服务供给的效率与质量问题，需要构建科学合理的居民需求表达机制。对于少数民族地区农村而言，关键是要建立以农民公共服务需求表达机制为基础的农村公共服务多元合作供给体系。从历史发展来看，公共服务供给体系先后经历了由政府垄断的单一供给体系到多元主体合作供给体系两个不同阶段。基于多中心治理理论的多元合作供给体系成为供给体系发展与完善的主要方向。从实际操作层面来看，多元主体理论要求决策中心下移，面向地方和基层，在多层面展开决策以及必要的控制，特别鼓励基层组织和公民有序参与，实现多元供给体系与居民需求表达机制的有效衔接，以解决供给质量与效率方面存在问题。

通观全书，以下三个方面的特色是非常鲜明的：

第一，选题视角新颖且具有重要的研究价值。民族问题事关国家长治久安和全面建成小康社会全局。截至 2017 年底，全国共有 55 个少数民族、155 个民族自治地方，少数民族人口占全国总人口的 8．5%，主要分布在西部和边疆绝地区，民族自治地方面积占全国国土总面积的 64%。全国拥有 56 个民族的省区有 11 个，占全国 31 个省区的 35．5%。重视和支持少数民族地区加快发展，是民族区域自治制度的重要内容和中央的重大方针。改革开放以来，随着国家整体经济发展水平不断提升，民族地区经济也有了较大发展。但由于诸多因素的影响和制约，民族地区特别是农村经济社会发展落后，基本公共服务尚未得到充分保障，是目前国家基本公共服务体系建设的重点区域。作者抓住了这一制约和影响民族地区经济整体发展和社会稳定的具有战略意义的关键问题，以供给效率与质量提升为切入点，从供给体系与需求表达机制有效结合对相关问题深入研究，不仅具有重要的学术价值，亦有重要的实践价值。体现出作者对于国家发展中战略问题的热心与关注，该书所提出的对策与建议，对于探索经济落后的西部少数民族地区农村公共服务质量提升策略与路径选择具有重要参考和借鉴意义。

第二，研究具有较好的理论深度。该专著在对公共服务供给体系与需求表达机制相关的文献系统梳理后，总结和提炼了对于研究主题具有重要指导意义的理论观点，作为深入分析和研究民族地区农村公共服务供给体系与农民需求表达机制的重要理论基础。借鉴财政分权理论、公共管理理论、公共选择理论、治理理论等多种理论，对民族地区农村公共服务供给与需求表达机制的相关问题，如公共服务供给的现状、公共服务供给的满意度、公共服务需求类型与变化趋势、农民需求表达机制的构成与运行等进行深入分析和研究，提出了具有创新性的思路与方案。这是作者多年长期致力于公共服务领域积极思考和努力探索的结果，体现出作者作为一名高校教师较好的理论素养与科研潜质。

第三，研究方法与结论科学有效。通过具体指导发现，书明在研究中克服了种种困难查阅了大量的文献资料，在对国家、西北五省区特别是少数民族地区统计年鉴、政府政策文件等资料系统整理的基础上，全面分析了目前西北少数民族地区公共服务供给与农民需求方面存在的主要问题及其成因。通过对甘肃省临夏回族自治州部分农村居民的问卷调研，分析了少数民族地区农民公共服务需求类型差异与变化趋势；运用模糊评价方法对公共服务满意度进行了科学评价；分析了财政转移支付对民族地区基本公共服务均等化多种效应；构建了以民族地区公共服务多元合作供给体系与农民需求表达机制的模型，并对其运行过程进行了深入探讨和分析。适应民族地区农民服务需求及其变化，综合考虑公共服务供给成本差异等，通过多元合作与需求表达机制的有效衔接以提高公共服务供给的效率与质量。

第四，该书具有较好的创新性。根据新时代国家监察体制改革的总体要求，探索中央自上而下政策落实与农民自下而上公共服务需求表达过程中，财政监督检查保障机构设置与运行规则的新思路。财政监督是财政管理的重要组成部分，也是财政管理职能的主要内容和重要手段。在中央自上而下对民族地区予以财政支持，以及民族地区农民公共服务需求自下而上表达的双向过程中，为了保证中央政策与资金真正落到实处，以及农民的需求意愿得以真实有效地表达，需要强化中央对地方财政运行状况的监督和检查。提出从中央到地方各级可以设立专门的财政监察委员会，建立健全财政监督监察运行机制，专门独立行使财政监督监察职能，重点监察政策落实以及资金用途和去向，矫正农民需求表达中出现的偏差，加强对财政资金绩效评价和考核的监督，最大限度发挥财政监督的保障职能与内部控制作用。这无疑是具有重要创新意义的。

综观全书，农村公共服务作为国家战略层面的一个关键问题，作者能够尽最大努力，从供给体系与农民需求表达机制完善入手进行深入研究，投入了大量的时间和精力，进行了深度调研和数据与文献资料的挖掘与整理。全书研究视角新颖，文献资料系统全面，结构层次清晰、分析逻辑严密，研究结论科学。即将出版的这部专著既是作者多年专业努力钻研的结果，也体现出作者较好的经济学基础和科研能力，更体现出作者科学严谨的治学态度和良好的科研素质。

相信该专著的出版对于丰富相关领域的研究具有重要意义，是为序！

中国财政科学研究院外国财政研究室原主任、研究员　吕旺实

2018 年 1 月 20 日于北京

前　言

从全国整体发展来看，在党和政府的高度重视与大力支持下，我国农村公共服务供给总体上取得了显著成效，供给数量不断增加，供给质量不断改善，较好地满足了农村居民的公共服务需求，为推动农村经济社会发展发挥了重要作用。但是在这一逐步改善的过程中，依然存在着公共服务供给总量不足、主体单一、结构失衡、非均等化以及效率低下的问题，成为制约和影响农村经济社会可持续发展的重要因素。西北民族地区由于受特殊的地理位置和复杂的社会环境的影响，经济社会发展落后，公共服务供给成本较高，地方政府公共服务财政保障能力不足，基本公共服务尚未得到充分保障，是目前国家基本公共服务体系建设的重点区域。完善农村公共服务供给体系，构建科学的农村公共服务需求表达机制，提高农村公共服务供给质量与效率，推进城乡基本公共服务均等化，为城乡居民提供基本而有保障的公共服务，成为现阶段政府保障和改善民生、实现和维护社会公平正义的重要政策议题和现实选择。

从世界各国发展的实践来看，随着社会经济发展水平不断提高，居民公共服务需求将呈现出多样化的发展态势。而以政府垄断为主要特点的单一供给体系导致的供给效率低下状况，使得公共服务需求扩张与公共服务供给低效之间的矛盾凸显，需要探索和形成新的适应公共服务需求发展变化的公共服务供给体系。各国发展实践表明，公共服务有效供给不可能完全依靠单一机制和组织来实现，而必然是多元化的制度安排。在多元合作的供给体系框架，以及多样化的供给方式中，可以充分发挥政府、市场、社会和公民等组织和个体的优势，不同的供给主体合理分工、优势互补、信息共享，通过各自有效地合作提高公共服务供给质量与效率。多元化的供给体系不仅可以缓解政府单一供给的财政压力，也可以通过多样化的供给方式使得政府、社会组织和个人之间形成互相监督、互相引领的共同促进机制，最大限度地提高居民公共服务满意度。

从理论层面分析，农村公共服务供给与需求的矛盾本质上是一个体制与机制问题。从体制层面分析，农村公共服务体制，指供给主体在提供公共服务过程中形成的一系列体系和制度，通常包括组织体系、权责划分、运行模式等。从机制层面分析，农村公共服务机制，其实是一种权力转移和利益再分配机制，是由多种具有关联性的规则、制度构成的一个体系或组合。解决农村公共服务供给与需求的矛盾，关键是要处理好供给体系与需求表达机制之间的关系。供给体系关注“由谁供给”和“如何供给”的问题；需求表达机制则关注“为谁供给”和“供给多少”的问题。需求表达机制是实现公共服务有效供给的重要前提。从根本上解决公共服务供给的效率问题，必须构建一个科学合理的需求表达机制。提高民族地区农村公共服务供给质量与效率，关键是要建立以农民公共服务需求表达机制为基础的农村公共服务多元合作供给体系。

从历史发展来看，公共服务供给体系先后经历了由政府垄断的单一供给体系到多元主体合作供给体系两个不同阶段。经济社会发展水平，人口数量与结构，民族风俗习惯与传统，以及复杂多变的公共服务的不同属性与特征，是决定不同性质的公共服务实现供给主体多元化制度安排的基础。应根据经济社会发展的阶段性特征，以及公共服务的不同属性和需求变化，合理选择由不同主体构成的多元供给体系，其目的是实现公共服务的需求与供给达到均衡以提高效率。不同类型的公共物品不仅可以而且应该通过不同的方式提供。在实际操作层面，多元主体合作供给体系要求部分决策中心下移，面向地方和基层，在多层面展开决策以及控制，特别鼓励基层组织和公民有效参与。对于民族地区而言，在党委的坚强领导下，充分发挥政府，以及企事业单位、宗教团体、社区、行业协会、志愿者组织等非政府组织在公共服务供给中的互助作用具有重要意义。

本书在对国内外相关文献进行系统梳理的基础上，借鉴财政学、管理学和政治学的相关理论与方法，运用问卷调查、模糊评价、比较分析等多种研究方法，对西北民族地区农村公共服务供给与需求表达机制相关问题进行了全面深入分析和研究。研究发现：

首先，西北民族地区经济发展取得了巨大成就。但是与发达地区相比较，经济社会发展水平落后，社会中介组织发育滞后，农村公共服务供给以地方政府单一供给体系为主，社会组织以及私人机构在公共服务供给中作用有限。县、乡两级政府在民族地区农村公共服务供给中发挥着重要作用。农民对于基层县乡政府最主要的期待是汇总和反映农民公共服务需求信息。村民委员会、宗教团体、行业协会、志愿组织以及其他民间自治组织在农民需求表达方面的作用没有得到充分发挥。通过模糊评价方法进行综合评价发现，民族地区农村居民对公共服务总体满意度为“一般”。

其次，随着农村经济社会发展，以及城乡一体化进程加快，民族地区农村居民对于公共服务的需求呈现出阶段性特点，已不再局限于传统的服务类型，社会保障、医疗卫生、环境保护等成为新时期农民重要的公共服务需求内容。就需求表达方面而言，农民首先主要是通过村民委员会这一农村基层群众自治组织反映其公共服务方面的意愿和诉求；其次为基层乡镇政府领导及其工作人员。农民公共服务需求意愿表达方式相对单一，表达能力较低。农民公共服务需求表达机制和平台缺乏，需求表达能力低下，在一定程度上导致公共服务供给与农民公共服务需求脱节，影响了公共服务供给质量与效率。

最后，民族地区经济社会快速发展，财政状况有所好转，综合实力显著提升，但是民族地区城乡区域发展不平衡，地方政府财政保障能力依然不足，仅凭民族地区自身财力无法提供与全国平均水平相当的基本公共服务。中央对民族地区财政转移支付总体上呈增长趋势。这种增长趋势不仅体现为转移支付总量的绝对增长，也体现为人均转移支付的相对增长。与全国比较，民族地区税收返还比例偏高，充分体现了中央财政对于民族地区的支持和照顾。转移支付资金对于改善民族地区经济社会发展条件、提高城乡居民收入水平等都发挥了重要作用。中央财政转移支付对民族地区基本公共服务均等化效应显著，无论是在缩小民族地区与非民族地区横向差距方面，还是在纵向提高民族地区自身财力方面均发挥了显著作用。中央对民族地区转移支付结构有所改善，但是转移支付结构依然不合理，主要体现在一般转移支付比例偏低，专项转移支付比例高于一般转移支付比例。

本书认为，提高西北民族地区农村公共服务供给质量与效率，需要以完善农村公共服务供给的基础制度结构为切入点，把公共服务多元供给体系构建与农民需求表达机制结合起来，建立多元化、多层次的公共服务供给体系，完善财政保障机制，重视市场机制作用，重视农民需求表达机制完善。主要的政策建议如下：

第一，建立多元化的供给体系。民族地区农村公共服务有效供给，需要中央政府、地方政府、私人组织、非政府组织、个体等构成的多元供给体系，以及相关的一系列制度安排。根据民族地区农村公共服务的性质与特征，对农村公共服务多元供给体系的构成要件及有效运行作出系统的设计。特别需要尊重民族地区公共服务差异性和特殊性，重视和发挥多元组织在满足多样化公共服务需求方面的重要作用。

第二，构建多层次的供给体系。不同类型的公共服务供给有不同的目标群体，有面向农村的基础设施建设、环境保护、公共安全等基础性公共服务；有面向所有农民的义务教育、社会保障、医疗卫生等一般性公共服务；有面向落后地区和困难群体的扶贫开发、最低生活保障、灾害救济等过渡性公共服务；有面向民族地区农村居民的维护民族团结、边疆稳定、弘扬传统文化等特殊性公共服务。应针对不同目标群体的差异性服务需求，科学设计不同农村公共服务项目的供给方案，构建适合不同目标群体的多层次的农村公共服务供给体系，充分发挥多层次供给体系中多元组织在满足不同群体公共服务需求中的作用。

第三，完善财政保障机制。财政是国家治理的基础和重要支柱。完善公共财政体系，重视和发挥财政机制在多元合作公共服务供给体系中的基础保障作用。财政机制要发挥其在多元公共服务供给体系中的基础保障作用，前提是建立科学明晰的政府支出责任和相对完善的转移支付制度。财政支出方面向制约农村地区发展的最为根本的基本公共服务供给方面倾斜，尤其要重点保障农村基本公共服务供给，解决当前民族地区地方政府公共服务供给责任与供给能力严重不匹配问题。完善财政保障机制，打破部门壁垒和资源分割，整合现有的人、财、物、信息、技术等公共资源，提高农村公共资源使用效率。

第四，重视市场机制作用。发挥市场机制在多元合作公共服务供给体系中的提高效率的作用。民族地区多处于偏远地带，生态条件相对恶劣，公共服务供给成本较高。实现民族地区农村公共服务有效供给，不仅要考虑各地财政收入能力差异，而且要综合考虑各地公共服务供给成本不同而导致的财政支出需求差异。由于风俗习惯、教育程度等多种因素影响，民族地区农村人口自然流动不强，制约和限制农民任意选择其偏好的公共服务，无法通过“用脚投票”来促进公共资源的有效配置。多元合作公共服务供给体系首先关注供给效率问题。因此，综合考虑民族地区公共服务供给成本以及农民公共服务偏好差异，即使在多元合作供给体系框架下，同样要重视和发挥市场机制在提高公共服务供给效率方面的积极作用。重视和发挥市场机制的作用，具体指在公共服务供给过程中，通过引入市场机制以调动社会资源积极参与公共服务供给，从而实现以较低成本提供优质高效的公共服务的目的。

第五，重视和完善农民需求表达机制。坚持以人民为中心，以农民需求为导向，实现农民需求满意度最大化与公共服务供给最优化动态均衡。引入公民参与机制，优化公共资源配置，让农民自主选择公共服务的项目，使农民能够自己掌握公共服务的选择权，避免政府部门的决策者仅以个人偏好而做出盲目决策。加强农民公共服务需求表达机制的主体建设，不断提高农民自身素质，引导农民在民主管理中积极参与公共事务，有效表达自身关于公共服务的利益诉求。通过完善基层人民代表大会制、决策听证等各种制度，建立和完善农村公共服务供给决策中的农民有序参与机制，减少农民服务需求信息在传递过程中的损失，提高需求意愿表达的质量与效率。通过加强农村基层“两委”组织建设，不断完善农民公共服务需求表达的渠道建设。重视网络等民族地区农民需求表达的非制度化渠道建设，为农民公共服务需求表达提供便利。

第六，强化财政监察机制建设。财政监督是财政管理的重要组成部分，也是财政管理职能的主要内容和重要手段。财政资金特别是中央转移支付资金在民族地区公共服务供给中发挥着基础保障作用。在中央自上而下对民族地区予以财政支持，以及民族地区农民公共服务需求自下而上表达的双向过程中，为了保证中央政策与资金真正落到实处，以及农民的需求意愿得以真实有效地表达，需要强化中央对地方财政运行状况的监督和检查。积极推动财政部驻各地监察专员办事处监督检查途径和方式的转变。根据现阶段国家监察体制改革的总体要求，从中央到地方各级可以设立专门的财政监察委员会，建立健全财政监督监察运行机制，专门独立行使财政监督监察职能，重点监察政策落实以及资金用途和去向，矫正农民需求表达中出现的偏差，加强对财政资金绩效评价和考核的监督，充分发挥“监察专员办事处”和“财政监察委员会”的作用，最大限度发挥财政监督的保障职能与内部控制作用。

本研究报告的特色主要体现在以下三个方面：第一，在研究价值取向方面，以满足农民公共服务需求为中心，将完善公共服务供给体系与构建农民公共服务需求机制有机结合起来，克服仅从供给体系入手而忽视需求表达机制的弊端，通过同时完善公共服务供给体系与居民需求表达机制来探索提高公共服务供给效率与质量的思路与途径。第二，在具体实践运作方面，适应公共服务供给主体多元化、供给方式多层次、供给机制选择性等趋势，根据民族地区经济社会发展实际，选择和构建民族地区农村公共服务多元合作供给体系基本框架及有效运行条件。第三，根据国家监察体制改革的总体要求，探索中央自上而下政策落实与农民自下而上公共服务需求表达过程中财政监督检查保障机构设置与运行规则的新思路。

刘书明

2017 年 12 月

目　录

第一章

导　　论

第一节　选题背景与研究问题

一、选题背景

改革开放以来，我国经济发展取得了令世人瞩目的巨大成就。这种发展成就主要体现在国民经济重要指标统计数据的大幅度增加和提升。2016 年，国内生产总值（GDP）达到 744127 亿元，是改革开放初期 1978 年（3678.7 亿元）的 202.3 倍。人均国内生产总值 53980 元，是 1978 年（385 元）的 140.2 倍。全国一般公共预算收入 159552 亿元，是 1978 年（1132.26 亿元）的 140.9 倍；其中税收收入 130354 亿元，是 1978 年（519.28 亿元）的 251 倍①。随着经济社会的快速发展，我国开始进入由生存型社会向发展型社会过渡的新阶段。正如党的十九大报告所提出的，中国特色社会主义进入新时代这一新的历史方位。

但是，必须清醒地意识到，在经济发展取得巨大成就的同时，国家发展依然面临诸多挑战和问题。党的十九大报告指出：我国社会的主要矛盾已转化为人民日益增长的美好生活的需要和不平衡不充分的发展之间的矛盾。从全国总体来看，目前主要集中在与农业、农村和农民有关的“三农”问题，

① 数据来源：国家统计局：中华人民共和国 2016 年国民经济和社会发展统计公报，2017.2.28.

以及与此相关的城乡和区域协调发展问题，农村公共产品和公共服务供给不足等问题。2016 年农村居民人均可支配收入仅为城镇居民人均可支配收入的 36.8%。如果按照 2300 元/人·年的贫困标准计算，2016 年全国依然有 4335 万农村贫困人口。贫困地区农村居民人均可支配收入 8452 元，为当年全国农民人均可支配收入 12363 元的 68.4%。与城市居民人均收入相比，农民居民人均收入水平偏低，贫困地区农村居民水平更是偏低中的偏低状况。

目前，制约和影响农村发展与农民增收的根本是农村公共服务供给水平低下。从全国总体来看，农村公共服务供给取得了显著成效，供给数量与质量不断提高，较好地满足了农村居民公共服务需要，为推动农村经济社会发展发挥了重要作用。2016 年末，参加城乡居民基本养老保险人数为 50847 万人，参加工伤保险的农民工有 7510 万人，享受农村居民最低生活保障者有 4576.5 万人，享受农村特困人员救助供养者有 496.9 万人。但是，农村公共服务供给方面存在的总量不足、主体单一、结构失衡、非均等化以及效率低下的问题，依然是当前农村经济社会发展所面临的主要问题。2016 年全国共有医疗卫生机构 99.3 万个，其中乡镇卫生院 3.7 个，仅占 3.7%；全国医疗卫生机构床位 747 万张，其中医院 575 万张，占 76.9%，乡镇卫生院 123 万张，仅占 16.5%。当年农村人口占全国总人口比例为 42.65%。

农村基本公共服务问题已经成为城乡协调发展、区域协调发展和经济社会协调发展的三大全局问题的矛盾汇集点①。从一定意义上讲，农村公共服务供给水平已成为衡量国家或地区农村经济发展以及城乡协调发展状况的重要标志，也是现阶段全面推进新农村建设和解决“三农”问题的关键所在。提高农村公共服务供给质量与效率，是对新时期农村公共服务需求发展变化的积极回应，也是促进农村经济社会发展的必然要求。因此，完善农村公共服务供给体系，构建科学的农村公共服务需求表达机制，进而提高农村公共服务供给质量与效率，推进城乡基本公共服务均等化，为城乡居民提供基本而有保障的公共服务，成为现阶段政府保障和改善民生、实现和维护社会公平正义的重要政策议题和现实选择。

西北民族地区主要指甘肃、青海、宁夏和新疆等省（区）的少数民族

① 中国（海南）改革发展研究院：基本公共服务均等化——新农村建设之重．北京：中国经济出版社，2007.

聚居区，是我国主要的少数民族聚居区。由于受特殊的地理位置、自然环境与民族宗教等复杂的社会因素影响，经济社会发展水平相对落后。与发达地区相比，地方政府财力状况差，公共服务投入不足，政府单一供给体系导致公共服务供给总量不足与结构失衡的问题更为严重，不仅制约了民族地区农村经济社会发展，阻碍了城乡一体化与区域协调发展，而且对于维护民族团结与社会稳定也产生诸多不利影响。对于西北地区而言，特殊的民族分布状况决定了没有少数民族和民族地区的发展，就没有西北的全面可持续发展，缩小与东部沿海发达地区的差距，最根本的是要加快少数民族和民族地区的发展。

目前，提高西北民族地区农村公共服务供给效率与质量，是实现西北民族地区社会稳定和促进农村经济社会可持续发展的关键。分析和研究西北民族地区农村公共服务多元供给体系与农民需求表达机制问题，具有重要的理论与实践价值。这种价值主要体现在通过构建多元合作的公共服务供给体系与科学有效的农民需求表达机制，提高西北民族地区农村公共服务供给质量与效率，以及农民对于公共服务的满意度，为边远落后的民族地区经济社会快速发展提供必要的政策参考与借鉴。

二、研究问题

（一）公共服务供给体系与需求表达机制关系分析

从公共服务概念、类型与特征等入手，结合局部均衡分析和一般均衡分析方法，重点分析公共服务有效供给与需求表达机制的内在关联。

（二）西北民族地区农村公共服务供给的现状与主要问题

课题组以甘肃省临夏回族自治州（以下简称临夏州）为例，通过实地调查及相关数据资料的分析，总体上把握西北民族地区农村公共服务供给的现状与存在的主要问题。主要包括：农村义务教育、农村公共卫生供给、农村社会保障供给、农村公共文化等。

（三）西北民族地区农村公共服务供给与农民公共服务需求影响因素的实证研究

以甘肃省临夏州为例，在问卷实地调查的基础上，重点从公共教育、社会保障、公共卫生、公共文化等四个方面，利用对应分析方法具体分析农民公共服务需求影响因素。利用模糊评价从以上四个领域具体分析民族地区农民对农村公共服务的满意度。

（四）西北民族地区农村公共服务多元合作供给体系构建与运行条件

结合理论与实践，从经济社会发展状况、人口结构、民族宗教、文化程度、需求偏好、社会组织等多方面深入分析和论证西北民族地区农村公共服务多元供给体系的必要性与可行性。解释地方政府、企事业单位、社会团体、宗教团体、志愿者组织、公民个人等可能的公共服务供给主体在经济落后、区域特殊的民族地区，如何组成有效的公共服务供给体系，以及农村公共服务多元供给主体之间关系的协调。

（五）西北民族地区农民公共服务需求表达机制分析

主要包括：西北民族地区农民公共服务需求类型与结构分析，农民公共服务需求表达方式与影响因素重点说明西北民族地区这种特殊区域，农民公共服务需求到底是何种状态，其公共服务需求偏好、数量、类型以及影响因素有哪些，农民公共服务需求是如何表达的，即他们依托何种组织、通过何种方式表达自己的服务需求。

（六）民族地区农村公共服务多元合作供给与农民需求表达机制中财政转移作用分析

民族地区经济社会发展与财政收支状况分析，民族地区财政转移支付规模与结构，财政转移支付对民族地区基本公共服务均等化效应。在多元供给体系框架和农民需求表达机制完善中如何发挥财政转移支付的作用。

三、研究目标

（一）分析西北民族地区农村公共服务多元合作供给体系建立的理论与现实依据

具体说明西北民族地区农村公共服务多元供给体系建立的必要性与可能性。公共服务供给体系多元化是一个普遍趋势，但是对于经济落后的西北民族地区而言，基于其经济落后的主要问题与存在的民族宗教信仰的特殊问题，根据公共财政与公共管理相关理论，在分析该地区农村公共服务现状的基础上，总结经济落后的民族地区农村公共服务多元供给体系建立的理论与现实依据，阐释其建立的必要性与可能性。

（二）探讨西北民族地区农村公共服务多元合作供给体系的构成及多元主体间关系

具体分析多元供给主体分别有哪些不同的主体构成，以及不同主体间关系的协调。从一般意义来讲，公共服务供给多元主体包括政府、非政府组织、公民社会以及社区等，但是对于西北少数民族地区而言，基于其特殊的发展阶段与社会环境因素，多元主体具体包括哪些可能的主体，这些主体在公共服务供给中地位与作用以及相互间的关系的协调等。

（三）构建基于农民公共服务需求表达机制的西北民族地区农村公共服务多元合作供给体系框架

与其他地区相比而言，在经济落后的西北民族地区，农民文化程度较低且普遍具有宗教信仰。具体解释由于文化程度与宗教信仰等方面的因素影响，农民公共服务需求数量、类型、质量及表达方式有何特殊性，并在此基础上构建科学的农民公共需求表达机制。

四、研究内容

研究内容共由九章组成，具体安排如下：

第一章：导论。说明选题背景、研究意义与研究问题等。主要包括：研究内容总体安排，研究问题的确定，研究思路（技术路线）与研究方法，文献述评，研究预期取得的创新等。

第二章：公共服务供给体系与需求表达机制理论分析。主要包括：公共物品与公共服务内涵及内在关联。公共服务供给体系构成及其变化趋势。公共服务需求表达机制及其内在困境等。

第三章：西北民族地区农村公共服务供给的现状与问题。民族地区义务教育、公共卫生、社会保障、公共文化等主要公共服务现状及其存在的主要问题。

第四章：西北民族地区农村公共服务供给与农民需求状况实证研究。在问卷实地调查基础上，分析西北民族地区农民公共服务需求影响因素，西北民族地区农民公共服务需求满意度评价。

第五章：西北民族地区农村公共服务多元合作供给体系构建与运行机制。深入分析西北民族地区农村公共服务多元供给体系建立的必要性和可行性，以及西北民族地区农村公共服务多元供给体系构成与运行机制和多元供给主体关系协调。

第六章：西北民族地区农民公共服务需求表达机制分析。西北民族地区农民公共服务需求类型与结构，农民公共服务需求表达方式与影响因素分析，西北民族地区农民公共服务需求表达机制构建。

第七章：民族地区农村公共服务多元合作供给体系与农民需求表达机制

中财政转移作用分析。多元合作供给体系与农民需求表达机制中财政转移支付作用的拓展性分析。

第八章：基于农民需求表达机制的西北民族地区农村公共服务多元合作供给体系。

第九章：研究结论与展望。在对以上各章节内容进行总结的基础上，整体呈现研究结论，指出研究的不足与今后需要努力的方向。

第二节 研究思路与研究方法

一、研究思路与技术路线

（一）研究思路

具体的研究思路如下：首先，对国内外相关文献进行系统全面梳理，在对已有关于农村公共服务供给与农民需求表达问题研究成果进行总结的基础上，对农村公共服务多元供给体系基本构成与必要性进行深入分析；其次，在问卷调查基础上，深入分析目前西北民族地区农村公共服务供给与需求方面存在的主要问题，对影响西北民族地区农村公共服务供给的各个方面因素进行全面分析。主要从供给规模、供给结构、供给主体、供给决策、需求类型、需求变化预测等诸多方面分析西北民族地区农村公共服务存在的问题。在此基础上，构建符合西北民族地区社会特点、农村公共服务特点与农民行为特征的公共服务多元供给体系与需求表达机制。最后，在上述研究内容基础上，借鉴国外农村公共服务供给的经验，对西北民族地区农村公共服务有效供给提出具有针对性与操作性的对策与建议。

（二）技术路线

本书的技术路线如图 1－1 所示。

二、研究方法

以财政学相关理论为基础，通过实地调查获得第一手资料，参考西北民族地区农村社会经济发展的统计年鉴等多种文献资料，对西北民族地区农村公共服务供给体系与农民需求表达机制进行系统研究。具体研究方法主要有

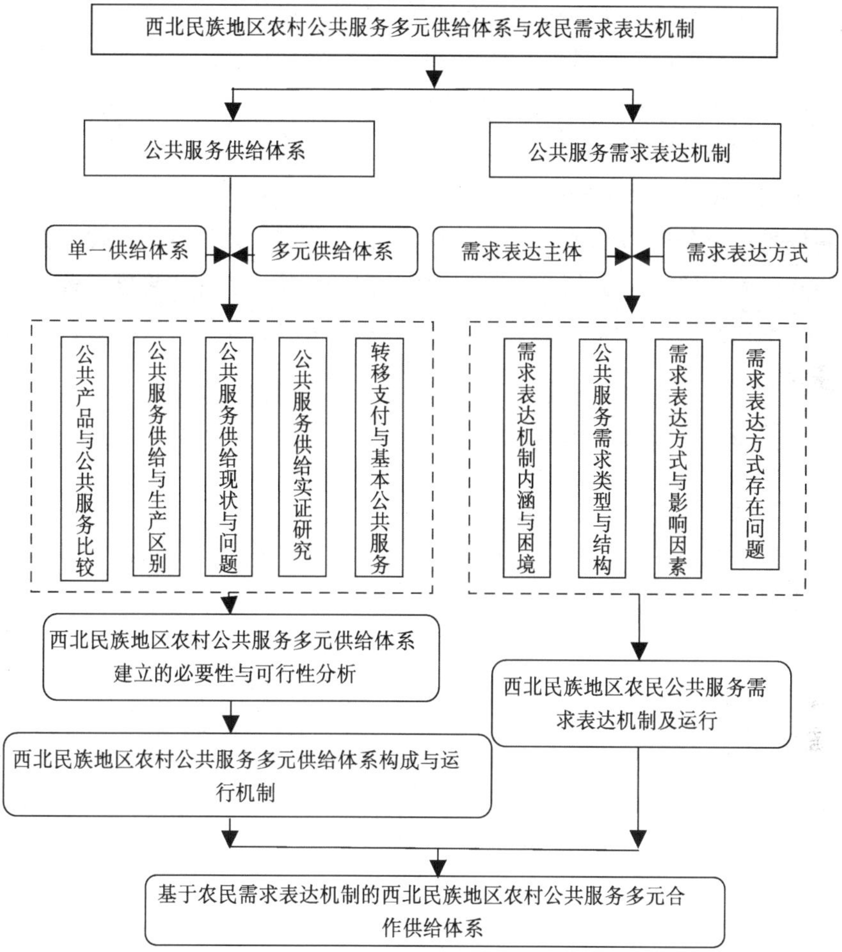

图 1-1

以下四种。

（一）文献研究法

对与农村公共服务、西北民族地区农村社会经济发展的专著、学术期刊、报纸以及网络资源相关资料进行认真系统梳理。同时查阅与西北民族地区农村经济社会发展有关的政策文件，通过文献资料全面整理、归纳和总结西北民族地区农村公共服务供给体系存在的问题及改进的思路。

（二）问卷调查法

根据社会科学调查原理，确定科学的调研方案，设计“西北民族地区农村公共服务多元供给体系与农民需求表达机制研究”调查问卷，选取西北民族地区具有代表性的农村作为调查样本进行实地调查，统计和整理分析调查问卷，获得可靠的第一手数据资料。科学分析目前该地区公共服务供给与农民公共服务需求表达中存在的问题。

（三）规范研究方法

本书的规范研究主要以公共产品理论为基础，对农村公共产品与公共服务内涵特征及分类，农村公共产品与公共服务供给主体、供给方式、供给决策模式、供给的筹资方式，农民公共服务类型与特点、变化趋势、表达方式等进行规范分析，从而得出西北民族地区农村公共服务有效供给的思路与对策建议。

三、研究可能的创新

本研究可能的创新在于以下三个方面：第一，在研究价值取向方面，以满足农民公共服务需求为中心，将完善公共服务供给体系与构建农民公共服务需求机制有机结合起来，克服仅从供给体系入手而忽视需求表达机制的弊端，通过同时完善公共服务供给体系与居民需求表达机制来探索提高公共服务供给效率与质量的思路与途径。第二，在具体实践运作方面，适应公共服务供给主体多元化、供给方式多层次、供给机制选择性等趋势，根据民族地区经济社会发展实际，选择和构建民族地区农村公共服务多元合作供给体系基本框架及有效运行条件。第三，根据国家监察体制改革的总体要求，探索中央自上而下政策落实与农民自下而上公共服务需求表达过程中，财政监督保障机构设置与运行规则的新思路。

第三节 文献述评

随着经济社会发展，城乡居民公共服务需求发展及变化，公共服务及其有效供给得到理论界和学术界的普遍关注，成为经济学、政治学与公共管理学研究的热点问题。通过 CNKI 中国学术期刊全文数据库的检索发现，近几年来国内关于公共服务的研究成果较多。从 2010 年至 2017 年，篇名包括“公共服务”的论文，每年都有 2 万余篇，篇名包括“公共服务供给”一词的有 7000 余篇，篇名包括“公共服务供给体系”的有 1000 多篇。通过对已有文献资料的系统梳理，发现国内外关于公共服务供给体系与需求偏好显示方面的具有代表性的研究成果主要在以下几个方面。

一、国内外关于公共服务供给体系方面的研究

（一）国外关于公共服务供给体系的研究

从国外来看，对于公共服务相关问题的研究源于传统的公共产品理论，其实是对公共产品理论的拓展和延伸。关于公共服务供给体系方面的研究，核心主题是公共服务供给主体选择问题。具体而言，公共服务应由哪些部门或主体供给，是单一主体构成的单一供给体系，还是由复合主体构成的多元供给体系。

20 世纪 50 年代及以前，公共产品供给研究是以政府垄断供给为主导。1954 年，保罗·萨缪尔森（Paul A. Samuelson）在其《公共支出纯理论》一文中，首次提出了公共物品的定义，由此奠定了研究公共服务供给方式的基础[①]。这一时期，普遍的看法是，由于市场失灵的存在，以及公共产品消费非竞争性和非排他性等特点，市场无法有效提供公共物品，政府是公共物品的唯一供给主体。

20 世纪 60 年代，基于理性经济人假设和消费的不可分割性和非排他性，经济学领域关于公共产品供给体系的研究，形成了以詹姆斯·布坎南（James M. Buchanan）为代表的公共选择理论、曼瑟尔·奥尔森（Mancur Olson）为代表的“集体行动的逻辑”、加勒特·哈丁（Garrett Hardin）为代表的“公地悲剧”以及阿尔伯特·塔克（A. W. Tucker）为代表的“囚徒困境”等理论模型，对之前的政府为公共物品或公共服务唯一供给主体的理论提出挑战，公共服务供给主体多元化趋势开始出现。

1965 年，公共选择理论主要代表人物詹姆斯·布坎南（James M. Buchanan）提出了俱乐部经济理论，以此解决集体行动的困境。在他们看来：“没有任何逻辑理由证明公共服务必须由政府官僚机构来提供”。解决公共服务供给的效率问题，最好的做法是打破政府的垄断地位，建立公私机构之间的竞争。因为，从理论上讲，公共资源物品不具有排他性但具有一定的竞争性，而另一类公共物品具有一定的排他性而不具有竞争性，因而被称

① Paul A. Samuelson: The Pure Theory of Public Expenditure. The Review of Economics and Statistics, 1954 (4).

为“俱乐部物品”。这意味着公共物品的提供主体，并非像古典经济学派认为的那样仅局限于政府本身，也可以是其他的替代性主体，不同的公共物品应选择合适的供给方式予以提供。

曼瑟尔·奥尔森则深入分析了集体行动的条件与困境。曾经普遍认为，如果属于某一集团或某一阶级的个人之间的共同利益足够大，并且他们都已经意识到了这种利益，那么该集团或阶级成员便会自然地团结起来为其集团利益而采取集体行动。但是，曼瑟尔·奥尔森（Mancur Olson）于1965年在其《集体行动的逻辑》中指出：“实际上，除非一个集团中人数很少，或者存在强制或其他某些特殊手段以使个人按照他们的共同利益行事，有理性的、寻求自我利益的个人不会采取行动以实现他们共同的或集团的利益。①”因此，以上表面合理的传统假设并不能很好地解释和预测集体行动及其结果。相反，个体的自利的、理性行为往往导致对集体不利甚至有害的结果。由于个体之间信息不对称，以及搭便车动机的存在，自利的、理性的个体一般不会为所谓集体利益做贡献。这就意味着许多合乎集体利益的集体行动其实并不会产生。当然，如果集体人数比较少时，集体行动可能比较容易产生。随着集体人数的增加，特别是集体规模较大时，集体行动的产生就变得越来越困难。因为在人数众多的集体内，通过协商解决如何分担集体行动的成本是比较困难的，而且人数越多，人均收益就相应减少，搭便车的动机便越强烈，搭便车的行为也越难被发现，集体行动的动机将大大减弱。他发现了集体行动产生的两个主要条件：一是集体成员的“不对称”，二是“选择性激励”的存在。

1968年，英国哈丁（Garrett Hardin）在《The tragedy of the commons》一文中首先提出“公地悲剧”理论模型②。他利用该模型分析了公用资源由于被过度使用而最终造成的破坏和浪费，以及可能出现的资源枯竭等严重问题。作为理性的经济人，每个人都希望自己的收益最大化。公地作为公共资源为多数人所拥有，每一个人都有使用权，也都没有权利阻止他人使用，从而造成资源由于过度使用而枯竭。现实中被过度砍伐的森林、过度捕捞的渔业资源以及污染严重的空气或河流，都属于“公地悲剧”的典型案例。之

① 曼瑟尔·奥尔森：集体行动的逻辑［M］. 陈郁，郭宇峰，李崇新等译，上海：格致出版社，1995.

② Garrett Hardin：The Tragedy of the Commons［J］. Science，1968（162）.

所以称其为悲剧，是因为每个参与者或当事人都知道这些资源将由于过度使用而最终枯竭，但每个人都对阻止事态的恶化感到无能为力。而且因为存有侥幸心理最终使得事态更为恶化。造成这种悲剧出现的根本原因在于产权界定困难。公共资源因产权难以界定，或产权界定的交易成本太高，而被竞争性地、过度使用，乃至最终枯竭成为一种必然。

20 世纪 70 年代，关于公共产品供给主体的选择应多样化的趋势更为明显。1974 年，科斯（Ronald H. Coase）在其经典论文《经济学中的灯塔》中，通过对英国的灯塔生产和经营状况的实证分析，从经验的角度论证了传统上认为只能由政府经营的公共产品完全可以由私人组织提供和经营。1975 年，布鲁贝克尔（Brubaker）从偏好显示出发，详细论证了契约前的排他性可以在社区范围内解决“搭便车”问题，认为通过产前合约的特殊作用有可能实现公共产品的私人生产，提出了通过产前契约的方式提供公共产品的理论。

20 世纪 70 年代末至 80 年代以来，随着新公共管理运动的兴起，公共服务供给方面的研究成果更为丰富，不同的学者从多种视角对公共服务供给问题进行深入分析和探究，提出了许多具有创新性的理论观点。其中代表性的成果主要有：简·莱恩（Jan – Erik Lane）在《新公共管理》中描述的公共服务合约制政府；戴维·奥斯本和特德·盖布勒在《改革政府：企业家精神如何改革着公共部门》提出的关于社区服务的授权管理模式和企业化战略中的顾客导向；萨瓦斯（E. S. Savas）在《民营化与公司部门的伙伴关系》提出的“公共服务民营化”模式；罗纳德·奥克森（Ronald J. Oakerson）在《治理地方的公共经济》中阐述的地方公共经济理论；罗伯特·D. 帕特南（Robert D. Putnam）在《使民主运转起来》中提出的公共服务社会资本理论。艾莉诺·奥斯特罗姆（1990）《公共事物的治理之道》提出的多中心理论，以及登哈特的新公共服务理论等。

20 世纪 90 年代以后，学术界开始了对公共服务多元供给主体之间关系的研究。这一时期主要围绕公共服务的市场化、民营化与社会化，公共服务供给主体的多元化以及多元供给主体之间的关系进行研究。研究的重点在于多元供给主体之间分工与合作的关系。一种观点以对政府责任边界的界定为前提，将那些用以纠正市场失灵、维护社会公平为目标的公共服务明确界定为政府责任；另一种观点以对供给主体性质与公共服务性质的分析为基础，试图在不同供给主体与不同性质的公共服务之间建立对应关系，以保证不同性质的公共服务与特定供给机制相匹配，从而实现公共服务有效供给①。

1990 年，艾莉诺·奥斯特罗姆在《公共事物的治理之道——集体行动制度的演进》一书中，从小规模公共池塘问题入手，在大量案例研究的基础上，提出了自主组织治理公共事务的观点②。她认为在一定条件下，公共产品的管理与服务完全可以由民间组织提供，即一群相互依赖的委托人完全能够把自己组织起来进行治理，从而能够在所有人都面对搭便车、规避责任或其他机会主义行为的诱惑的情况下，取得持久的共同利益。奥斯特罗姆将公共产品的生产与供给区别开来。在公共服务的提供方面，她从规模、竞争与效率等角度考虑，认为大都市地区的多个政府格局不仅不应当被改变，而且还应当提倡。这种格局形成了一种“多中心政治体制”（polycentric political system），以区别于“单中心政治体制”（monocentric political system）。“多中心”意味着同时有多个相互独立的决策中心，它们之间不再是传统的隶属关系，而平等的竞争或合作关系，能够更有效地提供公共服务，及时回应民众的服务需求；“单中心”则意味着仅存在一个单一的决策中心，所有的事务都由它决策，围绕这个中心自上而下形成一个等级官僚体系，主要通过靠行政命令与控制的方式。多中心体制学说指出了从以政府为核心的单中心治理模式向政府、市场和社会三维框架下的多中心治理模式的转变趋势，并提供了大量的实践案例。

萨瓦斯（E. S. Savas）在《民营化与公司部门的伙伴关系》一书中，从民营化的背景、理论与实践三个方面论证了民营化是改善政府的最佳途径这一基本理念，结合 30 年来在 49 个国家民营化的实践经历，深刻分析了民营化运动中所出现的问题，提出了切实有效的解决之道和具体方法③。与公共选择理论者一样，他认为没有任何逻辑和理由可以证明公共服务必须由政府机构来提供，而摆脱政府公共服务低效率和资金困境的最好出路是打破政府的垄断地位，积极实行公共服务的民营化，建立起公私机构之间的竞争。他结合产品供给的安排和生产的不同情况，列出了十种制度安排，包括政府服务、政府间协议、合同承包、特许经营、补助、政府出售、自由市场、志愿

① 赵子健：公共服务供给方式研究述评［J］．中共天津市委党校学报，2009（1）．

② 艾莉诺·奥斯特罗姆（Elinor Ostrom）：公共事物的治理之道——集体行动制度的演进［M］．余逊达，陈旭东译．上海：上海三联书店，2000．

③ E. S. 萨瓦斯（E. S. Savas）：民营化与公私部门的伙伴关系［M］．周志忍译，北京：中国人民大学出版社，2002．

服务、自我服务、凭单制等。

2002年，珍妮特·V. 登哈特（Janet V. Denhardt）和罗伯特·B. 登哈特（Robert B. Denhardt）在《新公共服务：服务而不是掌舵》中在对新公共管理理论进行反思与批判的基础上，认为应将公共利益的民主价值观、公民权和服务重新肯定为公共行政领域的规范性基础①。与新公共管理不同，新公共服务理念不仅要重新认识公共服务的公共性，更要重新认识公共服务的多元化，从民主治理理论而不是从私营部门管理理论中获得启示。

（二）国内关于公共服务供给体系的研究

国内学者有关公共服务供给体系研究主要有政府主导论、公共服务市场化、公共服务社会化以及多元主体参与等四个方面。

1. 公共服务供给体系的政府主导论

公共服务供给体系政府主导论者相关研究可以大致分为以下两类：

第一类，沿袭传统思路从不同的角度探讨政府在公共服务供给体系中的主导作用。刘厚金（2011）从完善公共服务体制的视角探讨了政府在公共服务供给中的主导作用②。倪明胜（2013）从创新社会管理的视角出发，认为我国现代社会服务体系的构建应该进一步强化政府主导型的社会服务供给模式，加大财政预算和管理人员的投入，以此来提升公共服务水平，完备社会服务保障制度体系③。宣烨，胡俊（2015）认为，提升公共服务供给水平、健全公共服务体系是政府改善民生幸福的重要途径，也是政府行使公共职能的职责所在④。李燕凌，喻琪（2015）认为我国是典型的政府主导型国家，政府在各个领域都有着巨大的影响和控制力⑤。

第二类，以地方政府在公共服务体系中的作用为研究方向。唐琦玉（2010）认为我国基层公共服务供给体系依然最为薄弱，应进一步完善基层

① 珍妮特·V. 登哈特（Janet V. Denhardt）、罗伯特·B. 登哈特（Robert B. Denhardt）：《新公共服务：服务而不是掌舵》[M]. 丁煌译，北京：中国人民大学出版社，2014.

② 刘厚金：我国政府公共服务的体制分析及其路径选择 [J]. 上海行政学院学报，2011(2).

③ 倪明胜：社会管理创新视阈下的社会服务供给：反思与优化 [A]. 中国行政体制改革研究会. 加快政府职能转变深化行政体制改革——第四届中国行政改革论坛论文集 [C]. 中国行政体制改革研究会，2013：12.

④ 宣烨，胡俊：国家公共服务体系构建的典型模式及启示 [J]. 南京财经大学学报，2015(03).

⑤ 李燕凌，喻琪：我国基本公共服务供给的现状分析与思考 [J]. 经济研究导刊，2015(13).

政府公共服务供给体系[①]。蔡辉明（2011）认为当前地方政府公共服务有效供给仍面临着诸多困境，正确处理好政府供给与公民需求、财权分配与事权安排、工具理性与价值理性这三大关系，是政府需着力突破的瓶颈[②]。陈旭佳（2015）通过构建中央和地方政府“委托—代理”理论模型测量地方政府公共物品供给的可及程度。他认为中央政府应该对地方政府建立比较科学的政绩考核机制，促使地方政府贡献出最优的努力水平[③]。杨杨（2016）认为地方政府在公共服务的供给上陷入了供给不充分、低效率、不均衡和不协同的困境，应当以地方政府公共服务供给过程中出现的具体问题和困境为对象，采取增加供给总量、完善运行机制、培育多元化供给网络、促进社会公众有效参与等措施提升地方政府的公共服务能力[④]。

近年来，大数据逐渐成为新的研究方向。如陶国根（2016）提出大数据有利于政府公共服务供给的精细化，有利于政府公共服务体系的现代化[⑤]。王法硕，王翔（2016）探讨了如何利用大数据创新公共服务供给方式，实现国家治理体系和治理能力的现代化，公共部门利用大数据实现社会治理与公共服务创新的关键在于树立大数据的价值观、方法论与思维习惯，主动推进公共数据的公开、共享与利用[⑥]。

2. 公共服务供给体系的市场辅助论

国内学者对公共服务供给体系中市场作用的研究大多集中于“政府购买公共服务”上。由于政府向社会购买公共服务在大多数的发达国家已经较为普遍，而我国在这方面起步较晚，目前学界的研究主要从基本概念的界定，政府在购买公共服务中的责任、意义、困境、路径、绩效等方面进行。如句华（2010）从理论与实践结合的双重角度进行了深入研究，为“政府购买公共服务”的概念界定提供了一个新的角度[⑦]。梁芷铭（2014）对政府

① 唐琦玉：完善基层政府公共服务供给体系［J］．湖南行政学院学报，2010（05）．

② 蔡辉明：地方政府公共服务有效供给的困境与出路［J］．福州党校学报，2011（03）．

③ 陈旭佳：均等化视角下公共物品供给的可及性研究——基于“委托—代理”理论的分析框架［J/OL］．广东社会科学，2015（03）．

④ 杨杨：地方政府公共服务能力的优化路径浅析——基于新公共管理的视野［J/OL］．西南石油大学学报（社会科学版），2016，18（05）．

⑤ 陶国根：大数据视域下的政府公共服务创新之道［J］．电子政务，2016（02）．

⑥ 王法硕，王翔：大数据时代公共服务智慧化供给研究——以“科普中国＋百度”战略合作为例［J］．情报杂志，2016，35（08）．

⑦ 句华：公共服务合同外包的适用范围：理论与实践的反差［J］．中国行政管理，2010（4）．

购买公共服务展开 SWOT 分析，认为政府必须选择符合转型时期要求的公共服务购买方式和策略，避免产生服务供给的缺失①。王阳亮（2017）基于新公共管理理论、委托—代理理论和网络治理理论的不同特点和人性假设比较，通过不同理论和分析框架之间的比较，说明了国外理论模型在分析中国政府购买公共服务政策实践中的有限性和差异性，并指出我国政府购买公共服务的中心问题是政府公共服务责任体系的完善和购买服务公益性的保障②。

3. 公共服务供给体系中社会补充论

公共服务提供体系中社会组织补充论者的研究方向主要是从以下三个方面展开的：

首先，探讨了公共服务供给中 NGO 的作用。如顾丽梅（2012）探讨了公共服务提供中的 NGO 的定位与作用，公共服务提供领域的 NGO 与政府间的关系③。陈谭（2013）分析了第三方治理的理论基础与实践困境，提出为保证第三方治理的有效性，政府必须承认治理第三方的合法地位，明确其权利与义务，在和第三方合作治理中扮演好决策者、支持者和监督者的角色④。

其次，对非营利性组织提供公共服务进行分析。胡琳琳，郝福庆（2011）通过总结英国公共服务类非营利组织发展的经验，为我国公共服务类非营利组织的发展提供了建议⑤。翁士洪（2017）认为中国的公共服务供给模式逐渐从补缺式公共服务供给模式走向定制式公共服务供给模式，这种战略性联盟是以政府为主导、政府与非营利组织合作的公共服务供给新体制⑥。

最后，随着政府购买公共服务成为新的公共服务供给方式，国内大部分

---

① 梁芷铭：政府购买社会组织公共服务的 SWOT 分析：理论表达与策略选择［J］. 安徽行政学院学报，2014，5（05）.

② 王阳亮：政府购买公共服务理论述评与反思［J］. 重庆理工大学学报（社会科学），2017（09）.

③ 顾丽梅：公共服务提供中的 NGO 及其与政府关系之研究［J］. 中国行政管理，2012（01）.

④ 陈潭：多中心公共服务供给体系何以可能——第三方治理的理论基础与实践困境［J］. 人民论坛·学术前沿，2013（17）.

⑤ 胡琳琳，郝福庆：英国公共服务类非营利组织发展的经验及其对我国的启示［J］. 四川行政学院学报，2011（05）.

⑥ 翁士洪：从补缺式模式到定制式模式：非营利组织参与公共服务供给体制的战略转型［J/OL］. 行政论坛，2017（05）.

学者都将研究的焦点投入社会组织在公共服务供给中的作用、定位、角色等方面，并从不同的角度对社会组织供给公共服务展开了研究。如张文礼（2013）认为近些年来我国政府有意识地和社会组织在公共服务领域开展合作，在合作基础上逐渐出现双方共强的现象，这是公共服务领域政府与社会组织关系的中国经验①。任贵州（2015）从社会组织承接公共服务能力的角度出发，分析了我国社会组织的发展现状、承接能力，并从内部发力和外部培育两个方面探索提升社会组织承接公共服务能力的路径②。王延中（2016）认为地方性、社区性、自愿性社会服务，需要开放给社会组织③。句华（2017）从政社关系的角度出发，构建了社会组织在政府购买服务中角色的分析框架，并以此为依据分析了目前中国社会组织在政府购买服务中扮演的角色，进而探讨了不同角色所适用的发展策略④。

4. 公共服务供给体系多元参与论

近年来，公共服务供给体系多元参与论者的观点大致经历了以下发展阶段：

第一阶段，提出多元参与将是未来公共服务供给的必然趋势。郁建兴（2011）梳理了中国的公共服务体系的发展历程，提出未来中国政府需要在社会政策体系建设和体制机制创新方面取得突破性进展，需要积极推进复合式公共服务供给方式创新⑤。张康之（2012）认为，现实来看，后工业化已经造就了新的社会形态，在社会治理的意义上，已经呈现给我们多元治理主体并存的局面。从这一现实出发，我们需要建构的是一种合作治理模式⑥。吴春梅，翟军亮（2012）认为，基于网络化治理的合作供给和共享权力代表了未来的发展方向，折射出现代公共服务管理中政府与市场、社会协同治

---

① 张文礼：合作共强：公共服务领域政府与社会组织关系的中国经验［J］. 中国行政管理，2013（06）.

② 任贵州：社会组织承接公共服务能力的提升路径［J］. 重庆社会科学，2015（05）.

③ 王延中：深化社会保障与公共服务制度改革的思考［J/OL］. 国家行政学院学报，2016（02）.

④ 句华：社会组织在政府购买服务中的角色：政社关系视角［J/OL］. 行政论坛，2017，24（02）.

⑤ 郁建兴：中国的公共服务体系：发展历程、社会政策与体制机制［J］. 学术月刊，2011，43（03）.

⑥ 张康之：全球化、后工业化时代的社会特征［J］. 河南大学学报（社会科学版），2012，52（05）.

理及其多元价值整合的趋势①。

第二阶段，协同供给与协同机制的制度化研究。伴随着多元主体参与公共服务的提供带来的问题，部分学者建议用“协同供给”加以解决，如赵曼丽（2012）从共生理论的角度出发，论证了在公共服务多元主体间实行协同供给的可行性和重要性②。汪锦军（2012）认为在公共服务多元主体供给中，存在着多主体和多部门导致的公共服务供给碎片化问题，要解决这种碎片化困境，必须探索构建公共服务供给的协同机制③。何水（2013）指出，当前我国公共服务供给不足、水平偏低、发展失衡的问题依然突出，以强化政府公共服务职责、推进基本公共服务均等化、构建公共服务多元主体协同供给模式为重点④。部分学者认为加强协同机制的制度化建设对我国深化供给服务改革至关重要。例如，黄新华（2013）认为，要健全供给机制，实现基本公共服务供给机制的创新需要形成公共服务多元供给机制⑤。齐艳芬（2013）从多元协同网络供给的视角出发，认为城市公共服务供给的多元合作网络需要在合作层次、深度和组织机制上加以完善，建设为多元协同网络供给方式，通过多元主体间更高形式的协同合作，实现优势互补⑥。郁建兴，张利萍（2013）认为，提升协同机制的制度化水平是协同治理进一步拓展的方向。通过制度化的安排，构建和整合协同机制，促成治理主体合作，达成集体行动，进而实现公共利益⑦。

第三阶段，不同背景下的公共服务多元化供给体系的研究。刘书明（2016）从民族地区的农村公共服务供给与农民公共服务需求实际出发，认为提高民族地区农村公共服务供给质量与效率，关键是要建立以农民公共服

---

① 吴春梅，翟军亮：变迁中的公共服务供给方式与权力结构［J］．江汉论坛，2012（12）．

② 赵曼丽：公共服务协同供给研究：基于共生理论的分析框架［J］．学术论坛，2012，35（12）．

③ 汪锦军：构建公共服务的协同机制：一个界定性框架［J］．中国行政管理，2012（01）．

④ 何水：中国公共服务改革：实践透视与路径探寻［J］．郑州大学学报（哲学社会科学版），2013，46（06）．

⑤ 黄新华：建立健全基本公共服务体系的路径选择——基本公共服务供给创新的若干思考［J］．学习论坛，2013（10）．

⑥ 齐艳芬：城镇化加速期城市公共服务供给新路径——多元协同网络供给［J］．当代世界与社会主义，2013（01）．

⑦ 郁建兴，张利萍：地方治理体系中的协同机制及其整合［J］．思想战线，2013，39（06）．

务需求表达机制为基础的农村公共服务多元合作供给体系①。沙勇（2016）探究了人口老龄化趋势下的基本公共服务供给，提出了人口老龄化趋势下的基本公共服务供给体系的构建路径，强调政府层面的制度保障，市场层面的效率保证，社会层面的协同参与②。杨柳（2017）从公共服务供给绩效提升的角度出发，提出要通过建立多元主体的公共服务供给体系，以需求为导向的公共服务供给制度，以规范化的制度要求约束公共服务供给行为，从而提升公共服务供给绩效③。

二、国内外公共服务需求偏好显示机制方面的研究

国外早期关于公共产品供给均衡条件的分析中，其实就涉及关于公共产品或服务需求偏好显示问题的分析。林达尔于1919年在其《公平税收——实证的解决办法》中建立了公共产品需求偏好显示的林达尔均衡模型，并且认为通过自愿捐献的方式可以在小规模范围的人群中实现公共产品供给均衡。但是当人群范围扩大时，由于信息不对称以及缺乏监督机制，人们更容易隐瞒自己关于公共产品的真实偏好，大大增加了人们“搭便车”的可能性。这种情况下自愿捐献的办法并不能有效揭示人们关于公共产品真实的需求偏好及收益。萨缪尔森揭示了公共产品与市场机制之间的内在矛盾，指出了公共产品不能使得人们真实地表现自己的偏好。以布坎南为代表的公共选择理论者则认为：公共产品的决策不同于私人决策，公民与政府是多对一的关系，公民不能直接显示自己对公共产品的偏好，需要通过现代民主制度在集体行为和个体行为之间架起桥梁，将民主制度和公共产品提供的效率联系起来。

国外关于公共产品需求偏好的实证研究大多从评估公共产品收益的角度来揭示人们对公共产品的需求，比较成熟的实证研究方法主要有三类（Mäiler，1974；Freeman，1979）：一是通过可观察到的市场数据揭示法；二是意愿调查法；三是投票法。第一种方法也可称为间接的显示性偏好法，主要包括旅行费用法和享乐价格法。后两种方法可归为直接的表述偏好法。

---

① 刘书明：多元合作公共服务供给理论与民族地区农民需求表达机制——基于甘肃省临夏回族自治州的实证研究［J］．财政研究，2016（09）．

② 沙勇：人口老龄化趋势下的基本公共服务供给探究——以江苏省为例［J］．江苏社会科学，2016（02）．

③ 杨柳：公共服务供给绩效的提升之道［J］．人民论坛，2017（17）．

这些方法都被大量应用于实证研究中，所借助的研究手段主要有抽样调查、实验和统计数据。

从国内的情况来看，我国部分学者也将市场营销学研究领域中所使用的顾客满意度评价法（Customer Satisfaction，CS）运用到农村公共产品的需求揭示中来，通过人们的满意度来反映其关于农村公共产品的需求情况。孙翠清，林万龙（2011）对国外关于公共产品需求揭示实证研究做了系统规范的梳理和总结①，引入表述偏好法和可观察的市场数据法，从农户层面考察农村公共服务需求。首先运用需求偏好法中的满意度评价法从农户主观需求意愿角度分析农户对公共服务的满意度和对各项服务需求的优先顺序；然后使用可观察的市场数据法揭示农户对典型农村公共服务的需求弹性及需求影响因素，在以上分析的基础上，提出了促进农村公共服务均衡的政策建议。

三、研究现状述评与总结

关于公共服务供给的相关研究，从时间跨度可以分为“两个阶段”，从研究主题变化可以总结为“两个线索”。

时间跨度的前后两个阶段：第一阶段是从亚当·斯密到萨缪尔森。在政府财政税收限度内分析公共产品问题，将公共产品作为政府税收政策的重要依据。第二阶段是从萨缪尔森开始至今。从公共服务属性入手，通过对公共服务需求特点与市场效率条件之间内在矛盾的分析，提出针对不同类型的公共服务，应选择合适的供给主体与供给机制以保证公共产品供给的质量与效率，形成了公共服务的多元主体供给理论。

研究主题的两条不同线索：第一条线索是政府是公共产品和公共服务唯一供给主体。主要从公共产品和公共服务自身特点（非排他性和非竞争性）和市场机制自身缺陷入手论证市场提供的无效性，基本的逻辑是市场不能有效提供公共产品和公共服务，政府成为公共产品和公共服务唯一可能的供给主体。第二条线索是公共产品或公共服务具有多样性，不同类型的公共产品其属性有一定的差异，应根据不同类型公共产品或服务选择合适供给主体。其突破或创新之处在于论证政府并不是公共产品唯一供给主体，在充分肯定政府为公共产品或服务主要提供主体的同时，认为市场机制在一定程度上也

① 孙翠清，林万龙：中国农村公共服务问题研究——基于农户视角［M］，北京：经济科学出版社，2011.

是公共产品或服务供给可能的选择，公共产品或服务供给主体不仅可以而且应是多样化的。

总体而言，国外关于公共产品或公共服务的研究体现出多学科交叉的特点。政治学、经济学、社会学等学科领域中都涉及对于公共产品供给机制的分析。相对而言，对于公共需求表达机制方面的研究成果较少。国内学者的研究多是引入和介绍国外的理论观点，本土化研究成果相对较少。国外的研究成果固然具有其重要的参考和借鉴之处，但是由于经济社会发展阶段、政治体制、文化传统、人口结构、消费观念、城乡差异等诸多方面的差异，探索适合我国具体国情的具有自身特色的公共服务供给体系和居民公共需求表达机制的理论框架与分析模型，对于提高公共服务供给质量与效率具有重要的理论指导和实践借鉴意义。

第二章

公共服务供给体系与需求表达机制的理论分析

第一节 公共产品与公共服务

一、公共产品概念

公共产品是由英文"Public goods"翻译而来的，是与私人物品相对的概念。私人物品在消费方面具有两个基本特征：竞争性（Rivalry）和排他性（Excludabiliy）。所谓消费的排他性，是指特定物品不能供两个及以上的消费者同时消费；所谓消费的竞争性，指的是一定消费者的消费行为必定减少该物品的社会总量，或者说某人消费了一定数量的物品后，其他人能消费的数量必将减少。这意味着，对于私人产品而言：

$$X = \sum_{i=1}^{n} x_i \quad (i = 1, 2, 3, \cdots, n)$$

即某一私人产品的社会总消费量等于所有个人消费量的总和。对消费者来说，私人产品是完全可分的，在消费上同时具有竞争性和排他性的特征。

但是，在经济生活中除了私人物品之外，在消费方面还存在不具备这两个特征的其他物品类，即不具备消费的排他性和竞争性。另一种表述方式就是：消费具有非竞争性（Nonrivalry）和非排他性（Nonexcludability），如国防安全、环境保护等，这些物品称为公共物品（Public goods）。这意味着，对于公共产品而言：

$$X = x_i \quad (i = 1, 2, 3, \cdots, n)$$

即对于任何一个消费者来说，个人消费的公共产品的数量等于社会对该公共产品的消费总量，这意味着公共产品不可能在消费者之间进行分割，或者说公共产品在效用上具有不可分割性。

另外，一些物品本身的消费并不具备竞争性，但人为地限制在某些消费者范围内以供消费，超出这个范围则具有排他性，如有线电视节目等，这类物品被称为俱乐部物品（Club goods）；还有一些物品具有非排他性，并且在一定程度上也是非竞争的，但随着消费者数量的增加，将逐渐体现出其竞争性的特征，如拥挤的桥梁等，这类物品称为准公共物品（Quasi - public goods）。

二、公共产品特征

（一）效用的不可分割性

对于私人产品而言，效用具有可分割性，主要表现在私人产品可以被分割为许多单位（部分），分别由不同的消费者同时消费。私人产品效用只能对为其付款的个人或厂商提供，意味着能够按照“谁付款，谁受益”的原则，限定为之付款的个人或厂商享用。但是对于公共产品而言，其效用是不可分割的，这意味着公共产品是向整个社会成员提供的，具有联合消费和共同受益的特点，效用为社会全体成员所享，不能分为不同的部分由不同的个人或厂商单独享用。

公共产品不可能完全按照“谁付费，谁受益”的市场交易原则，仅限定为之付款的个人或厂商单独享用。事实上不可能创造出一种市场将为之付款的人同拒绝为之付款的人区别开来。典型的案例如国防，国防所提供的安全保障不是针对某个人，而是针对所有人，任何人都无法拒绝这种服务。气象预报也具有这种特征，国家气象机构发布的气象预报信息对任何人都是适用的，不能将部分人排除在外，即使技术可以做到但是成本又非常高，只是不同的社会个体对其关注程度不同而已。

（二）消费的非竞争性

对于私人产品而言，消费具有竞争性。主要体现在消费数量与消费方式的差异上。在不同的消费者中存在此消彼长的情形，如果某消费者对某种私人产品的消费数量增加，其他消费者对该私人产品的消费数量将会减少。某个消费者一旦消费了某种私人物品，其他人就不可能再消费该产品，并且新增加额外的消费者将导致边际成本增加。但对于公共产品而言，在消费上具有非竞争性，即消费者对某种公共产品的消费，不能排斥和妨碍消费者对其进行消费。这其实意味着个人消费公共产品并不影响他人消费同样数量的公共产品。

对于给定数量的公共物品，当增加额外的消费者时，其边际成本为零，即不会因为多增加消费者而使生产者的成本增加，即该物品的消费具有非竞争性。对于如桥梁、广播等，某个消费者对它的消费都不会影响其他人对该物品的消费，并且新增加其他人消费的边际成本为零，不会因为多增加了额外的消费者而使得生产者的成本增加。消费的非竞争性是以消费的不拥挤为条件的。这种不拥挤意味着每增加一个消费者，该公共产品都未达到充分消费，因此，不会导致生产成本的增加。

（三）受益的非排他性

对于私人产品来说，产权一旦确定，便决定了所有者对于该产品的所有权，拥有所有权的个人可以独享产品给他带来的效用或收益，并有权排斥他人从私人产品中获得益处。如一件家用电器，消费者购买后就拥有了这种产品的所有权或使用权，可以排斥他人享用该产品。如果某个人拒绝付款，则他无法得到这一家用电器，当然也就无法从家用电器中获得益处。排他性主要体现为物品占有权和消费的独享性上。

对于公共产品而言，在收益上具有非排他性，主要体现在从技术上无法将拒绝为之付费的消费者排除在公共产品的收益范围之外，或者即使可以排除在外但是排他的成本非常高。当一个国家建立起强大的国防体系之后，生活在该国的所有人都可以享受国防工程带来的好处，而要将一部分排除在国防服务之外却是非常困难的。公共产品之所以具有收益的非排他性，主要有三个方面的原因：第一，公共产品技术上的不可分割性，即无法将公共产品在消费者之间进行分割，从而在技术上无法排斥某些受益者，这种情况容易导致“搭便车”行为。第二，公共产品虽然在技术上可以实行排他，但是排他性成本往往很高。当这种排他成本超过从该产品的消费中所获得的收益时，这种排他性做法在效率上是不可行的。第三，公共产品的消费具有非拒绝性，即不管消费者是否愿意接受同样的公共物品，消费者都不能将自己的消费数量出售于他人，也不能将个人对公共产品应负税额转售出去。

（四）公共产品类型

按照公共产品本身的特征与属性、供给主体以及受益范围等不同的标准，可以对公共产品进行不同的分类。

首先，按照各自的属性差异，可分为纯公共产品和准公共产品等不同的类型。纯公共产品指在消费上同时具有非竞争性和非排他性的公共产品，如国防、法律等；准公共物品指不完全具备消费上的非竞争性和非排他性的物品（见表2-1）。

表2-1　纯公共产品、纯私人产品和准公共物品的划分①

	排他性	非排他性
竞争性	纯私人产品 1. 排他性成本较低 2. 由私人企业生产和供给 3. 通过市场分配 4. 资金来源于私人投资或经营收入 例如：服装、食品、商品住宅	准公共产品（公共资源） 1. 消费中可能出现参与者不合作的问题 2. 共同资源使用超过一定限度后产生拥挤问题 3. 由政府提供或私人企业提供 4. 资源来源于政府预算或者私人投资和经营收入 例如：公共渔场、公共牧场
非竞争性	准公共产品（俱乐部产品） 1. 集体消费，超过一定限度后发生拥挤 2. 由政府提供或私人企业提供 3. 资金来源于政府预算，或者私人投资和经营收入 例如：公共游泳池、影剧院等	纯公共物品 1. 不能排他或者排他成本太高 2. 直接由政府生产、供给，或者由私人企业按照合同生产和供给 3. 资金主要来源于政府税收，通过预算来安排 例如：国防、公共卫生、公共安全、环境保护等

其次，按照供给主体差异，公共产品可以划分为政府供给型、市场供给型和混合供给型等不同的类型。政府供给型指政府利用公共资源通过公共权力的运作向社会提供的公共产品。纯公共产品一般由政府直接供给。市场供给型由个人或企业通过市场方式生产和提供的具有明显竞争性或排他性的公共产品。混合供给型指政府供给与市场供给多种方式联合提供的准公共产品。

最后，按照收益范围的差异，公共产品可分为全国性公共产品和地方性公共产品等不同的类型。全国性公共产品的受益对象为国家全体国民、企业和其他社会组织。由于全国性公共产品受益范围是本国主权管辖的所有区域，因而适合由中央政府统一组织生产和提供。地方性公共产品的受益对象主要是地方政府一定辖区范围内的居民、企业和其他社会组织。因此，地方

① 温来成：政府经济学［M］．北京：北京大学出版社，2013.

性公共产品主要由地方政府提供，其资金主要来源于地方政府辖区内居民、企业缴纳的税收等。

必须注意的是，由于地方政府处于不同层级，以及公共产品受益范围大小不同，如果公共物品的受益范围超过了两个及以上地方政府辖区时，由其共同上级政府提供或地方政府合作提供比较适合，如跨行政区划的公路、铁路等。当然，全国性公共产品与地方性公共产品的划分并不是绝对的，仅具有相对意义。随着交通与通信条件的不断提高和改善，人口流动规模与范围的不断增加与拓展，以及产品本身受益范围大小的变化，曾经被视为地方性的公共产品越来越具有全国性公共产品性质，如曾经的地方性旅游景区，可能会发展成为国家级旅游景区；曾经的地方性生态保护区可能会升级为国家级自然保护区等。

三、公共服务

（一）公共服务概念界定

公共服务是 21 世纪公共管理和政府改革的核心理念。从历史发展趋势来看，公共服务是宪政的必然追求和完美演绎，它为国家政治权力在其合法性的职责范围内行使提供了一个容量巨大的空间[①]。19 世纪后期，德国财政学家阿道夫·瓦格纳（Adolf Wagner）最先提出了公共服务（Public Sevices）这一概念。他指出，如果我们考虑财政经济中国家以及其他消费所需要支出的经济活动的话，那就必须筹划国家需要中所支付的工资乃至薪金，或直接使用于公共服务的，或者为获得其他财货而必须预先筹措的财货或货币部分，在整个国家需要中，这一部分叫作财政需要[②]。在他看来，政府除了承担维护市场经济正常运作的职能外，还应承担提供公共服务的职能。1912 年，法国学者莱昂·狄骥（Léon Duguit）曾在其《公法的变迁：法律与国家》中指出，公共服务就是指那些政府有义务实施的行为。任何因其与社会团结的实现和促进不可分割而必须由政府来加以规范和控制的活动就是一项公共服务，只要它具有除非通过政府干预，否则便不能得到保障的

① 方堃：当代中国新型农村公共服务体系研究——基于“服务三角”模型的分析框架［M］．北京：中国社会科学出版社，2010.

② 毛程连：西方财政思想史［M］．北京：经济社会科学出版社，2003.

特征[①]。

自从法国的莱昂·狄骥将公共服务作为现代公法制度的基本概念之后，各国的学者从不同的研究视角对公共服务进行了深入分析。美国罗纳德·奥克森（Ronald J. Oakerson）认为，公共服务是指一系列集体选择行为的总称，它就如下事项作出决定：需要提供什么样的产品和服务，产品和服务的数量和质量标准，需要筹措的收入数和如何筹措，如何约束和规范公共产品和服务消费中的个人行为，以及如何安排产品和服务的生产[②]。奥克森将公共服务看作是一系列集体选择行为是有其特殊意义的。因为公共服务在其生产、提供以及消费等多方面都是集体行为而非个体行为。公共服务提供的数量多少、质量标准确定、成本分摊方式、资金筹措渠道以及对个体消费行为必要的规范和约束等都离不开以政府为主要方式的集体选择行为。

美国学者萨瓦斯（E. S. Savas）认为，公共服务不仅指一般意义上的服务活动，如路灯维护、邮政服务或运营电话系统，而且还包括更为广泛的社会职能，如为退休者提供生活保障、抵御外来威胁、衣食供应、物品生产、保护濒危动物和环境等[③]。在他看来，从与社会生活相关的一般性服务到诸如退休保障、抵御外敌入侵等特定条件下的社会职能都属于公共服务的范畴。新公共服务理论代表罗伯特·登哈特（Robert B. Denhardt）认为，公共官员日益重要的角色就是公共服务，亦即要帮助公民表达并满足他们共同的利益需要，而不是试图通过控制或者“掌舵”使社会朝着新的方向发展，并为公共利益承担起应有的责任[④]。在她看来，公共服务意味着政府要在为社会成员提供各类公共服务中寻求其合法性与有效性，而不是在自身权限中寻求自身存在的理由和根据。

我国学者亦从不同的视角对公共服务内涵进行了阐释。党秀云认为，公共服务就是以政府为主体的公共部门，运用多种机制和方式，为全体社会成员提供具有共同消费和平等享用性质的公共物品及服务的行为或活动过

① 莱昂·狄骥：公法的变迁——法律与国家［M］. 郑戈译. 辽宁：辽海出版社、春风文艺出版社，1999.

② 罗纳德·J. 奥克森：治理地方公共经济［M］. 万鹏飞译. 北京：北京大学出版社，2005.

③ E. S. 萨瓦斯：民营化与公私部门的伙伴关系［M］. 周志忍译. 北京：中国人民大学出版社，2002.

④ 珍妮特·V. 登哈特、罗伯特·B. 登哈特：新公共服务：服务，而不是掌舵［M］. 丁煌译. 北京：中国人民大学出版社，2004.

程。[①] 陈振明认为，公共服务指政府运用其权威资源，根据特定的公共价值（如权利、慈善和正义），通过公共政策回应社会需求，使最大多数人得到最大的福利。或者说公共服务就是政府及其公共部门运用公共权力，通过多种机制和方式的灵活运用，提供物质形态或非物质形态的公共物品，以不断回应社会公共需求偏好、维护公共利益的实践活动的总称[②]。刘尚希认为，公共服务是指政府利用公共权力或公共资源，为促进居民基本消费的平等化，通过分担居民消费风险而进行的一系列公共行为。居民消费风险包括三种：一是可及性风险。即有钱也买不到的风险，如洁净的水和空气、治安等。二是可获得性风险。即买不起的风险，如食品、教育、医疗、养老等，如果没钱就不能消费。三是信息不对称风险。公共服务的目标是分担居民消费风险，以避免公共风险的扩散[③]。

从一般意义来讲，公共服务是对能够满足社会成员公共需要，由公共部门行使法定的公权力，利用各种公共资源，通过政府、市场和社会等多种机制和方式，为社会成员提供的能够共同消费、平等享用的非营利性的各类服务的总称。公共服务的内涵是极其丰富的，其涵盖的边界范围是可变的、不确定的。从义务教育、公共卫生、社会保障、环境保护到国防安全等都属于公共服务范畴。在不同时期或不同区域，公共服务需求的类型与层次、供给机制的选择与制度安排都存在一定的差异。

公共服务概念的界定关键在以下几个方面：第一，公共服务满足社会成员的公共需要或共同需要，而非个性化的私人个别需要，并且不以营利为目的。第二，公共服务是依靠公共资源和公权力来提供的。公共资源是公共服务提供的物质基础，公权力则为公共服务的生产、供应和消费等提供了与秩序和规则有关的、必要的制度安排。第三，从消费方式来看，公共服务为社会成员共同消费和平等享用，坚持平等、公正和效率原则。第四，公共服务是对满足公共需要的所有服务的总称，而非某一具体的服务，是从服务类型方面所做的区分，以区别于私人服务。

（二）公共服务特征

第一，普惠性。每个社会成员都平等地享有公共服务的权利，公共服务

---

① 党秀云：民族地区公共服务管理导论［M］．北京：中央民族大学出版社，2012.

② 陈振明：公共服务导论［M］．北京：北京大学出版社，2011.

③ 刘尚希：基本公共服务均等化：现实要求和政策路径［J］．浙江经济，2007（13）.

应面向全社会。公共服务不是只为特定的少数人提供的服务，它是为大多数人提供的大众化的而非个性化的服务。对每一位符合法定条件的社会成员提供同等服务，不能因其身份、地位差异而区别对待。对社会成员提供普遍性的公共服务，是各国公共服务体系建设遵循的一条基本原则。

第二，公平性。公共服务是与社会成员的公共利益紧密相关的共性服务，其目的在于满足社会成员日常生活的公共需要。公共服务的提供建立在社会公平和正义的基础上，要求让所有的服务对象都公平地享受基本公共服务。

第三，动态性。随着社会经济的发展，公共服务体现出阶段性特征，呈现出不断扩大和提高的趋势。公共需求的不断增长与政府公共服务提供的数量、质量和方式之间的矛盾日益显现。社会经济发展水平不断提升和公民公共服务需求的变化，客观上需要政府转变观念，不断探索公共服务供给的新模式。

第四，公益性。与私人服务不同，公共服务是一种公益性或非营利性服务，应满足公民普遍性的服务需要，保证社会成员共同、持续性的享用和消费。对公共服务进行绩效评价不能简单地用效率指标来衡量，更要考虑社会公正、公平等因素。

（三）公共服务的分类

从公共支出领域、政府职能体系、公共服务性质、专业知识领域等标准可以对公共服务进行不同的分类。

1. 维护性公共服务、经济性公共服务和社会性公共服务

根据公共支出领域，公共服务可分为维护性公共服务、经济性公共服务和社会性公共服务。

第一，维护性公共服务。指政府为保证国家机器的正常运转所提供的公共服务，如国防、外交、军队、公安、司法、消防以及一般公共行政服务等。第二，经济性公共服务。指为促进经济发展，通过公共权力介入或公共资源投入为社会成员及企业从事经济活动所提供的各种服务，如科技推广、咨询服务以及政策性信贷等，以及基础设施投资、对企业活动的税收优惠、对农业的价格补贴、应用研究的资金投入支持等。第三，社会性公共服务。指通过国家公共财政投入为满足公民的社会发展活动的直接需要所提供的服务，如义务教育、社会保障、医疗卫生、扶贫开发、科技普及以及环境治理等。

2. 主权类服务、社会类服务和经济类服务

根据政府职能体系，公共服务可分为主权性公共服务、社会文化性公共服务以及经济性公共服务。

第一，主权类公共服务。指与国家主权相关的公共服务，如国家军队、国防、司法、警察等。第二，社会类公共服务。指与社会生活紧密相关的公共服务，如基础教育、医疗卫生、社会保障、社会救济和文化传承等。第三，经济类公共服务。指为经济发展提供条件的基础设施类服务，如供电、供气、铁路运输、邮政以及电信服务等。

3. 基本公共服务、混合公共服务和管制性公共服务

根据公共服务性质差异，可分为基本公共服务、混合性公共服务和管制性公共服务。

第一，基本公共服务：满足社会成员基本需要的公共服务，如国家安全、国防外交、公民权利保护，收入公正分配、基础教育、基本医疗卫生、基本养老保险、社会救济、最低生活保障、扶贫开发、环境保护等。

第二，混合公共服务：为不同的社会成员及组织从事生产、生活、发展和娱乐等活动提供的公共服务，具有一定的自然垄断性质，如下水道系统，铁路运输系统，公路交通系统、天然气煤气系统，电力输送系统，电话电讯系统，广播电视系统以及邮政服务系统等。

第三，管制性公共服务：由于政府对私人部门必要的监管所产生的公共服务，即政府通过制定相关的标准和规范来监督和指导私人企业生产与经营行为时所出现的各类公共服务，如产品质量标准、技术标准、卫生标准和安全标准等。

4. 政权性公共服务、社会性公共服务和经营性公共服务

根据公共需要内容，公共服务可分为政权性公共服务、社会性公共服务和经营性公共服务。

第一，政权性公共服务，如立法、司法和行政等。第二，社会性公共服务，如教育、医疗卫生、社会保障和文化体育等。第三，经营性公共服务，在一定程度上具有企业经营性质的各类基础设施类，如邮电通信、电力电气、城市自来水和公共交通等。

5. 公共工程建设、公共交通服务与公共安全服务

根据专业知识领域，公共服务可分为公共工程建设、公共交通服务与公共安全服务等。

第一，公共工程建设类公共服务。指各种公共基础工程与设施的建设、维护与管理，如垃圾收集与处理，墓地维护与管理，供水、排污系统的设置与处理，淤泥的处理以及危险材料的处理等。

第二，公共交通服务。指各种交通基础设施及附属设施的建设、维护与管理，如公共道路修建与维护，公共交通秩序的引导与规范，公共停车场清洁与维护，交通信号设置与维修，公共交通站点的运营与维护等。

第三，公共安全服务。包括各种基础性和特殊性的安全类服务，如警察、消防救急、医疗急救系统、强制交通管制，拖车和存车服务，危险品的控制与管理，信息安全管理等。

（四）公共产品与公共服务的关系

公共产品与公共服务是密切相关的两个概念，二者既有区别也有联系。

首先，二者的区别主要体现在以下三个方面：第一，各自概念意义不同。公共产品是解决资源配置的有效性问题；公共服务是解决公众利益的保障性问题。第二，关注的侧重点不同。公共产品更多关注工具技术层面，公共服务更注重组织职能层面。第三，影响因素不同。公共产品更多受社会经济发展阶段性影响；公共服务则直接受公民需要变化的影响。

其次，二者的联系主要体现在以下三个方面：第一，替代关系。从传统的经济学理论分析，公共服务与公共产品在一定程度是相同的，意味着公共产品与公共服务之间相互替代。第二，包含关系。公共服务包含了公共产品。按照逻辑分类，公共服务分可以为“公共产品”和“价值产品”。第三，并行关系。从生产的一般原理分析，任何产出都存在着产品和服务两种不同的形式。二者之间的区别在于，产品一般是有形的，而服务则可能是无形的；产品一般侧重结果，而服务则侧重过程。

四、公共服务的生产与提供

公共服务的生产（Production）与提供（Provision）是不同的。美国经济学家理查德·A. 马斯格雷夫（Richard，1959 ）对公共服务的生产与供给进行了区分。此后，美国行政学家文森特·奥斯特罗姆、查尔斯·蒂布特和罗伯特·沃伦（V. Ostrom，Tiebout，Warren，1961）强调了区分“生产”与“供给”两个概念的重要性，并指出，公共物品和服务的供应和生产的区分，开辟了重新界定公共服务中经济职能的最大可能性，公众保持着对与服务供应绩效标准相关方面的控制，而在服务的生产方面，则允许在生产那些服务的机构之间展开最大限度的竞争[①]。

美国 E. S. 萨瓦斯（E. S. Savas，2002）指出，服务提供或安排与生产之间的区别是明显且十分重要的。它是整个民营化概念的核心，是政府角色重新界定的基础。对许多集体物品来说，政府本质上是一个安排者或提供者，是一种社会工具，通过政府决定什么应该通过集体去做，为谁而做，达到什么程度或什么水平，怎样付费等问题。举例来说，政府可能通过征税来获取资源，通过付费来保持人行道的清洁，也可能要求财产所有者“各人自扫门前雪”[②]。罗纳德·奥克森（Ronald J. Oakerson，2005）认为应当将公共服务的生产与提供区分开来。他指出，地方政府的重要职能在于公共服务的供应，公共物品和服务的生产则应交给私营部门进行[③]。公共服务的“生产”指将公共资源的投入变成公共产出的技术化过程，它指的是制造某种产品，或者给予某种服务。公共服务的供给指的是通过集体选择机制决定由哪些主体提供何种公共物品或服务，确定这些物品和服务的数量与质量，明确其生产主体以及对生产的管制程度，以及为供给公共服务而进行的融资活动等内容[④]。

五、农村公共服务

农村公共服务是指为促进农业及农村的发展，与满足农民的公共利益诉求相关的各类公共服务，包括农村基础设施建设、农村义务教育、农村医疗卫生、农村社会保障、农村科技普及、农村文化事业等多方面内容。农村公共服务不仅是简单的服务需要与满足的过程，而且是在农村特殊的地域环境里以农民为主体的公共价值和公共利益的体现过程。政府提供基本公共服务满足农民公共需求不是西方经济学意义上的供求平衡所能完全解释的，而是一种公共利益和价值的体现，是潜藏在看得见摸得着的公共服务背后的国家与农民之间权利责任的政治关系[⑤]。农村公共服务是我国公共服务体系的重

① Vincent Ostrom, Charles M., Tiebout, Robert Warren. The organization of Government in Metropolitan Areas: A theoretical Inquiry [J]. American Political Science Review, 1961, 55 (12).

② E. S. 萨瓦斯：民营化与 PPP 模式 [M]. 周志忍译，北京：中国人民大学出版社，2015.

③ 罗纳德·J. 奥克森：治理地方公共经济学 [M]. 周志忍译，北京：中国人民大学出版社，2005.

④ 姜鑫，罗佳：城乡基本公共服务均等化评价与对策 [M]. 成都：西南财经大学出版社，2012.

⑤ 方堃：当代中国新型农村公共服务体系研究——基于“服务三角”模型的分析框架 [M]. 北京：中国社会科学出版社，2011.

要组成部分，也是农村经济社会发展的重要保障。随着国家整体的不断发展，农村公共服务日渐趋于完善。但是，由于长期城乡二元分割体制下的公共服务体系，使得农村公共服务与城市公共服务之间在诸多方面都存在较大的差距，影响了农村经济社会的可持续发展与农民增收。适应国家发展的阶段性特征，农村经济社会发展状况，以及农民公共服务需求的变化，不断完善农村公共服务体系，提高农村公共服务供给质量与效率，对于促进农村经济社会全面协调可持续发展具有重要意义。

第二节 公共服务供给主体

在传统的理论探究与实践发展中，公共服务主要由政府供给。随着经济社会的快速发展，公共利益主体呈多元化态势，以及公共服务需求类型与层次结构的深刻变化，公共服务供给主体及方式呈现出多样化、混合式安排的趋势。根据在公共服务生产与提供方面，各种组织角色划分与责任界定的不同，美国 E. S. 萨瓦斯（E. S. Savas，2002）总结了公共服务供给的 10 种不同的制度安排（见表 2 - 2）。具体包括：（1）政府服务；（2）政府出售；（3）政府间协议；（4）合同承包；（5）特许经营；（6）政府补助；（7）凭单制；（8）自由市场；（9）志愿服务；（10）自我服务。

表 2 - 2　　　　公共服务供给的制度安排

生产者	安排者	
	公共部门	私人部门
公共部门	政府服务 政府间协议	政府出售
企业	合同承包 特许经营 补助	自由市场 志愿服务 自我服务 凭单制

资料来源：E. S. 萨瓦斯：民营化与 PPP 模式［M］. 周志忍译 . 北京：中国人民大学出版社，2015.

一、政府供给

公共服务不同于一般私人个别服务，在公共服务的供给中市场存在一定的局限性。要实现公共服务供给的最优化，政府必须是公共服务供给的主要承担者，这是由市场在提供公共服务中的局限性所导致的。公共服务的有效提供是政府履行其职能的重要条件和手段。政府要实现其公共职能并成为有效政府，就必须承担公共服务供给。

（一）政府供给公共物品的理论依据

传统经济学的主流观点认为，由于公共服务需求判定困难和供给复杂性，公共服务由市场提供是低效率的。斯蒂格利茨指出，在没有政府干预的情况下，对公共物品可能有一定水平的购买，比如提供灯塔、公路边的公园甚至警察或消防服务。但是如果这些物品的生产增加，并且通过征税，强制公民为增加的公共服务水平付费，社会就会变得更好①。保罗·格莱特和玛格丽特·斯蒂芬则指出，公共服务是提供给大众的具有以下特性的任何一种服务——这些服务的提供过程存在着潜在的、严重的市场失灵，这说明了政府干预的合理性，政府干预的方式包括生产、自助和监督②。

政府作为公共权力机构，它拥有市场所不具备的合法强制力，能够保障公共服务供给的持续性、稳定性和长期性。从逻辑来讲，既然市场不能有效提供公共服务，那么由政府来提供也就成为一种可能的现实选择。从政府存在的合法性来讲，政府的基本职能就是提供公共服务以满足社会成员的公共需要。亚当·斯密曾经指出，政府出于对宪法的遵从和满足公民基本权利和公平分配的需要，必须对某些涉及国计民生、国家安全、公民基本权利和利益的公共物品予以提供，这体现了政府的基本作用③。约翰·斯图亚特·穆勒指出，为了确保航行的安全，建造和维修灯塔、设置浮标等属于政府适当的职责。由于不可能向受益于灯塔的海上船只收取使用费，没有人会出于个人利益的动机而建造灯塔，除非由国家的强制征税给予补偿④。

---

① 斯蒂格利茨：经济学［M］. 北京：中国人民大学出版社，1997.

② Paul A. Grout, Margaret Stevens, The Assessment: Financing and Managing Public Services [J]. Oxford Review of Economic Policy, 2003, 19 (2).

③ 亚当. 斯密：国富论［M］. 杨敬年译，西安：陕西人民出版社，2006.

④ 约翰·斯图亚特·穆勒：政治经济学原理［M］. 金镝，金熠译，北京：华夏出版社，2009.

（二）政府保证公共物品供给的秩序

在市场经济条件下，政府的重要职能亦是保证公共服务供给的秩序。如米尔顿·弗里德曼所言：政府的必要性在于，它是竞赛规则的制定者，又是解释和执行这些已经被决定的规则的裁判者①。政府本质上是一个生产者或者安排者，是一种社会工具，在公共服务的提供中主要有以下任务：（1）指定一组人提供各类物品和服务；确定被供应物品和服务的数量和质量；（2）决定与这些物品和服务有关的私人活动被管制的程度；决定如何安排这些物品和服务的生产；（3）决定如何对这些物品和服务的供应进行融资；（4）决定如何对生产这些公共物品和服务的人进行管理②。

（三）政府供给公共物品主要方式及类型

在具体实践中，政府直接供给公共服务的包括有两种类型：一是政府直接生产公共服务。二是政府所属的国有企业生产公共服务。纯公共服务大多都由政府直接生产，并向社会全体成员无偿供给。在准服务领域中，政府供给与政府生产相结合，公共企业则是其典型代表。政府间接供给，是指政府不直接生产公共服务，而是通过政府采购和政府补助的方式，引导和支持非政府部门生产公共服务，此时政府与非政府部门形成事实上的委托—代理关系。在政府供给中，政府是核心，主要是出资购买非政府部门生产的物品和服务。生产的数量、种类、价格及质量标准都是由政府决定的，方式主要有：政府补助、凭单制、政府采购（见表2－3）。

表2－3　　公共服务政府间接供给方式

分类	定义	优势	缺陷
政府补助	企业从政府无偿取得货币性资产或非货币性资产。政府补助是为了一定的公共政策目的，维护和促进公共事业发展，如环境保护等，同时也为了实现社会公正。政府补助的方式有税收优惠、免税，提供低息贷款或贷款担保等。	1. 政府可以从生产过程中摆脱出来，更好地发挥其作为公共决策者的有效作用。 2. 激发非政府部门生产公共服务的积极性，提高公共服务的供给质量与效率。	1. 私人企业或社会组织是直接的生产者。政府对生产者予以一定的补助，消费者选择公共服务。 2. 政府补助具有重要作用，非政府部门对政府部门具有一定的依赖性。

① 米尔顿·弗里德曼：资本主义与自由［M］．张瑞玉译，北京：商务印书馆，2002.

② 埃莉诺·奥斯特罗姆：制度激励与可持续发展［M］．毛寿龙译，上海：上海三联书店，2000.

续表

分类	定义	优势	缺陷
凭单制	政府部门给予有资格消费某种物品或服务的个体发放的优惠券。(1) 凭单是围绕特定物品，对特定消费者群体实施的补贴，体现政府对特定消费（如基础教育、公共卫生、食品、住房等）进行鼓励、扶助的政策意向；(2) 凭单直接补贴消费者而非生产者；(3) 凭单通常采取代金券的方式而非现金。	1. 鼓励消费者理智消费并通过讨价还价以同样的资金购买更多的东西。接受补贴者的消费行为更具有经济性。 2. 凭单方式比补贴方式给予消费者更多的选择权利更优越。	使得受益者的选择权限定在特定物品上，无法达到效用的最大化。
政府采购	指政府机构为从事日常的政务活动或为了满足社会公共服务需要，利用国家财政性资金购买货物、工程和服务的行为。通过招标方式，选择企业、非营利性机构与政府签订服务合同，由企业按合同生产公共服务。具体方式包括：公开招标、邀请招标、竞争性谈判、单一来源采购、询价以及其他方式。	1. 节约财政支出，提高采购资金的使用效益。 2. 强化宏观调控，体现政府的重要作用。 3. 活跃市场经济。 4. 推进反腐倡廉。 5. 保护民族产业，促进多元化发展。	在经济过热时，会在一定程度上导致通货膨胀。

二、市场供给

对于公共物品的提供方面，经济学发展中形成了两种不同的观点。第一种观点，由于公共物品的非排他性，只能由政府来提供，因为市场无法避免“搭便车”的行为。另一种观点则认为私人也可以成为公共物品的供给者，公共物品并非必须由政府提供，在一定的条件下，私人也可以参与公共物品的供给，反而效率更高。

（一）市场提供公共物品的依据

随着社会的发展和人们对公共物品认识水平的提高，发现以上两种对公共物品分类及供给主体选择都显得过于简单。其实，公共物品供给主体不是非此即彼的选择，到底由谁来提供公共物品，应该根据公共物品的性质、特征和受益范围综合考虑来决定。公共物品根据他们的主要特征可以分为纯公共物品（同时具有非排他性和非竞争性，如国防和灯塔等）和准公共物品（不完全同时具有竞争性和排他性，如教育、医疗卫生和收费公路等）。纯公共物品则必须由政府来提供，而准公共物品通过政府授权可以由市场和第三部门来提供。

自20世纪70年代末以来，适应时代发展，为解决日益复杂的深层次的社会矛盾，提高政府自身的回应性与公信力，自英国开始西方各国普遍掀起了声势浩大的政府改革运动。这种改革实践促使传统的公共行政模式逐渐向新公共管理模式转变。一种不同于传统的以经济学为基础的新公共管理理论出现。作为主要的代表，美国戴维·奥斯本和特德·盖布勒提出了“企业型政府”理论，强调政府的公共管理必须以市场为导向和依据，引入市场竞争机制，取消政府公共服务供给的垄断地位，创造条件吸引更多的私营部门参与公共服务的供给。通过市场机制与竞争机制的引入，重塑政府运作流程与规则，进而提高服务供给的质量和效率。

（二）市场供给公共物品的方式

在公共服务的市场供给方式中，公共服务的生产者与提供者都是企业。企业以营利为目的，参与公共服务生产和供给；消费者拥有较大的自主权，可以自主选择生产者。“用脚投票”是消费者用以反映自己对公共服务满意度的主要工具。政府介入程度极其有限，主要是确定服务内容并制定质量标准、安全标准和其他标准，市场竞争机制起着决定性作用。市场化供给方式主要包括：特许经营、合同外包、内部市场、用者付费、补助、凭单等各种方式（见表2-4）。

表2-4　公共服务的市场供给方式

分类	定义	特点
合同外包	OECD认为政府公共服务合同外包是指公共产品和服务由外部提供，而不是由政府机构提供。其本质是把竞争和其他私人部门制度安排引入公共服务部门。其内涵有广义和狭义之分，广义的合同外包是指政府之间的协议和合作；狭义的合同外包是指外包对象仅为私人企业和非营利组织。	1. 外包的核心是指将竞争引入公共物品和服务的供给过程中，用竞争代替政府的垄断。 2. 外包的实施条件是政府有能力控制和监督公共服务的生产和供给。 3. 外包仅指政府将生产能力转移给私人部门即市场，而并非是管理能力的转移。

续表

分类	定义	特点
特许经营	指政府按照法律、法规规定，通过市场机制选择市政公用事业投资者或经营者，明确其在一定范围和期限内经营某项市政公用事业产品或者提供某项服务的制度。	1. 其经营行为以特许经营权协议为基石。 2. 特许经营有固定的操作流程。
用者付费	用者付费是政府对某种物品、服务或者行为确定价格，由使用者或行为者支付一定的费用，其本质是将价格机制引入公共服务体制中。	适用领域存在着以下特点： 1. 具有充分选择权力的个体使用者，且使用次数有限。 2. 个体可以根据自己的需求选择服务范围及领域。
凭单制	凭单也指有价证券、消费券。指政府仅对有资格消费某种服务的个体发放消费券，个体凭借消费券进行消费，最终由政府以现金兑换各提供者的凭单。	1. 消费和提供具有特定性。 2. 政府有支付或部分支付的意愿。 3. 该产品与服务具有有效的排他性，并可收费。 4. 消费者具有一定的选择权。
内部市场	指在由公共部门提供并负责生产的公共服务领域，建立模拟市场，推行公共服务契约制度，用明晰的委托代理关系限制公共服务的提供，并不断提高效率。	1. 基本前提是存在独立的市场主体，即公共服务的购买者、生产者。 2. 明确划分公共服务购买者和提供者，并在两者之间实行内部准合同与买卖协议。 3. 要有先进的技术条件的支持。

（三）市场提供公共物品的优势

在公共物品供给上，市场与政府有着本质的区别：市场强调通过市场机制来提高资源配置效率，核心是实现资源配置的效率目标；而政府作为全体社会成员利益的代表，其行为体现着社会公益性（代表公益性的程度与该社会的民主政治水平正相关），所以其主要关注公共物品对社会成员普遍效用的满足和改进——即实现公益，而不是追求营利（至少不以追求营利最大化为目标）。因此，在公共物品的提供方面，由上述两种不同供给主体产生了政府供给与市场供给两种完全不同的供给方式。

第一，有效抑制“搭便车”。由于公共物品存在着消费的非竞争性和非排他性，以及政府的有限理性，这就决定了政府在提供公共物品时不能满足多样化的公共服务需求，存在着“政府失灵”现象。如对于具有非竞争性和排他性的俱乐部物品。对内部成员而言，可以看作是一种纯公共物品，但随着会员人数不断增加，则会产生消费的拥挤，进而导致效率下降。这类物品由市场提供则是有效且可行的，尤其是通过价格水平的变化，可以判断消费者对其需求程度的变化，通过市场价格机制可以调整并实现资源的优化配置，这是政府自身难以实现的。

第二，提高公共物品的使用效率。由于公共产品的特性而导致搭便车的问题，普遍认为政府提供公共产品比市场提供具有更高的经济效率。因此，政府长期以来垄断了公共产品或服务的供给。不过，最近几十年的实践结果说明，政府提供公共产品和服务不仅存在着成本高、质量低、不公平等问题，而且国民在获得公共产品方面缺乏必要的选择权。针对以上问题，公共选择理论、新公共管理理论提出，在公共产品供给方面适当打破政府垄断，引入市场机制的主张，逐渐为许多国家所接受。

第三，提供公共物品的方式灵活多变。市场在提供公共物品的时候，可以根据不同的受益群体选择不同的提供方式，例如对投资资金要求不是很高，竞争性较强的公共物品可以完全由私人提供，如部分基础设施建设等；当费用承担者同时是受益人时，且在规模较小的条件下，公共物品可以实现自主提供，如乡村道路修建与维护。这样不仅减少了政府的负担，又很好地满足了村民公共服务需求。

（四）市场在供给公共物品方面的缺陷

市场机制在带来效率的同时，也带来了缺乏公平、垄断等问题。如何发挥市场机制的优势，避免其劣势，这需要对市场化理论、市场化制度的设计，市场化工具的使用以及市场化的管理等有关问题有全面理解和准确把握。因此，厘清公共产品或服务中引入市场机制的相关理论、模式、制度安排以及操作技术具有重要意义。健全相关的法律法规，将市场机制与政府机制有效的结合。针对市场在提供公共物品的过程中出现的上述问题，通过政府机制予以克服，同时充分利用其他社会组织形式，尤其是第三部门，弥补市场提供公共物品的过程中出现的失灵问题。

三、社会供给

（一）社会组织提供公共物品的依据

随着经济社会的发展，人们发现市场在提供私人物品及政府在提供公共物品上都存在着自身难以克服的缺陷，即可能出现“双重失灵”情况，政府与市场各自存在一定的不足与缺陷，而第三部门、非营利组织等社会组织在价值追求和组织运作等方面则具有独特的效能，可以在一定程度上弥补政府与市场的“双失灵”缺陷。无论是从理论演进还是实践发展来看，在公共物品或公共服务提供方面，政府与市场之间并非简单的非此即彼的对立性的选择，主要是基于以下判断：因为存在市场失灵，就得出政府能够高效地提供公共物品的结论是幼稚的；由于政府失灵，就得出市场是提供公共物品的有效工具也是荒唐的①。社会组织由于与一定的社会文化和价值观等因素密切联系而具有适应性强、灵活多变等优点，因而在参与基层社会治理和推动政府职能转变等方面具有重要作用，特别是在某些社区性的公共物品供给方面具有其独特的优势。如果政府将原先所承担的部分公共物品供给职能转移给社会组织或非政府组织，不仅可以促进政府转变职能、精简机构，进而提高效率；也可以有效地推动社会公益事业发展。

（二）社会组织提供公共物品的优势

首先，社会组织供给公共物品，可以有效地弥补“政府失灵”。政府在提供公共物品时，由于其自身的一些特征，如“内在冲动”和“理性经济人”特质而产生了“目标置换”现象，在供给公共物品的过程中出现了追求机构自身利益而侵害公共利益的现象；为了避免这种现象，一方面通过引入竞争机制，使政府和其他组织展开竞争，从而起到提高公共物品提供效率的目的；另一方面社会组织由于具有政府部门所不具备的优势（平等互利、社会互助等）而成为供给公共物品的重要主体。

其次，社会组织供给公共物品，可以有效地减少类似“公地悲剧”的公共治理缺陷问题。公共物品对每一个消费者都是平等的，每一个人都可以自由的享受它们带来的方便，而正因为这样，每个人对它们的使用不会像对私人物品的那样重视，因此公共物品容易形成“公地悲剧”。在组织形式上，社会组织或非政府组织主要依靠组织成员间的自主协商与有效互动，因而具有信任程度高的优势，能够有效规避个体搭便车及投机行为。所以成为一种有效的公共物品供给方式与制度安排。

最后，社会组织供给公共物品，可以很好地弥补政府和市场造成的“合约失灵”。在政府之外，有些公共物品，市场不仅完全可以提供，甚至

---

① 赵成根：新公共管理改革：不断塑造新的平衡［M］. 北京：北京大学出版社，2007.

比政府提供更为有效。如城市照明设施的提供与维修，生活垃圾处理等。但有些公共物品市场却是无法有效供给的。这是因为在市场供给过程中，作为营利者的生产者拥有比较充分的信息，而消费者的信息则相对较少，由于信息不对称可能导致公物品供给中的投机行为，即通过降低质量和数量而追求经济利润的最大化，从而导致公共物品提供低效甚至失效。因此，当消费者不能准确评估服务的数量与质量时，需要新的可能的替代性的供给主体。此时，社会组织由于自身的灵活、互助、平等等优势便成为公共物品供给的一个较好的选择。

（三）避免社会组织在公共物品供给方面的缺陷

在承认和肯定非政府组织供给公共物品的重要作用与独特优势的同时，也应看到其局限性。首先，范围的狭隘性。非政府组织供给公共物品，仅考虑本组织成员的共同利益，并非社会全体成员的共同利益。其次，公信度不高。由于缺乏有效的监督监管与行业自律机制，导致非政府组织行为不规范，在一定程度上使得其功能被扭曲，不能很好地承担供给公共物品的职能。最后，独立性不强。主要表现在非政府组织在其职能履行、组织决策、资金筹集等方面均有可能受制于政府影响和制约，因而其公共物品供给能力受到一定程度的限制。

第三节 公共服务供给体系

一、公共服务供给体系内涵

公共服务供给体系指政府、社会团体、私人机构和公民等组织和个体，在为社会公众提供公共服务过程中形成和建立的一系列有关服务的内容、形式、机制和政策等方面的制度安排，主要表现为政府主导、社会协同、公民参与和机制创新。从公共服务供给体系的发展历史来看，主要包括单一供给体系和多元供给体系，在多元供给体系发展和完善过程中，又分为多元竞争供给体系和多元合作供给体系。公共服务供给体系的转型和完善对于激发市场主体活力，培育现代公民意识，促进社会组织发展，提高公共服务供给效率等都具有重要作用。

二、公共服务供给体系构成

（一）政府单一供给体系

政府单一供给体系，指公共服务主要由政府单方供给，政府几乎包揽了公共服务的内容、形式、机制、政策等制度安排，公共服务的计划、决策、管理和筹资等环节都需要依赖政府“自上而下”单项性的行政指令和强制执行来保障。在这种供给体系中，政府是唯一供给和执行主体，有助于强化政府职责，在一定程度上可以快速提高公民的公共福利水平①。在政府单一供给体系下，公共服务供给水平和效率受到包括中央政府财政支持程度、地方经济发展水平、地方政府财政支付能力与支出偏好等多种因素的影响（见图2－1）。政府单一供给体系局限主要表现在：供给成本高、服务质量不高、服务效率较低等方面。从经济发展水平来看，我国多数地方经济发展水平较低且非均衡，因此在根本上制约了政府财政支出能力。从政府支出偏好来看，受到政府行政效率较低的影响，政府在公共服务的支出主要偏向于发达地区和城市，而忽视了不发达地区和农村。

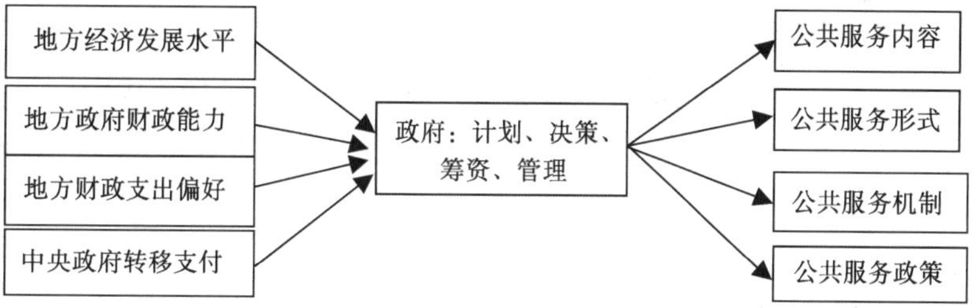

图2－1 政府单一供给体系

随着经济社会发展及公共服务需求多样化，逐渐改变政府垄断供给的单一模式，转向以政府、社会、市场等多元协同、合作的供给模式。以政府为主导，明确并理顺各主体的关系，已成为有效提供公共服务的重要保证。

（二）多元主体供给模式

1. 多元竞争供给体系

多元供给体系主要是指以政府为主导、以社会团体和私人机构等为补充

① 吴春梅，翟军亮：变迁中的公共服务供给方式与权力结构在供给方式方面［J］．江汉论坛，2012（12）．

的供给主体，为公民及其组织提供基本而有保障的公共服务[①]。在多元供给发展过程中，在经历了多元竞争供给模式后，目前正向多元协同供给模式发展。

多元竞争供给模式是指公共服务由“政府单一提供”到“政府、市场、社会组织多元提供”，各自发挥自身优势提供适合自身特点的公共服务，有利于满足多样化公共服务需求。但也可能存在由于供给目标不明确，多元主体职责不清，导致公共服务供给过程中合作程度低、公共服务供给效率不高，公共资源浪费等问题（如图2－2所示）。

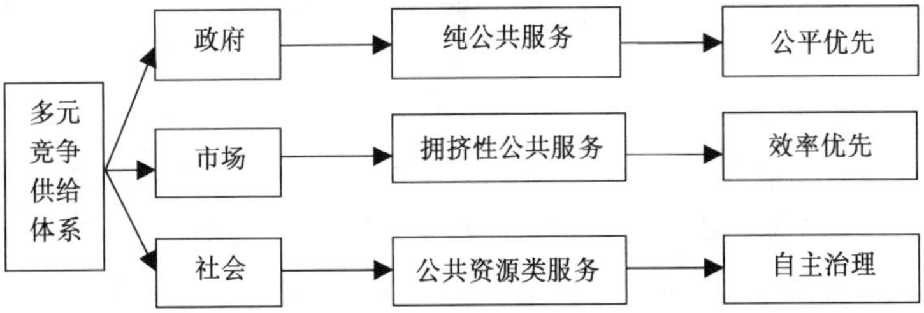

图2－2　多元竞争供给体系

2. 多元合作供给体系

多元合作供给模式是指逐步构建由政府、市场、社会和居民多元主体参与合作的公共服务供给机制，最终形成“政府主导、市场优化、社会协同、公民参与”的公共服务多元和谐、配合、互补的供给体系，这是提高公共服务供给效率和效益的必然趋势，具有重要意义[②]。在多元合作供给体系中，具有三方面的显著特征：一是服务目标一致化，即提供高效高质的公共服务；二是服务主体多元化，即由政府、市场、社会组织和居民多元参与；三是服务过程合作化，在公共服务生产、决策、分配等环节中，各个参与主体是分工合作的关系，同时通过分工合作，也更好地实现各自共赢的局面[③]（见图2－3）。

① 吴业苗：“一主多元”：农村公共服务的供给模式与治理机制［J］. 经济问题探索，2011（6）.

② 艾医卫，屈双湖：建立和完善农村公共服务多元供给机制［J］. 中国行政管理，2008（10）.

③ 夏志强，付亚南：公共服务多元主体合作供给模式的缺陷与治理［J］. 上海行政学院学报，2013（4）.

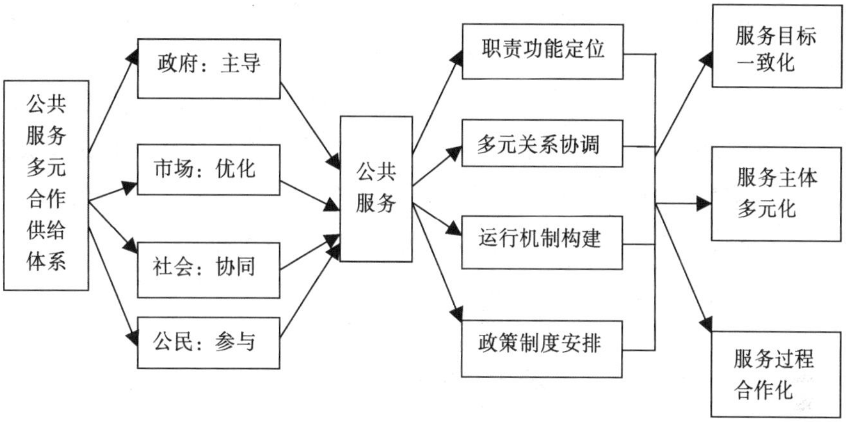

图 2－3　多元合作供给体系

多元供给模式改变了传统政府全部包揽的格局，但政府依然应该扮演重要角色。同以往政府单一权威供给模式不同的是，在多元合作供给模式中，政府不再处于垄断地位，而主要是作为一种促进者、合作者的身份体现其主导地位。在公共服务提供过程中，政府应主动吸纳多元主体参与，同时鼓励和引导社会组织和广大居民参与其中，最大限度地释放市场活力①。

在多元协同供给模式中，应充分发挥市场机制的作用。通过市场内在规律，自发调节资源在公共服务生产中的分配，激发公共服务供给主体改进技术、改善管理，通过市场竞争机制，降低公共服务成本，减轻政府财政负担，保障公共服务供给效率和质量。而大量从事公益事业和慈善事业的非营利组织、志愿者组织与居民个人关系密切，组织结构灵活、对市场变化反应迅速，成为提供多样化的公共服务的重要力量。因此，在充分利用市场经济机制的基础上，政府应通过引导和鼓励多样化的社会组织参与到公共服务供给过程中，发挥其点多面广的优势，使公共服务惠及城乡居民，成为提供公共服务的重要协同力量。居民个人是公共服务的最终受益者，也是最终衡量公共服务满意度的重要群体。在推动公共服务多元协同发展过程中，政府应更好地界定身份，扮演好“服务者”和“指导者”的角色，在公民自主参与意愿的基础上，支持公民个人成为公共服务的重要参与力量，充分发挥公民群体的主体性和创造力，使其参与到公共服务供给过程中，充分表达其服务意愿与诉求。

---

① 曾保根：基本公共服务供给机制的逻辑、误区与构想［J］. 探索与争鸣，2013（9）.

在多元合作供给体系中，目标明确、权责清晰是重要原则。政府负责公共服务的决策，扮演主导角色，发挥主导作用；市场机制实现公共资源的有效配置，发挥基础性作用；社会组织是公共服务的重要参与力量，满足多样化的公共服务需求；居民有效参与公共服务供给，既是公共服务的提供者，同时也是公共服务的受益者。公共服务多元合作供给体系，不仅有利于提高公共服务质量与满意度，也有利于降低公共服务供给成本。

第四节 公共物品有效供给与需求显示机制①

从供给数量来看，公共物品之间存在明显差异。一些公共物品的供给仅在是否供给之间选择，即是说，供给量要么为0，要么为1，这类物品为离散型公共物品。某个地方是否建立一个公共游泳池，某交叉路口是否建一个街心花园等即是这方面的例子。有些公共物品供给涉及数量多少的问题，如一条街上装多少路灯，一般以连续函数描述这类公共物品的供给，所以将这类物品称为连续型公共物品。离散型公共物品与连续型公共物品有效供给的条件以及需求表达机制是不同的。

一、离散型公共物品的有效供给

假设社会上存在一种离散型公共物品，公共物品的供给成本为c；记社会上所有消费者的集合为I，消费者i愿意为其支付的最大货币量（保留价格）记为r_i，显然，只要

$$\sum_{i \in I} r_i > c \tag{2.1}$$

供给这种公共物品就能可能实现帕累托改进。当然，满足（2.1）的公共物品并不一定带来帕累托改进，因为这还依赖于各个体间的福利分配情况。但无论怎样，这样的公共物品至少带来了资源配置效率改进的机会，所以我们在后文中就将满足（2.1）式的公共物品简称为帕累托改进的公共物品。

① 本节参考和借鉴：蒋殿春：高级微观经济学［M］. 北京：北京大学出版社，2006.

现在来看市场机制下公共物品的供给按照帕累托标准是否有效。考虑这样一个例子：一栋楼的顶层有两个人，分别决定他们是否出资在本楼层过道装上路灯。假设装一盏路灯的成本为30，路灯对每个人的保留价格都是20。显然，装上路灯将实现帕累托改进。不过，这两人面对的博弈支付矩阵如表2－5所示，（不出资，不出资）是唯一的纳什均衡。这一简单的例子说明，市场机制无法保证公共物品的有效供给。

表2－5　　两人面对的支付矩阵

		个体2 出资	个体2 不出资
个体1	出资	(−10，−10)	(−10，20)
个体1	不出资	(20，−10)	(0，0)

为了有效地供给能带来帕累托改进的公共物品，另一个常用的办法是投票表决。在现实生活中投票制因操作简便而应用十分广泛，但事实上它常常也不是解决问题的有效办法。考虑这样一个例子：三个人投票表决是否建立一个成本为99的公共设施，采用多数票制；若投票结果赞成建立，三个人分摊成本，各出资33；保留价格分别是：$r_1 = 90$，$r_2 = r_3 = 30$。由于该设施开建时每人需支付33，而个体2和3的保留价格仅为30，这两人显然会投反对票。所以，投票结果将是反对建立。尽管这个公共设施能导致帕累托改进（$r_1 + r_2 + r_3 = 150 > 99$），但投票制却否决了提案。这里的问题是，投票制赋予每个个体的权益是相通的，但个体对公共项目的需求却不一致。一人一票制无法照顾到个体的特殊需求。

为解决一人一票制中的问题，人们建议由个体根据自愿出资，希望由此反映不同个体对公共物品的不同态度。仍考虑上面三人决策的例子。假如采取个人自愿出资的办法，三人的出资总额超过工程成本就开工，若不足则退还每人的出资款。这种办法有时确能使帕累托有效的公共项目顺利开工，但它不能保证情况总是这样。事实上，若将个体i的出资额记为g_i，一方面容易验证，任何满足条件

$$g_1 < 90, g_2, g_3 < 30, \text{且 } g_1 + g_2 + g_3 = 99$$

的组合（g_1, g_2, g_3）都是纳什均衡；另一方面，$g_1 = g_2 = g_3 = 0$ 显然也是一个纳什均衡。这说明个体自愿出资方式也不是有效供给公共物品的办法。

二、Groves－Clarke 需求显示机制

要保证公共物品的有效供给，关键的问题是要知道每个个体对有关公共物品的偏好，或者更直接地，需要知道每个个体真实的保留价格。困难的是，每人的保留价格是他自己的私人信息，如果吐露实情意味着多出钱，没有人有说真话的动机。但下面的 Groves－Clarke 需求显示机制（以下简称 G－C 机制），能让个体自愿显示其真实保留价格。这一机制由以下规则构成：

（a）为决定一个成本为 c 的公共项目是否开工，先随意向个体 i 指派出资份额s_i；并令其报告公共项目建成后他的净盈余 $v_i = r_i - s_i c$。自然，个体可以谎报，记个体 i 的报告为b_i，每个个体不知道别人的报告。

（b）如果 $\sum_{i \in I} b_i \geqslant 0$，项目开工；若 $\sum_{i \in I} b_i < 0$，取消项目。

（c）如果项目开工，个体 i 须先交纳其份额内的款项$s_i c$，然后再接受补贴 $\sum_{j \neq i} b_j$（若 $\sum_{j \neq i} b_j \geqslant 0$，个体 i 得到补贴，若 $\sum_{j \neq i} b_j \leqslant 0$，他事实上需缴税 $\left| \sum_{j \neq i} b_j \right|$）。

如果 G－C 机制确实让每个个体都说真话，由规则（b），显然它同时保证了帕累托改进的公共项目开工，也否决了帕累托无效的项目。现在的问题是，这个机制是否真的让每个人都说真话？

在 G－C 机制下，个体 i 所得的支付（净收益）为

$$\pi_i(b) = \begin{cases} v_i + \sum_{j \neq i} b_j & b_i + \sum_{j \neq i} b_j \geqslant 0 \\ 0 & b_i + \sum_{j \neq i} b_j < 0 \end{cases} \tag{2.2}$$

由这一支付函数的形式立即看出，无论公共项目是否开工，个体的申报值b_i都不影响他所得的支付，b_i的大小仅仅起到控制项目是否开工的作用。既然如此，个体 i 在决定其战略的时候，问题就变得非常简单：（2.2）式中两种情况的支付—— $v_i + \sum_{j \neq i} b_j$ 和 0 哪一个较大，就选择适当的b_i来控制项目开工或不开工。

若 $v_i + \sum_{j \neq i} b_j \geqslant 0$，他应该确保项目开工，获非负的支付 $v_i + \sum_{j \neq i} b_j$。为此，只需取申报值$b_i \geqslant v_i$即可。注意这里低报$b_i$不仅没有任何的好处（只要项目开工，个体的所得与其申报值无关），而且，由于不知道他人的申报值

$\sum_{j\neq i} b_j$，任何低于v_i的报告都有使项目流产的危险，这样他只能得到一个较低的支付0。

若 $v_i + \sum_{j\neq i} b_j < 0$，个体 i 会极力否决该公共项目。要达到这一目的，只需取$b_i \leq v_i$即可。同样，高于v_i的报告不仅对他没有任何好处，因为个体 i 不知道其他人的申报值 $\sum_{j\neq i} b_j$，任何高于v_i的申报值都有可能通过这一使他受损的项目。

兼顾上述两种可能情况，$b_i = v_i$是个体 i 的最优选择（或者说，它是个体的占优战略）。G－C 机制让每个人都说了真话。

尽管 G－C 机制成功地显示了个体的真实偏好，但其成本却可能太高。考虑前一节工程成本为 99 的公共设施的例子，仍假设$r_1 = 90$，$r_2 = r_3 = 30$，如果一个三人社会采用 G－C 机制，在两种不同的预先指派出资份额下，各个体的交款情况及净支付如表 2－6 所示。

表 2－6　　各个体的交款情况及净支付

	指派$s_1 = s_2 = s_3 = 1/3$；$v_1 = 57, v_2 = v_3 = -3$			
	指派款	补贴	实际出资	净支付
个体 1	33	－6	39	51
个体 2	33	54	－21	51
个体 3	33	54	－21	51
总计	99	102	－3	153
	指派款$s_1c = 69, s_2c = s_3c = 15$；$v_1 = 21, v_2 = v_3 = 15$			
	指派款	补贴	实际出资	净支付
个体 1	69	30	39	51
个体 2	15	36	－21	51
个体 3	15	36	－21	51
总计	99	102	－3	153

在两种不同的预先指派下，政府的补贴开支都比工程成本还高。所以，G－C 机制是一个以高昂的社会成本促使个体说真话的机制。

从表2-6中我们还注意到，在不同的指派下，补贴总额是相同的，并且不同的个体最终所得的净支付也完全一致，这其实并不是偶然的。事实上，由于G-C机制总是使得每个个体真实地报告他补贴前的支付，$b_i = v_i$，所以社会所承担的补贴总额是：

$$\sum_{i=1}^{n} \sum_{j \neq i} b_j = \sum_{i=1}^{n} \sum_{j \neq i} v_j = \sum_{i=1}^{n} \left[\sum_{j=1}^{n} v_j - v_i \right]$$

$$= (n-1) \sum_{j=1}^{n} (r_j - s_j c) = (n-1) \left[\sum_{j=1}^{n} r_j - c \right]$$

在公共工程开工的情况下，个体i最终所得的净支付是：

$$\pi_i = v_i + \sum_{j \neq 1} b_j = \sum_{j=1}^{n} v_j = \sum_{j=1}^{n} (r_j - s_j c) = \sum_{j=1}^{n} r_j - c$$

这两个式子都与预先的指派s_i无关。而且，π_i与i无关，这意味着所有个体的最终支付都是一样的，所以可以说G-C机制同时还很好地体现了公平原则。

三、Clarke税

G-C机制诱使每个个体都说真话，但其成本往往过高，那么如何避免过多的补贴同时又保持个体诚实的激励呢？下面我们将看到，通过在G-C机制中加入Clarke税，可以达到这一目的。

首先我们观察到，在任何博弈中，在局中人的支付函数中加入一个人格情况下都恒定不变的常数不会影响他的战略选择。即是说，局中人i的最优战略在支付函数$\pi_i(b)$和$\pi_i(b)+C$下是相同的。进一步，将这里的常数C换成一个与局中人本人的行为无关，而仅与其他局中人的战略相关的函数$\alpha_i(b_{-i})$，局中人i的战略选择仍然不受影响。利用这一原理，在不影响G-C机制个体诚实激励的前提下，我们来设计一个函数$\alpha_i(b_{-i})$，让其加上$\pi_i(b)$后恰好抵消政府向局中人i支付的正补贴：

$$\pi_i(b_{-i}) = \begin{cases} -\sum_{j \neq i} b_j & \sum_{j \neq i} b_j \geq 0 \\ 0 & \sum_{j \neq i} b_j < 0 \end{cases}$$

额外加上函数$\alpha_i(b_{-i})$后，局中人i的支付函数变为：

$$\prod_i b = \pi_i(b) + \alpha_i(b_{-i}) = \begin{cases} v_i & \sum_{i=1}^{n} b_i \geq 0, \sum_{j\neq i} b_j \geq 0 \\ v_i + \sum_{j\neq i} b_j & \sum_{i=1}^{n} b_i \geq 0, \sum_{j\neq i} b_j < 0 \\ -\sum_{j\neq i} b_j & \sum_{i=1}^{n} b_i < 0, \sum_{j\neq i} b_j \geq 0 \\ 0 & \sum_{i=1}^{n} b_i < 0, \sum_{j\neq i} b_j < 0 \end{cases} \quad (2.3)$$

即是说，如果某个体之前得到了社会的一笔（正）补贴，社会随后还将以税收形式收回，这就是所谓的 Clarke 税机制。注意这样修正 G－C 机制后保证了每个局中人最终所得的补贴永远不可能是正值，同时局中人说真话的激励却没有受到影响。

在结束这一节之前，再讨论一下什么样的个体需要缴税是十分有趣的。由（2.3）式以很清楚地看到，只有在 $\sum_{i=1}^{n} b_i$ 和 $-\sum_{j\neq i} b_j$ 的符号相反时，个体 i 的 Clarke 税净值才大于零。换句话说，在群体中“无足轻重”的个体无须交税，只有当你的战略改变了其他所有人的选择时，你才需为此交税。从这个角度来讲，Clarke 税制是十分公平的：当 $\sum_{i=1}^{n} b_i \geq 0$，$-\sum_{j\neq i} b_j < 0$ 时，因为个体 i 的存在公共工程才得以通过，说明这个工程对个体 i 十分重要，他需为此交税，税金 $-\sum_{j\neq i} b_j$ 等于社会其他人容忍该工程所承受的损失；当 $\sum_{i=1}^{n} b_i < 0$，$\sum_{j\neq i} b_j \geq 0$ 时，个体 i 一人即否决了社会其他个体兴建该工程的提议，他同样需为此交税，税额等于社会其他人因工程流产所承受的损失。

四、连续型公共物品的供给

（一）有效供给条件和私人供给

对于连续型公共物品，需要确定有效的供给水平是多少。假设全社会有 n 个成员，个体的效用函数都具有拟线性形式：

$$U_i(q, x_i) = u_i(q) + x_i \qquad i = 1, \cdots, n \qquad (2.4)$$

满足 $u_i' > 0$，$u_i'' < 0$。其中，x_i 是个体（消费者）i 在其他商品上的总支出。线性效用函数意味着消费者从公共物品的消费中获得的边际效用与其他

商品消费数量无关。在这种假设条件下，不考虑个体在其他物品上的消费数量，主要在于简化分析过程。

假设公共物品的边际成本为常数 c，且 $c>0$。帕累托最优要求社会在公共物品的生产和消费中得到的总剩余达到最大，即：

$$\max_{q\geqslant 0}\left[\sum_{i=1}^{n}u_i(q)-cq\right]$$

如果最优点 $q^*>0$，必然满足一阶必要条件

$$\sum_{i=1}^{n}u_i'(q^*)=c \tag{2.5}$$

而且，由于我们假设了 $u_i''<0$，它同时也是最优解的充分条件。就是说，公共物品的帕累托有效供给要求其边际效用的社会总和等于边际成本。由于 $u_i'(q)$ 代表公共物品对个体 i 的边际价值，这个条件是十分自然的。当然，如果 $q^*=0$，条件（2.5）应改为

$$\sum_{i=1}^{n}u_i'(0)\leqslant c \tag{2.6}$$

如果无论公共物品的供给量如何小，个体的边际效用之和都无法弥补边际成本，那么最优的供给量就是零（供给量加大时各个体的边际效用都会降低）。

为了使以上的分析有意义，假设 $\sum_{i=1}^{n}u_i'(0)>c$，这样公共物品的有效供给量总是正的，满足条件（2.5）。

现在考虑靠私人出资供给公共物品，看市场是否能够达到帕累托有效边界。假设我们以边际成本 c 为公共物品标价，让每个个体决定他购买多少。个体 i 如果决定购买 q_i，他在公共物品上的支出是 cq_i；由于公共物品没有排他性，个体 i 知道他同时也可以消费别人购买的公共物品，所以，他的问题是

$$\max_{q_i}\left[u_i\left(q_i+\sum_{j\neq i}q_j\right)+\bar{x}-cq_i\right]$$

其中 $\bar{x}$ 是个体 i 在其他商品上的初始禀赋。一阶条件是

$$u_i'(q)\leqslant c \quad \text{且 } q_i>0 \text{ 时等号成立} \tag{2.7}$$

这里 $q=\sum_i q_i$。在均衡状态下，记每个个体的购买量为 q_i^0，社会总购

买量是 $q_i^0 = \sum_i q_i^0$。只要有两个以上个体的购买量是正值，由条件（2.7）

$$\sum_{i=1}^{n} u_i'(q^0) \geqslant 2c \tag{2.8}$$

与帕累托有效条件（2.5）比较，注意到 $u_i' < 0$，必然有 $q^0 < q^*$，即是说公共物品的私人供给过少。

注意到公共物品的非竞争性质，这个结论并不偶然——如果别人买的东西我也可以使用，我为什么还要自己掏钱购买？充其量，如果我觉得目前它的存量过少，而我又知道别人最多只会买这样多，我会出钱再买一些满足自己的需要。在这里，个体 i 对公共物品的真实需求是 $q^0 = q^0 + \sum_{j \neq i} q_j^0$，但他知道别人会"为他购买" $\sum_{j \neq i} q_j^0$，而他自己只需买 q_i^0。由于每个人都有"免费搭乘"动机，市场失效的结果是很难避免的。

（二）Lindahl 均衡

对于公共物品供给中的免费搭乘问题，一个可能的解决办法是强制性地向个体征税，以税收弥补最优水平的公共供给成本。我们以一个只含两个个体的社会为例讨论这种情况下的均衡。

假设社会上只有两个人：个体 1 和 2，他们都具有（2.4）式的拟线性效用函数。假设在由私人供给公共物品的情况下两人的购买量都是正值：$q_i^0 > 0 (i = 1, 2)$，从而一阶条件（2.7）式中等号成立

$$u_i'(q^0) = c \qquad i = 1, 2 \tag{2.9}$$

这里 $q^0 = q_1^0 + q_2^0$。上一小节的分析说明，这种情况下，该公共物品的私人供给必定是无效率的。如果政府要求个体每单位公共物品纳税 $t_i (i = 1, 2)$，则公共物品供给量为 q 时个体的效用为：

$$u_i(q) + \bar{x} - t_i q \quad i = 1, 2$$

其中 $\bar{x}$ 是个体 i 在其他商品上的初始禀赋。

考虑下面的 Lindahl 税率决定过程：政府先随意向个体宣布适用于他的 t_i，满足

$$t_1 + t_2 = c \tag{2.10}$$

个体申报他此时的公共物品需求量 q_i；如果两人的申报值不相等，政府重新宣布税率，在维持（2.10）式成立的前提下，提高高需求者的税率，降低低需求者的税率。如果新税率下两人的需求仍然不等，继续按此原则调

整税率。当两人申报的需求最终在某一组税率（t_1^*, t_2^*）下相等时，税收付诸实行，此时达到了 Lindahl 均衡。

在税率t_i下，个体 i 对公共物品的需求 q_i满足一阶条件

$$\frac{\partial U_i(q_i, x_i)}{\partial q} = u_i'(q_i) - t_i = 0 \tag{2.11}$$

如果每个个体都如实申报他的需求，在 Lindahl 均衡下，$q_1^* = q_2^* = q^*$

$u_1'(q^*) + u_2(q^*) = t_1 + t_2 = c$

这就是帕累托有效条件（2.5）。即是说，在个体不说假话的条件下，Lindahl 均衡下的资源配置是有效的。

问题在于，Lindahl 过程是否包含个体说真话的激励机制？回答是否定的。要证明这一点，只要证明税率（t_1^*, t_2^*）下双方都申报 q^*不是纳什均衡即可，因为这表明任何一个个体在对方说真话时（$q_i = q^*$）都有说假话（$q_i \neq q^*$）的动机。

不妨假设个体 2 总说真话。这意味着税率t_2下他申报的需求 $q_2 = q$ 满足（2.11）：$t_2 = u_2'(q)$，由（2.10），

$$t_1 = c - t_2 = c - u_2'(q) \tag{2.12}$$

如果与对方申报同样的需求 q，个体 1 的效用是

$$U_1(q, \bar{x}_1) = u_1(q) - [c - u_2'(q)]q + \bar{x}_1 \tag{2.13}$$

对 q 求导

$$\frac{\partial U_1(q, \bar{x}_1)}{\partial q} = u_1'(q) - [c - u_2'(q)] + u_2''(q)q \tag{2.14}$$

该式在 Lindahl 均衡点 q^*取值，利用（2.11），以及假设 $u_2'' < 0$，有

$$\frac{\partial U_1(q, \bar{x}_1)}{\partial q} = u'(q^*) - t_1^* + u_2''(q^*)q^* < 0 \tag{2.15}$$

这就是说，如果对方申报 q^*，个体 1 的申报值将低于 q^*。这证明 Lindahl 不是纳什均衡。

（三）需求显示机制

回到有 n 个个体的一般情形。模仿 Groves - Clarke 需求显示机制，可以构造连续型公共物品的 Clark - Groves 机制，让个体自愿地显示他对公共物品的偏好。这个机制的施行规则是：

（a）政府预先随意地指定个体 i 需要为每单位公共物品缴纳的税率t_i，

使得

$$\sum_{i=1}^{n} t_i = c \tag{2.16}$$

政府先向社会公布（$t_1, \cdots, t_n$）。

（b）在公共物品任一供给水平 q 上，让社会中所有个体同时申报他们的边际效用，这事实上是要求个体报告他们的边际效用函数。由于没有谁能阻止个体说谎，我们记个体 i 的报告是 $b_i(q)$，这不一定就是他真实的边际效用 $u_i'(q)$。特别，个体 i 可以宣布他的边际效用是一个常值，而且就等于政府指定的 t_i。

（c）在个体报告 $b_i(q)$ 的基础上，政府确定公共物品的供给水平 q 使其满足

$$\sum_{i=1}^{n} b_i(q) = c \tag{2.17}$$

（d）将某个个体 i 申报一个常边际效用 t_i 时社会将供给的公共物品数量记为 q_{-i}，这个 q_{-i} 满足

$$\sum_{j \neq i} b_j(q_{-i}) + t_i = c \tag{2.18}$$

个体首先需要以政府预先指定的单位税率为基础交纳 $t_i q$，但他随后会得到政府依照 q_{-i} 和 q 计算的一次性补贴：

$$S_i(q) = \sum_{j \neq i} \int_{q_{-i}}^{q} b_j dz - \sum_{j \neq i} t_j(q - q_i) \tag{2.19}$$

在 G－C 机制下，个体 i 将选择申报值 $b_i(q)$ 使得下列目标函数达到最大

$$u_i(q) + \bar{x}_i - t_i q + S_i(q)$$

其一阶条件是：

$$\begin{aligned} 0 &= u_i'(q) - t_i + \sum_{j \neq i} b_j(q) - \sum_{j \neq i} t_j \\ &= u_i'(q) + \sum_{j \neq i} b_j(q) - \sum_{j \neq 1}^{n} t_i \\ &= u_i'(q) + \sum_{j \neq i} b_j(q) - c \end{aligned} \tag{2.20}$$

其中最后一个等式是利用条件（2.16）。与政府决定供给量的原则（2.17）比较，（2.20）意味着个体 i 在申报

$$b_i(q) \equiv u_i'(q) \tag{2.21}$$

的情况下效用达到最大。这证明 G－C 机制确实是激励个体说真话的机制。

而且，(2.20) 式在任意$b_j(q)$ ($j \neq i$) 下都成立，这意味着无论别人怎样申报他的边际效用，个体 i 真实披露自己的偏好都是最优的。换句话说，说真话是每个人的战略优势，G－C 机制事实上达成一个每个人都说真话的占优战略均衡。

我们可以对上述机制的“公平”意义作一个与离散情形相似的解释：谁想多消费，谁就多付钱。不过为了避免重复，下面提供一个与此等价、但角度不同的解释：如果个体 i 认可政府对他的指派而申报$b_i(q) = u_i'(q) \equiv t_i$，他的申报不改变别人选定的公共物品供给水平，$q = q_{-i}$，由 (2.19) 式知道个体 i 所得的补贴是 0——这是公平的，因为之前个体 i 缴纳的公共物品税不多不少正好反映了他从公共物品消费中得到的效用；假如个体 i 的申报有异于政府的指派值 t_i，他的申报必然引起公共物品供给量从q_{-i}变到 q。无论这两个供给量孰大孰小，公平原则要求个体 i 为他引起的变化负责：如果$q > q_{-i}$，个体 i 使大家都能多消费一些公共物品，而社会应该感谢这种贡献，所以政府将 (2.19) 式等号右端第一项给他作为奖励；不过，个体 i 提高公共物品供给量后别人的纳税额也被迫提高了，所以他获得的奖励款中应将这一部分扣除，这就是 (2.19) 式等号右端第二项。在 $q < q_{-i}$的情形，解释与此相似，只是将前一情形中的“奖励”改为“处罚”即可。

在出现市场失灵的情况下，如果政府了解所有相关个体的偏好或生产技术信息，并且政策手段不受任何限制，适当的政策可以将经济拉回帕累托有效边界上。譬如，政府可以补贴独占厂商，让他以边际成本定价，或者将它国有化，之后以行政手段保证边际成本定价；政府也可以将某公共物品的供给确定在其有效水平，然后向社会个体征收恰当的税额；政府可以履行庇古税，将外部性生产控制在有效的水平等。当缺乏相关的信息，或者可选的政策工具有一定限制的时候，“最好”的干预结果可能也无法达到帕累托有效边界。寻找这种场合下最好的干预结果，就是次优理论（second best theory）的问题。如果存在信息或者信息政策工具方面的限制，次优政策往往要求一定程度的生产扭曲。在若干相互关联的部门中，如果至少有一个部门的资源配置是无效率的，而政府又无法在该部门内直接修正存在的失效，那么其他部门即使能够达到帕累托最优，往往也不是整个社会最好的配置。

第五节 公共服务多元供给的相关理论基础

一、公共行政理论：公共服务的政府单一供给方式[①]

公共行政理论源于19世纪末20世纪初期，欧洲大陆的公法和政治学研究。20世纪20～30年代，公共行政理论基本形成，其主导地位一直持续到20世纪60年代末，曾经支配20世纪的大部分时期。该理论研究的出发点和目标是“效率和经济”，侧重于对行政程序、组织结构和行政原理的研究，关注行政组织的计划、组织、人事、指挥和控制等职能问题。威尔逊、古德罗等人为代表的政治—行政二分法和马克斯·韦伯科层制是公共行政的主要理论基础。而泰勒的科学管理原理，法约尔的一般管理理论，以及怀特的系统化理论则对公共行政的科学化、技术化和系统化发展起到了重要的推动作用。

1897年，美国伍德罗·威尔逊（Woodrow Wilson）在《政治学季刊》上发表的题为《行政研究》文章中，通过对行政与政治和宪政的比较分析，首次提出了政治与行政二分的思想，奠定了公共行政的理论基础[②]。威尔逊指出，公共行政是置身于政治所特有的范围之外的。行政管理的问题并不属于政治问题。虽然行政管理的任务是由政治加以确定的，但政治却无须乎自找麻烦地去直接指挥行政管理机构。……政治是国家在重大且带有普遍性的事务方面的国家活动；而在另一方面，行政则是国家在个别和细微事务方面的活动。因此，政治是政治家的特殊活动，而行政则是技术性职员的事情[③]。继威尔逊之后，约翰逊·古德诺（Johnson Goodnow）对政治—行政二分法做了进一步的阐释。古德诺在其《政治与行政》一书中明确指出，在所有的政府体制中，都存在两种主要的或基本的政府功能，即国家意志的表

---

① 本节部分内容参考和借鉴：郑晓燕：中国公共服务供给主体多元发展研究［M］. 上海：上海人民出版社，2016.

② Woodrow Wilson, The Study of Administration, in Jay M. Shafritz & Albert C. Hyde（eds.）, Classics of Public Administration. Oak Park, Illinois: Moore Publishing Company, inc., P. 3.

③ 威尔逊：行政学研究. 国外社会科学. 1988（6）.

达和国家意志的执行，并且将两种功能分别称为“政治”与“行政”[1]。在古德诺看来，政治即国家意志的表达，行政则是国家意志的执行。

在组织分析方面，马克斯·韦伯（Max Weber）做出了重大理论贡献。韦伯认为，尽管社会组织在不同发展时期具有不同的性质和特点，但是权威和控制是任何组织不可或缺的重要因素。在韦伯看来，由于存在三种完全不同的权威形式，于是就形成了与此相适应的三种不同的组织形式：“神秘化组织”“传统组织”和“合理化—合法化组织”。每一种组织形式都意味着独特的管理机构与具体运行方式。在对组织类型分析的基础上，韦伯完整地论证了“科层制”。在他看来，科层制是指以分层—分部、集权—统一、指挥—服从等为特征的一种组织形态。从技术层面来看，科层制是一种高度理性化的、高效率的组织。这种组织具有以下基本特征：（1）合理分工；（2）层级节制的权力体系；（3）依照规程办事的运作机制；（4）形成正规的决策文书；（5）组织管理的非人格化；（6）适应工作需要的专业培训机制；（7）合理合法的人事行政制度。科层制这种组织形式其优越性主要体现在以下四个方面：（1）严密性；（2）合理性；（3）稳定性；（4）普适性。

公共行政基本原理主要包括：（1）官僚制。政府本身应按照等级制、官僚制原则进行组织。（2）存在最佳工作方式。在综合性的工作手册中规定工作程序以供行政人员遵循，按照泰勒的科学管理原则，可以提供组织运作的最佳方式。（3）通过官僚制组织提供公共服务，一旦政府介入某一政策领域，它也通过官僚制组织成为服务的提供者。（4）行政人员普遍遵循政治—行政二分法，即政治问题与行政问题分离。（5）激励公务员个体的力量是所谓公共利益。（6）公共行政是一种特殊的活动形式，需要一支中立的、无个性的、终身任职的，且能够为任何领导人提供同样服务的职业化的官僚队伍。（7）公共服务领域的任务是行政性的，即执行他人的指令而无须为结果承担个人责任。其核心思想是，由于存在市场失灵，因此政府提供公共物品是最有效的（见图2-4）。

二、公共管理理论：公共服务供给中的市场竞争理念

20世纪70年代以后，传统的公共行政日益遭受到新的外部环境的严峻挑战，其赖以建立的两大理论基础：政治—行政二分法和科层制理论均无法

① 古德诺：政治与行政［M］. 北京：华夏出版社，1987.

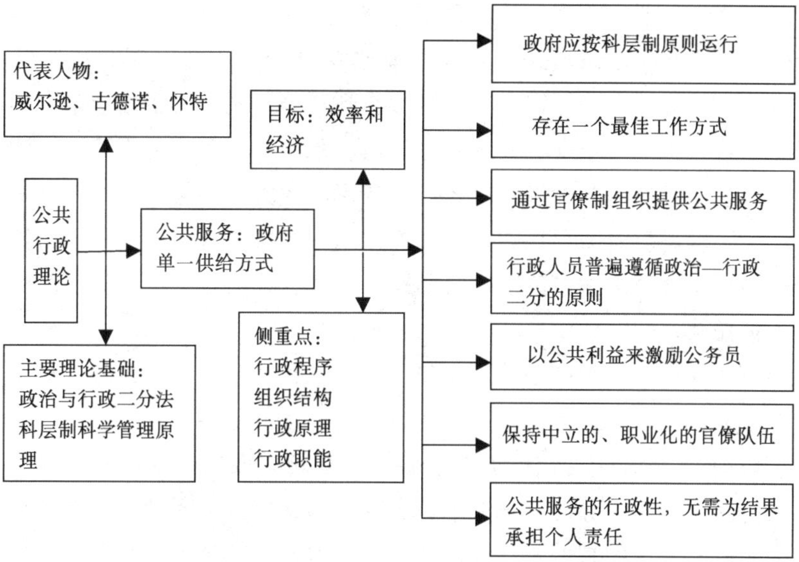

图 2－4　公共行政理论框架及主要内容

回答和解决日益严重的社会问题。由于政府财政危机加重，社会福利政策难以为继，政府机构臃肿、效率低下，政府公信力丧失，政府失败论开始占据主导地位。在此历史背景下，一种新的理论——新公共管理理论于 20 世纪 80 年代在英国和美国应运而生，并迅速扩展到西方各国。

新公共管理以公共选择理论和委托代理理论为基础，要求建设“企业型政府”，主张以顾客为导向，认为政府应以公共利益为价值目标，而不应只是高高在上的强制职能。戴维·奥斯本和特德·盖布勒在其《改革政府——企业家精神如何改革着公共部门》一书中认为其基本原则或基本内容为：（1）起催化作用的政府：掌舵而不划桨；（2）社区拥有的政府：授权而不是服务；（3）竞争性的政府：将竞争机制引入到提供服务当中去；（4）有使命的政府：改变照章办事的组织；（5）讲究效果的政府：按照效果而不是投入拨款；（6）受顾客驱使的政府：满足顾客的需要而不是官僚政治的需要；（7）有事业心的政府：有收益而不是浪费；（5）有预见的政府：预防而不是治疗；（9）分权的政府：从等级制到参与和协作；（10）以市场为导向的政府：通过市场力量进行变革①。

① 戴维·奥斯本，特德·盖布勒：改革政府：企业家精神如何改革着公共部门［M］. 上海：上海译文出版社，1996.

新公共管理理论认为，政府理应是公共服务的提供者，但并不意味着所有的公共服务都应由政府来提供，需要改变政府对于公共服务的垄断性供给，引入市场机制，让更多私营部门参与到对公共服务的供给中来，提高公共服务供给的质量与效率。其核心思想是，采用工商管理的理论、方法和技术，引入市场竞争机制，以追求经济、效率、效益为目标，提高公共管理水平及服务质量。政府需要从传统的官僚体制中解脱出来，不是去完善庞大的官僚机器，而是考虑如何改变自身的运作方式，以对社会更具有代表性、回应性和责任性。

新公共管理理论相信公共组织与私人组织在本质上的相似性，进而主张应该借鉴私营部门的管理模式来重塑政府，实现公共部门的内部“理性化”。其思想主要体现在以下五个方面：一是顾客取向。强调政府服务应以社会和公众的需求为导向，把服务对象界定为顾客。二是政府职能的重新定位。改变过去传统的政府与社会的关系，政府对公共事务的管理应该由直接管理变为间接管理，取消公共服务供给的垄断，实现公共管理职能的社会化。三是绩效管理。主张实行绩效目标管理，强调对绩效目标完成情况的测量和评估，更加重视政府活动的产出、结果、效率和质量。四是引入成本—效益观念。认为政府应该广泛采用企业中成本—效益分析、全面质量管理、目标管理等管理方式。五是专业化的管理。认为公共组织要有所作为的话，必须进行专业化的管理。主张任用管理型而不是专家型的人才来担任部门领导。重视人力资源管理，提高人事管理的灵活性等（见图 2－5）。

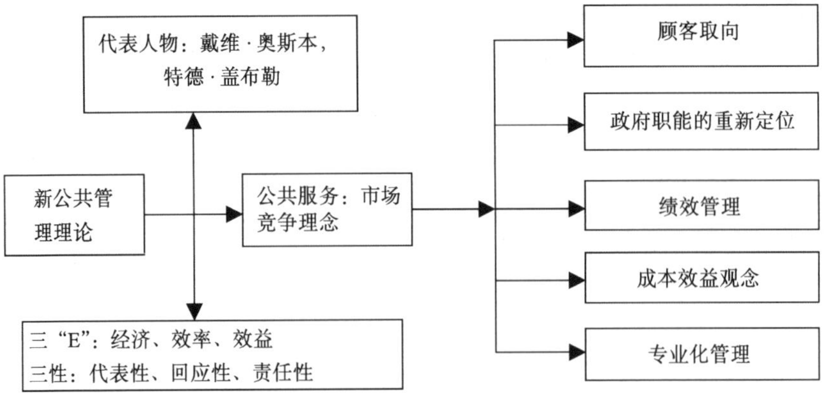

图 2－5 新公共管理理论框架与主要内容

三、财政分权理论：多级政府分散化供给

财政分权理论是伴随着财政分权实践逐步形成和发展的。因为无论是联邦制国家，还是单一制国家，都存在着从中央到地方的多级政府。各级政府都有其特定的职能范围，体现在财政上就是各级政府均有组织收入和安排支出的职责与权限。多级政府体制下财政体制要解决的核心问题是：各级政府之间的财政收入与支持关系如何确定，即财权（组织收入）与事权（支出责任）在各级政府间如何有效配置？其实就涉及财政体制的集权与分权问题。

从历史发展来看，随着政府支出规模的不断扩张，财政体制中集权与分权的问题就显得更为重要。与世界主要国家政府支出规模不断扩大的趋势相适应，财政体制中集权与分权的状况呈现出规律性的演变。20 世纪前半期，由于世界大战和经济大萧条的影响，西方国家普遍呈现出财政集权的趋势，主要表现在中央政府支出在整个政府支出中的比重偏高。自 20 世纪 50 年代开始，在政府支出规模到扩张的过程中，由于地方政府承担了较多的职能，财政分权化趋势开始凸显。

以 1956 年 Tiebout 在其经典文章《地方公共支出的纯理论》中提出的“以足投票”理论为标志，第一代财政分权理论开始形成。主要代表人物为 Tiebout（蒂布特）、Oates（奥茨）、Musgrave（马斯格雷夫）等。第一代财政分权理论主要集中于财政分权原因的分析，认为财政分权是经济发展的要求，有利于减少信息成本，引入竞争机制，提高资源配置效率，也有利于财政监督。其核心思想是：如果实行财政分权制，资源更多的由地方政府来配置，那么通过地方政府之间的有效竞争，能够使得政府官员的决策更好地反应纳税人的实际偏好，并且有利于强化对政府行为的制约和监督，可以改变中央政府在决策中存在的忽视公民意愿的状态。

Tiebout 曾经以三个假设条件为前提通过模型分析并证明在一定条件下，财政分权和地区之间的竞争，可以实现社会资源配置达到帕累托最优状态。其分析前提是存在以下三个基本的假设条件：第一，居民拥有充分的信息；第二，社区数量足够大；第三，居民个人收入与所选择的居住区域无关。该模型描述了消费者“以足投票”的方式，能够真实地显示和反映消费者对公共物品的偏好状况，能够避免在公共物品提供上的市场和政府同时面临的困境与难题，最终实现社会资源的最优配置。他也证明了由地方政府分散提

供公共物品的有效性。在他看来，在公共物品的提供上，政府间财政分权不仅是必要的，而且是有效的。1972 年奥茨（Oates）出版的《财政联邦主义》（Fiscal Federalism）一书中证明了蒂布特模式的有效性并为地方政府的存在提出了一个分权模式。

自 20 世纪 80 年代以来，财政分权受到了广泛重视。在发达国家，财政分权作为完善公共服务供给机制的有效工具而受到了高度重视；在发展中国家，财政分权作为促进经济增长的有效手段而受到普遍关注。在此时代背景下，第二代财政分权理论开始形成，代表人物为钱颖一（Qian）、罗兰（Roland）、温格斯特（B. R. Weingast）与怀尔德森（D. E. Wildasin）等。钱颖一等以新厂商理论为基础构建了第二代财政分权理论。他们应用了激励相容与机制设计理论，其关注的重点是，如何设计出有效的机制以实现对各级政府政策制定者的激励与协调，以及各级政府间的权利与利益进行有效监督与制约。对政府间分权的合理性和必要性，政府间财政职能和财政工具的分配等诸多问题都做了全面深入的探讨。现代财政分权理论除了研究财政分权的原因外，还对财政分权可能的影响和财政最优分权的程度等问题进行了深入的研究（见图 2-6）。

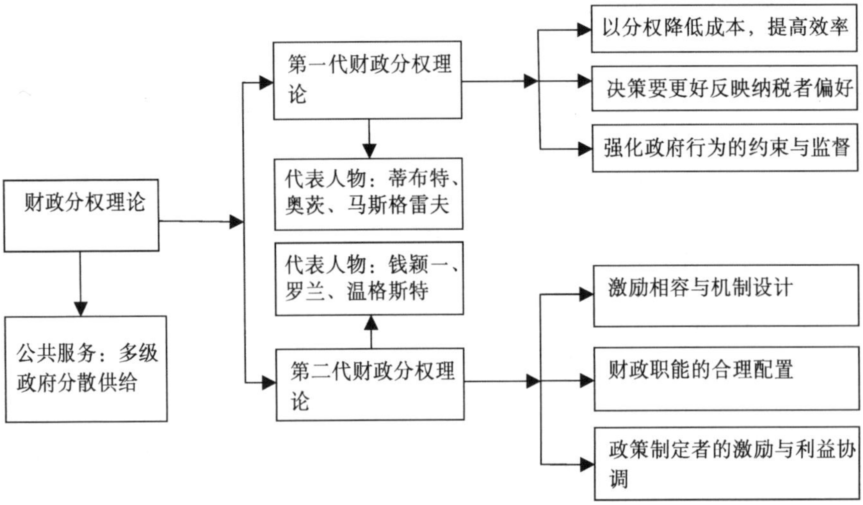

图 2-6　财政分权理论框架及主要内容

四、公共服务供给中的公民服务意识：新公共服务理论

新公共服务理论是罗伯特·登哈特和珍妮特·登哈特在批评新公共管理

理论的基础上建立起来的。在登哈特看来，公共行政至今已经形成了三种不同的模式：一是建立在政治和法律基础上的传统公共行政，二是建立在经济考虑和市场考虑之上的新公共管理，三是强调民主标准或社会标准的公共服务①。

新公共服务的核心是"公民"，而非新公共管理的"顾客"。公民的概念不仅包括了权利而且还有责任。在新公共服务理念下，"公民优先"取代了新公共管理的"顾客第一"。尽管"公民优先"的观念和新公共管理中为"顾客服务"的努力有许多类似之处，但"公民优先"的观念认识到把公民当"顾客"的局限性。登哈特夫妇认为，新公共服务是建立在公共利益基础之上的，是建立在公共行政人员为公民服务并确实全心全意为他们服务之上的②。顾客基本上关注的是他们的期望和愿望以及这些需求如何能迅速得到满足……而公民关注的是公共的"善"以及这个社会的长期结果③。公民优先的观念是鼓励越来越多的人去担负作为公民的责任，并鼓励政府对公民的愿望更加敏感。

新公共服务理论要求把政府服务的对象当成公民而不是顾客，其基本内涵是政府应当服务于公民，而不是控制或驾驭社会。政府的基本目标是公共利益，而不是行政效率。同时，新公共服务理论表达了一种对民主价值的全新关注，政府应当通过民主机制来实现集体行动，而不是通过市场化的手段来达成目标。两者之间的关系不是出售与购买，而是信任与合作。新公共服务是公共行政将公共服务、民主治理和公民参与置于中心地位的治理系统中所扮演角色的一系列思想和理论。从本质来说，新公共服务理论是在现代公共行政研究领域重议公共利益、民主治理、公民参与等传统民主政治规范价值的尝试。新公共服务理论强调公民权的重要地位和中心地位，并且把公众视为负责人的公共行政基础。新公共服务理论其实是从公民权立场构建的，以公共利益作为公共行政核心价值的公共管理理论（见图 2-7）。

---

① 竺乾威：公共行政理论［M］. 上海：复旦大学出版社，2008.

② 罗伯特·B. 登哈特：公共组织理论（第三版）［M］. 北京：中国人民大学出版社，2003.

③ 罗伯特·B. 登哈特：公共组织理论（第三版）［M］. 北京：中国人民大学出版社，2003.

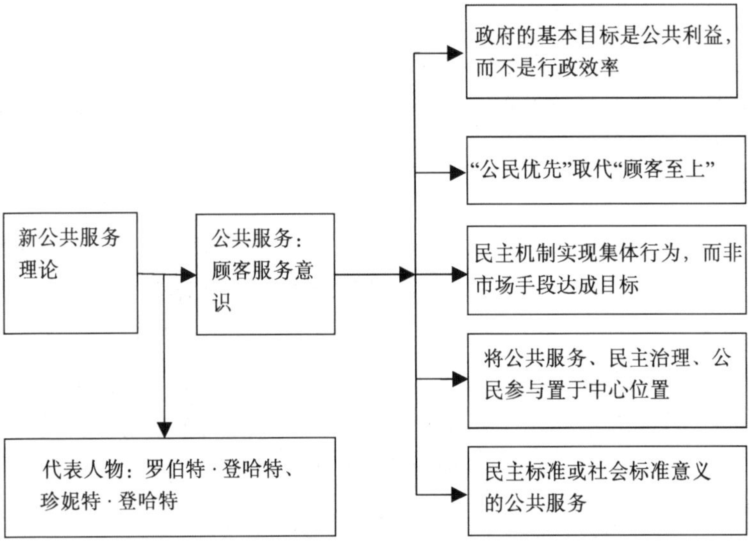

图 2-7 新公共服务理论框架及主要内容

五、公共服务供给中的效率优先原则：公共选择理论

公共选择理论是于20世纪40年代末在英美等国家出现的一种经济学流派。该理论以新古典经济学的基本假设、原理和方法作为分析工具，来分析和研究政治市场上的主体（选民、利益集团、政党、官员和政治家）的行为及结果。所谓公共选择，就是通过集体行动和政治过程来决定资源在公共物品间的分配。即指人们选择通过民主政治过程来决定公共物品的需求、供给与产量，是把个人选择转化为集体选择的一种过程或机制，是对资源配置的非市场决策①。公共选择理论关注的重点是公共政策的制定与执行过程。

公共选择理论认为，人类社会由两个市场组成，一个是经济市场，另一个是政治市场。在两个市场上活动的是同一个人，没有理由认为同一个人会按照两种完全不同的动机进行活动，那种认为同一个人在两种场合受不同动机支配并追求不同目标的观点在逻辑上自相矛盾的。基于这种认识，公共选择理论认为，在经济市场上存在供求双方力量的相互作用，在政治市场上同样存在。个人参与政治活动也是以成本—收益分析为根据，最终目的是追求个人政治利益的最大化。公共选择理论从经济交换关系出发，认为与经济领

① 竺乾威：公共行政理论［M］. 上海：复旦大学出版社，2008.

域一样，政治领域活动其实是政党、政府、官员以及利益集团等政治活动的参与者出于自利动机（政治利益最大化）而进行的一系列复杂的交易过程。在方法论上，公共选择理论坚持个人主义。传统的公共行政理论将组织作为考察对象，将组织看作是一个不可分割的有机整体，以此为基础来研究政治过程。公共选择理论则认为，人类所有的行为，无论是政治行为还是经济行为，都应从个体角度去分析研究。

公共选择理论主张主要包括：（1）对公共服务组织的理性选择。允许私人机构、社会中介组织、政府官僚机构等各种类型的组织，接受公民的理性选择，通过合法途径提供公共服务。对官僚组织不能过分依赖，因为没有证据证明它在效率和服务方面比其他类型组织更胜一筹。（2）给予公民在自由基础上的自由选择公共服务提供者的权利。将市场机制引入公共服务领域，给公众提供自由选择服务机构的机会。（3）放松规制，破除垄断，允许不同组织之间在职能和管理范围上重叠交叉，让公共服务组织更加灵活化和自由化。（4）进行宪政改革。认为寄希望于提高政治家和官僚的道德水准或政府自身来改善政府行为是不现实的，只有通过宪政改革才是解决问题的根本所在。（5）粉碎福利国家，减少福利国家的浪费①（见图 2－8）。

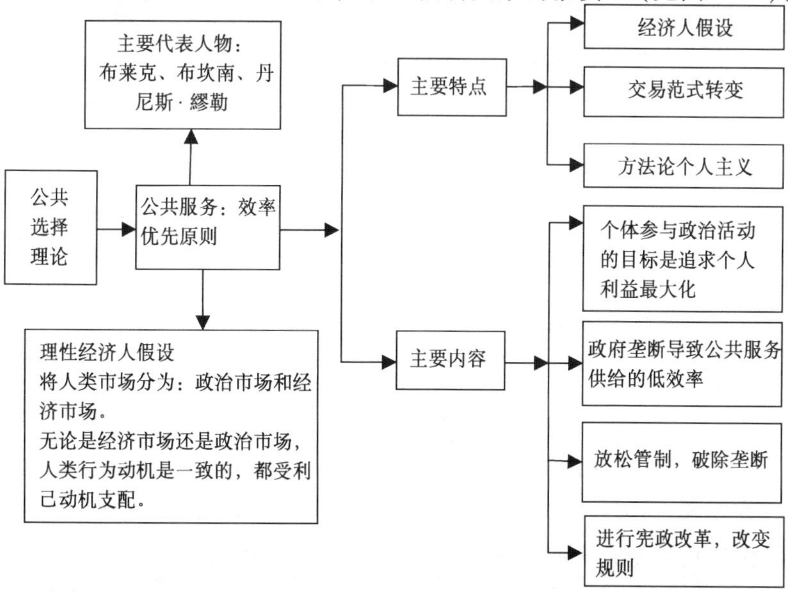

图 2－8　公共选择理论框架及主要内容

---

① 周志忍：当代国外行政改革比较研究［M］．北京：国家行政学院出版社，1999.

六、公共服务供给中的多元主体方向：治理理论

1989 年，世界银行在概括非洲国家经济社会发展情况的一份报告中首次使用了“治理危机”（Crisis in Governance）一词。此后，治理理念为政治学、经济学和管理学等不同学科引用。20 世纪 90 年代以来，治理和善治理念的兴起掀起了政府管理模式创新的新高潮。长期以来，政治学和行政学者从“政府中心论”研究视角出发，探讨政府管理模式及其政府形式和行为的矛盾逻辑。事实证明，无论是亚当·斯密的“看不见的手”，还是凯恩斯的“看得见的手”，都无法从根本上克服“市场失灵”和“政府失灵”两者之间的悖论。治理理论突破了“政府中心论”的局限性，扬弃了新公共管理理论的优点与缺点，将市场、政府以及其他机构看作是一个不可或缺的整体，目标是建立政府、市场、公民社会三者相互依赖与多元合作的公共事务治理模式。

研究治理理论的权威——格里·斯托克总结了治理理论研究的五种主要观点，分别是：第一，治理主体不仅包括政府组织，还包括其他社会组织和机构。第二，政府职能在逐步缩减，将原有的生产经营性活动通过签订合同等多种方式转移给社会其他组织，公共部门与私人部门之间的界限变得越来越模糊。第三，在公共服务生产和供给的集体行动过程中，公共部门、私人部门和社会组织之间相互合作以实现共赢。第四，公共治理的各种参与者将在其合作领域形成一个网络。第五，不仅只有政府及其运用行政、法律等手段能够把事情办好，还存在着其他管理方法和技术，政府有责任使用这些新的方法和技术来更好地对公共事务进行控制和引导。

美国学者文森特·奥斯特罗姆和埃莉诺·奥斯特罗姆认为：政府作为公共物品或公共服务的消费单位，并不一定直接进行生产。根据公共物品的消费与生产之间的关系，政府可以选择如下制度安排：（1）经营自己的生产单位，如一个城市自己拥有消防或者警察机构；（2）与私人公司签约，如一个城市与一个私人企业签约提供扫雪、街道维修或交通等保养服务；（3）确立服务的标准，让每一个消费者选择私商，并购买服务，如一个城市签发许可证提供出租车服务，或者选择垃圾收集公司来清扫垃圾；（4）向家庭签发凭单，允许他们从任何授权提供者处购买服务，如管辖单位签发食品券、租用凭单或教育凭单，或者建立医疗补助项目；（5）与另外一个政府签约，如一个城市政府，从县政府那里购买税收估算和收集服务，从特别卫生管区

那里购买污水处理服务，从邻近城市的学校董事会那里购买特别假期教育服务；（6）某些服务由自己生产，其他服务则从其他管辖单位或私人企业那里购买，如一个城市有自己巡逻警察力量，但是从县行政司法长官那里购买实验室服务，与若干邻近的社群一起共同承担共用的调遣服务，向私人急救公司提供紧急医疗运输服务。

治理理论的兴起契合了“市场失灵”和“政府失灵”的不足与缺陷。政府自身特性决定了它在优化资源配置、提高效率等方面具有局限性；而市场因为其逐利的特性决定了在实现社会公平、维护公共利益等方面具有局限性。因此，单纯依靠政府或者市场不可能实现公共服务有效供给。而治理理论则在一定程度上弥补了政府和市场各自在公共服务供给中存在的缺陷与不足，为实现公共服务供给主体的多元化提供了必要的理论支持（见图 2－9）。

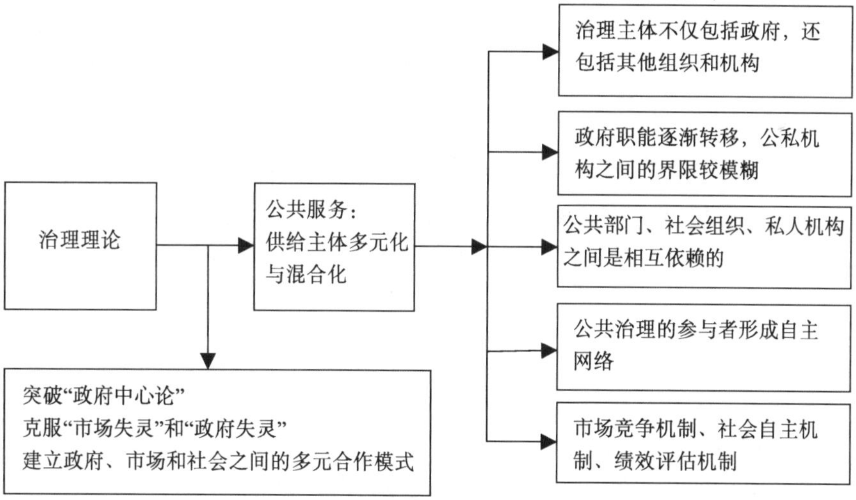

图 2－9 治理理论框架及主要内容

但是治理理论也不是绝对有效的，应看到其产生的特殊背景与适用条件。因为：治理理论毕竟是西方公共行政经过多个理论阶段发展而来的，是在西方市场和公民社会发展比较成熟的条件下产生的，因此，对于当代中国来说，尤其是中国市场和公民社会发展还不是很成熟的条件下，中国政府实践要引入治理理论，使用治理理论时，必须结合中国国情，从中国国情出发，对现实问题进行具体分析和研究，积极地促成治理理论有效适用的一些条件的生成。治理理论也不是万能的，也存在许多缺陷，尤其是在当代中国①”。

七、相关理论的总结与比较

总结发现，与公共服务供给相关的理论呈现出多学科融合、逐步演进的特点。经历了从管理学到政治学，再到经济学的演变。新公共服务理论和治理理论的兴起似乎预示着学科基础又一次向政治学的回归。不同时期各种理论关注的主题也不尽相同。经历了从效率到公平，从政府垄断到多元合作的发展变化。

早期公共行政理论以管理学为基础，关注的是公共服务提供的效率问题，试图回答何种组织（政府或是其他组织）及何种方式（集权与分权）能够有效提供公共服务。之后是以政治学为基础的新公共行政，强调政府公共行政行为应以公共、公正、法治等价值为导向，但是该理论仅是昙花一现。之后兴起的则是新公共管理理论，主张引入市场机制，实现政府运作机制的再造，学习工商管理的技术和方法，以提高政府公共服务的效率。

在对新公共管理理论批判反思的基础上，形成了新公共服务理论，主张重新肯定传统公共行政的诸多价值，政府行为的基本目标是公共利益而非行政效率。而治理理论的兴起，则预示着对于社会公共问题复杂性、多变性和不确定性认识的深入，主张改变单一的政府垄断的治理体系，构建包括市场、社会组织和公民个人在内的多元的网络化的治理体系，以实现公共事务的合作共治。在公共服务提供方面则主张多元化供给主体以满足多样化的公共服务需求。上述四种理论基本是沿着同一演化路径在不断发展变化。

与上述理论不同的是，财政分权理论和公共选择理论则是在经济学领域对公共产品问题分析基础上形成的，其理论假设是经济学的“经济人”，研究方法则主要是边际分析。财政分权的核心问题是如何根据公共产品或公共服务的收益范围来确定各级政府的财政支出责任。其主要贡献在于将公共产品收益范围与政府层级联系起来分析公共产品供给的效率问题。公共选择理论则是运用微观经济学“经济人”假设分析包括政府、政党和选民行为等在内的诸多政治问题，基本的结论是存在政府失败或政府失灵，主要表现在公共政策干预的低效或失效，解决的根本在于改变政府体制与运作机制

---

① 徐磊：治理理论与我国政府管理创新［J］．理论前沿，2009（12）．

（见图 2－10）。

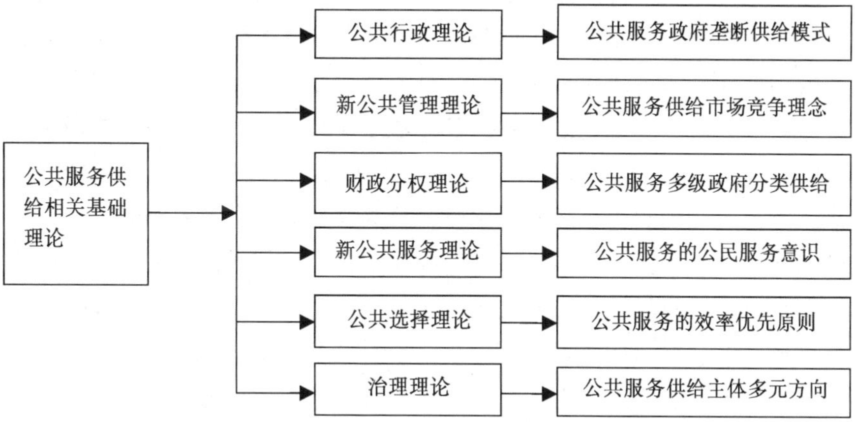

图 2－10 公共服务相关理论框架及主要内容

第六节 公共服务需求表达机制内涵与困境

公共服务由于供给的外部性及其消费的非竞争性和非排他性，使其不可能存在真正意义上的市场价格。在现实生活中，由于人们对公共服务的需求信息无法通过市场交易以货币选票的方式加以表达，进而产生了公共服务供给的缺位和错位问题。需求表达是实现公共服务有效供给的前提和基础。要从根本上解决公共服务的无效供给问题，实现供需均衡，就必须首先构建一个科学合理的需求表达机制，使公民对公共服务的需求信息能够充分有效地显示和表达出来。

一、公共服务需求表达机制的内涵

表达是指人们通过一定的方式或渠道将自己内心的一些想法、要求和愿望等公开表现出来，使之能够为外界所知晓。在西方，表达自由被视为公民的一项基本权利，是公民保障自身利益的一个必不可少的手段。需求表达则是指公民通过一定渠道直接或间接地提出自己的需求，并试图以一定的方式和手段使需求得以满足的一种行为过程。需求表达是利益表达的一种延伸，其实质是某一个体或群体就自身的利益提出要求的过程。机制原来是指机器的构造和工作原理，现已被广泛运用各个学科领域，是一种系统的构成机理和运作方式的总和。需求表达机制指使各社会利益主体需求得以充分表达的一系列制度安排和运作体系，其核心是需求偏好的充分显示和真实表达。

公共服务需求表达是指公共服务需求主体将自身对公共服务的需求信息（需求数量、结构、类型和供给方式等）反映出来，使之为外界所知晓。公共服务需求表达机制为保障需求主体对公共服务的需求意愿和需求信息得以充分表达而做出的一系列体系设计和制度安排，具体由需求表达机制的主体构成、需求表达的具体内容、需求表达的传递渠道、需求偏好的整合和需求表达的反馈五个方面构成。

公共服务需求表达的主体主要包括公共服务需求信息的表达主体以及对公共服务信息进行接收并加以整合、反馈的主体。其中，公共服务需求信息的表达主体主要是公共服务的需求者，可以是某一个体，也可以是一个有组织的群体。由于在公共服务供给中存在市场失灵问题，因此，各国对公共服务需求信息进行接收并加以整合、反馈的工作主要是由各级政府来完成的。在农村，公共服务需求表达的主体主要包括农民及其相关组织，以及与农民关系最为密切的进行信息接收、处理和反馈的乡（镇）政府及县级政府。

公共服务需求表达的内容主要包括公共服务需求的具体项目、需求数量、需求结构以及提供方式等。农村公共服务需求表达主要涉及农村公共服务项目，具体包括：农业技术研发、农技推广与应用培训、农业生产性服务平台、环境污染治理等生产性公共服务项目，以及农村的邮电通信、医疗卫生、义务教育、公共文化服务、环境卫生、计划生育和社会保障等非生产性公共服务。

公共服务需求表达的渠道即需求表达的途径，是公共服务需求能否有效表达的关键环节，主要包括制度化渠道和非制度化渠道两类。其中，制度化渠道是通过政府机构来进行公共服务需求表达，主要有人民代表大会、政府部门和信访机构等，在农村还包括村民委员会以及代表会议等基层群众自治组织。非制度化渠道主要包括媒体和群众自发形成的各种组织。自发组织主要是各种专业合作社和合作协会。

公共服务需求偏好整合是指政府将收集到的个体需求偏好信息进行整理，并将个体偏好整合为总体偏好，以此作为需求表达反馈的重要依据。需求偏好整合是需求反馈的依据，不同个体或群体的需求偏好只有进行科学的整合，才能保证需求反馈具有普遍意义，能够反映多数人的利益。没有公共服务需求偏好信息的整合，就会使各种接受需求信息的渠道和窗口变成一个信息中转站，公民的公共服务需求就无法成为公共服务决策依据，需求表达也就变得毫无意义。

公共服务需求表达反馈是政府对公共服务需求偏好进行整合后做出的具体回应，它可以是提供某种公共服务的决策，也可以是政府就某一具体需求表达行为做出的回应（解释或公告）。需求表达反馈的质量是公共服务需求表达机制有效运行的保障，也是提高需求表达主体参与公共服务需求表达积极性的重要举措。

二、公共服务需求表达机制内在困境

关于公共服务需求表达机制内在困境，不同的学科的学者从不同的角度进行了研究。从经济学的视角来看，主要包含以下几个方面。

（一）公共服务需求表达中的“搭便车”问题

“搭便车”问题指的是由于公共服务的非竞争性和非排他性，使得公共服务的部分消费者可以在不付或少付费用的情况下享受其他人付费而提供的公共服务。在信息非对称条件下，“搭便车”对任何理性“经济人”来说都是一种最优的选择。由于“搭便车”问题的存在，会导致作为理性“经济人”的公共服务需求者，为了少支付或不支付价格，在表达其需求信息过程中采取一些策略性行为，即有意低报或者隐瞒自己对某种公共服务的需求偏好，从而使得整个社会对公共产品的需求信息无法得到准确表达。

（二）公共服务需求表达中的“囚徒困境”问题

“囚徒困境”是1950年美国兰德公司提出的博弈论模型，它反映了在选择过程中个体理性与集体理性之间的矛盾，即对一个对每个参与者来说是理性选择的占优策略却最终导致了集体的非理性。在囚徒困境中，每一个参与者基于自身利益最大化的考虑，都有采取机会主义行为的动机，都按照自己受益最大化行为进行策略选择，最终却导致集体行为策略的非理性或非最优化。在公共服务领域，从社会总体来看，真实表达自己的需求偏好，并最终使自己的需求得到满足对所有的需求者来说都是最优的选择。但从每个参与者个体的角度出发，由于机会主义的存在，无论其他人是否选择真实表达自己的需求偏好，隐瞒或有意低报自己的需求偏好水平都是一种占优策略。因此，公共服务需求表达博弈的结果是，每一个参与者都选择隐藏自身的真实偏好，最终使得公共服务需求表达陷入了个体理性而集体非理性的“囚徒困境”状态。

（三）公共服务需求表达中的“集体行动困境”

从一般意义来分析，需求表达的有效性与组织程度密切相关。如果需求表达是通过集体或组织完成的，则由于其组织化程度高，需求表达就越有力度，就越容易得以实现；反之，则需求表达的有效性就较差。因此，要提高公共服务需求表达的有效性，就需要每一个成员积极真实表达自身的需求，从而使得居民对公共服务需求的分散表达成为一种有组织的集体行动。

然而，奥尔森于 1965 年在其经典著作《集体行动的逻辑》一书中提出了“集体行动困境”问题。在该书中，奥尔森基于经济人假设分析了个人和集团在非市场领域中的决策行为，认为由于集体行动的成果具有公共性，集体中的成员无论是否承担了集体行动的成本都能享受集体行动的成果，因此，理性的、利己的个体在没有约束的条件下不会自觉为实现集体行动做出贡献，进而导致集体行动很难实现。

集体或组织规模越大，个人参与对集体行动结果的影响就越小，通过协商解决成本分摊问题的难度也越大，集体行动产生的困难也就越大。在公共服务需求的表达中，由于参与人数通常较多，使得公共服务需求表达的集体行动变得十分困难，进而导致组织化程度不高，需求表达的力度不足，需求表达的有效性将会降低。

（四）公共服务需求表达中的“委托—代理”问题

委托—代理关系是指一个或多个行为主体根据契约或合同约定，安排另一些行为主体为其服务，同时赋予后者一定的权利，并根据后者提供的服务数量和质量对其给予相应的报酬。在委托—代理关系中，授权者是委托人，被授权者是代理人，最有可能出现的是道德风险问题，即在委托—代理的关系中，由于信息不对称、契约不完全以及委托人与代理人的效用函数不一样，使得委托人对代理人的行为难以完全有效监督，进而可能出现偏离委托人的目标，产生损害委托人利益的行为。

从 20 世纪 80 年代开始，新公共管理运动将委托—代理理论运用到公共管理领域，认为公众与政府在公共产品和公共服务的提供方面实际上是一种委托—代理关系。其中，公众作为委托人委托政府提供公共产品和公共服务，并享有选择权、监督权和剩余索取权，政府作为代理人有义务根据委托人—公众的意愿和要求提供公共产品，并接受公众的监督。

但是在现实生活中，政府官员作为特殊的职业群体，也有其自身的利益和目标，如政绩及职务升迁等，也会在各种活动中追求自身利益的最大化。在公共服务的提供方面，各级政府官员出于部门和个人利益的考虑，会优先提供能够创造经济效益或完成绩效考核指标的公共服务，或者优先对符合自身利益的公共服务需求信息进行整合和反馈，而对那些公众需求意愿强烈、但不符合官员自身利益的公共服务需求不予提供或者延缓提供。如果各级政府官员的升迁由上级部门根据其政绩考核情况决定，因而更容易发生公共服务供给的绩效考核导向，而非公众需求导向的情况。

三、公共服务需求表达机制可能的模式

公共产品和服务的需求偏好显示一直是西方学者研究的热点，尤其是1954年萨缪尔森发表了“偏好表露问题难以实现”的评论之后，许多学者更是对此进行了大量的研究，并取得了一定的成果，庇古、萨缪尔森、林达尔、蒂布特等就是其中的典型代表，他们从不同的角度对该问题进行了研究。

（一）庇古均衡模型中的需求表达模式

庇古的分析是以基数效用论为基础，运用功利主义的方法，假定每个人在消费公共产品时都可以得到一定的正效用，同时，由于每个人都必须为生产这种公共产品纳税，因而又会产生一定的负效用。这种负效用在庇古的论述中被定义为个人放弃消费私人产品的机会成本。庇古认为，对于每个人来说，公共产品的最优供给数量应当能够使得每个人在新增一单位公共产品的消费中得到的边际正效用等于其为此交纳的税收而产生的边际负效用。

如图2－11所示，GG曲线表示消费公共产品获得的边际正效用，TT曲线表示交纳税收的边际负效用，NN曲线表示由上述两条曲线所产生的边际净效用。在均衡点E点处边际净效用为零，即公共产品消费的边际正效用等于纳税产生的边际负效用，此时净效用总量达到最大，公共产品的消费达到最优状态。

庇古均衡模型是一个局部均衡模型，他通过研究一定预算约束条件下个体对公共产品与私人产品的消费决策，进而深入分析研究个体对公共产品的需求及变化。在该模型中，个人对公共产品的需求表现为个人对公共产品消费的边际效用评价，并通过税收的边际负效用反映出来。换种表达方式，即个人对公共产品的需求是通过税收的边际负效用来间接表达的。庇古均衡模

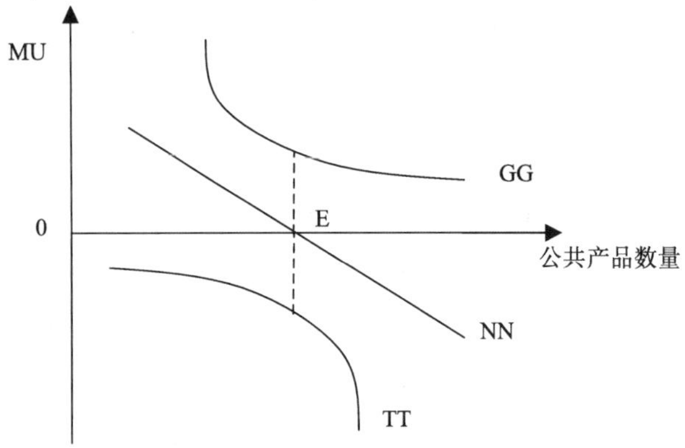

图 2-11 庇古均衡模型

型巧妙地运用税收的边际负效用评价说明了个人对公共产品的需求。但庇古均衡是以基数效用论为基础的，而基数效用论本身存在诸多缺陷，其一些假设和观点缺乏现实基础，同时在该模型中也未涉及如何将个人评价整合为社会评价的加总的机制选择问题。

（二）萨缪尔森局部均衡模型和一般均衡模型中的需求表达模式

1. 萨缪尔森局部均衡模型中需求表达模式

萨缪尔森的局部均衡模型是在对比私人产品的局部均衡基础上建立起来的。如图 2-12 所示，图（1）反映的是私人产品市场的情况。假设市场中只有 A 和 B 两个消费者，其需求曲线分别为 DA 和 DB。在私人产品市场中，由于每个消费者都是既定市场价格的接受者，因此，其市场需求曲线是由各个价格水平下的个人需求曲线 DA 和 DB 横向水平加总得到。图（2）反映的是公共产品市场的情况，图中的曲线 DA 和 DB 也是消费者 A 和 B 的两条需求曲线，是由政府通过调查和询问得到，反映个人对公共产品的需求。萨缪尔森称这种曲线为“虚拟需求曲线”，与私人产品的市场需求曲线是通过两条个人需求曲线水平相加得到不同，公共产品的社会总需求曲线是由两条“虚拟需求曲线”的纵向加总得到的。萨缪尔森局部均衡模型中由政府的调查、询问得到的“虚拟需求曲线”是个人对公共产品评价的反映，实际上就是个人对公共产品需求的表达。

与庇古均衡模型相比，萨缪尔森局部均衡模型提供了将个人评价加总的机制，即将个人“虚拟需求曲线”纵向加总得到社会总的需求曲线，但萨缪尔森局部均衡模型的需求分析也存在以下两个缺陷：一是反映个人对公共

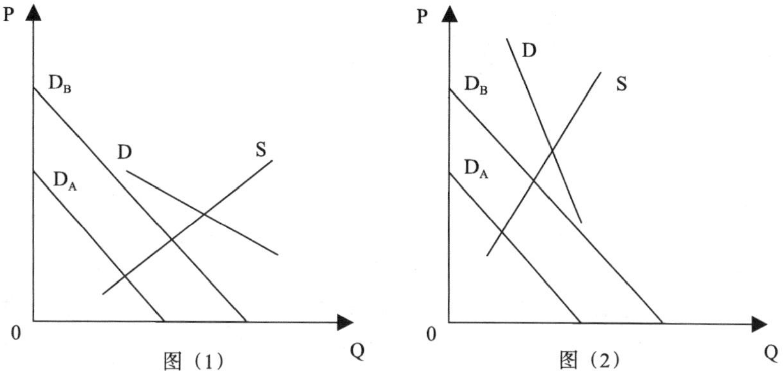

图（1） 图（2）

图 2－12 萨缪尔森局部均衡和一般均衡模型

产品评价的“虚拟需求曲线”是由政府通过对个人的调查和询问得到的。而在政府对个人的调查和询问中，个人一般很难准确地知道自己对公共产品的偏好，即便知道也经常会采取策略性行动，故意隐瞒或低估自己对公共产品的真实需求。由于“虚拟需求曲线”回避了“搭便车”问题，因而缺乏稳固的现实基础，通过“虚拟需求曲线”垂直相加得到的社会总需求曲线也必然是一个“空中楼阁”。二是该模型采用的评价加总机制是“1＋1＝2”的加总方式。实际上公共产品的社会总需求曲线并不是个人“虚拟需求曲线”的简单相加，即社会对公共产品的总体评价并不是简单的个人评价之和。

2. 萨缪尔森一般均衡模型中的需求表达模式

萨缪尔森一般均衡模型分析了在社会生产可能约束条件下的私人产品和公共产品供给的一般均衡问题。他假设社会中只存在两个消费者 A 和 B，他们消费两种产品，即私人产品 X 和公共产品 G。具体内容如图 2－13 所示，图中 FF 曲线分别是公共产品和私人产品面临的生产可能性曲线，而 U_A 曲线和 U_B 曲线则分别代表消费者 A 和 消费者 B 在消费私人产品和公共产品时的无差异曲线。当实现一般均衡时，个人 A 消费 KG^* 单位私人产品和 OG^* 单位公共产品，个人 B 消费 NG^* 单位私人产品和 OG^* 单位公共产品。

在该模型中，暗含了个人和社会对公共产品的需求表达。其中，个人对公共产品的需求评价是通过无差异曲线的斜率的绝对值——边际替代率 MRS_{GX} 体现出来的。边际替代率 $MRS_{GX}=\triangle X/\triangle G$，反映的是在效用水平保持不变的情况下，增加一单位公共产品消费所愿意放弃的私人产品的数量，边际替代率越高，即消费者为多增加一单位公共产品消费数量所愿意放弃的

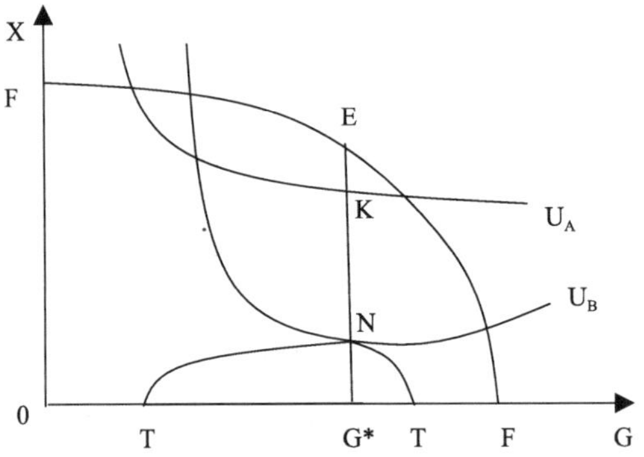

图 2－13　萨缪尔森一般均衡模型

私人产品的消费数量越多，说明该消费者对公共产品的需求越大。因此，在知道个人对私人产品的需求曲线的情况下，就可以根据无差异曲线推导个人对公共产品的需求曲线。社会对公共产品的需求评价是通过剩余曲线 TT 反映的。剩余曲线 TT 反映了在社会生产可能的约束条件下社会对公共产品的评价，它实际上就是个人对公共产品评价的加总。通过上面的个人对公共产品的评价就可以推导出社会对公共产品的评价。

萨缪尔森一般均衡模型的具体推导过程如下：

假设社会由 n 个家庭组成，家庭 $i(i=1,2,3,\cdots,i,\cdots,n)$ 的效用函数为 $U_i=U_i(X_i,P)$，其中 X_i 是私人产品向量中家庭 i 的消费数量，P 是公共产品的总供给量，每个家庭的效用函数都包含公共产品的总供给量 P。假定该经济社会能够生产的所有 X_i 和公共产品 P 组合的约束条件为生产可能性集合，则该生产可能性集合可以写成 $F(X,P)\leqslant 0$，其中 $X=\sum_{i=1}^{n}X_i$。

为了确定帕累托最优配置集合，政府选择 $X_i=(i=1,2,\cdots,n)$ 和 P 使第一个家庭消费效用水平最大化，约束条件则为家庭 2 至家庭 n 获得既定水平的消费效用及这种配置实现的可能性。这一最大化问题的拉格朗日方程为：

$$L = U_i(X_i,P) + \sum_{i=2}^{n}\mu[U_i(X_i,P) - Y_i] - \lambda F(X,P) \tag{2.22}$$

其中，Y_i 为家庭 2 至家庭 n 必须取得的效用水平。假定所指定的效用水平可以同时达到，那么选择 X_i 的一个分量 X_i^k（$1<k\leqslant n$）的必要条件为：

$$\frac{\partial L}{\partial X_i^k}=\mu i\frac{\partial U_i}{\partial X_i^k}-\lambda\frac{\partial F}{\partial K_k}=0\quad(i=1,\ 2,\ \cdots,\ n) \tag{2.23}$$

其中，$X_i = \sum_{i=1}^{k} X_i$。当 i = 1 时，$\mu_i = 1$。在最优状态时，上式对所有的 i = 1，2，…，n 均成立。为了选择公共产品的供给数量，对 P 求一阶偏导：

$$\frac{\partial L}{\partial P} = \sum_{i=1}^{n} \mu_i \frac{\partial Y_i}{\partial P} - \lambda \frac{\partial F}{\partial P} = 0 \quad (2.24)$$

把（2.23）带入（2.24）式，可得：

$$\sum_{i=1}^{n} \frac{\partial Y_i / \partial P}{\partial Y_i / \partial X_i^k} = \frac{\partial F / \partial P}{\partial F / \partial X_k} (i = 1, 2, \cdots, n) \quad (2.25)$$

在（2.25）式中，左边求和项中的每一项都为$(\partial U_i / \partial P)/(\partial U_i / \partial X_i^k)$，右边是第 i 个家庭关于公共产品与第 k 种私人产品之间的边际替代率，因而（2.25）式可以写成：

$$\sum_{i=1}^{k} MRS_i^{zk} = MRT^{zk} \quad (2.26)$$

根据以上（2.26）式条件，即当公共产品与私人产品的边际转换率等于所有家庭关于这两种产品的边际替代率之和时，就实现了公共产品的最优供给。要实现条件，至少需要满足以下两个严格的假定：首先，该模型假定政府能够准确知道每个消费者的公共产品需求状况及其所愿意支付的价格，同时能够预测社会成员消费公共产品和私人产品的所有可能的消费组合。其次，每个消费者都能够准确表达自己对公共产品的真实偏好，这样才有可能使政府获得每个消费者为消费公共产品而愿意支付的价格。如果消费者对公共产品的偏好表达出现偏差，那么政府便无法得到准确的公共产品需求价格。

萨缪尔森一般均衡模型运用私人产品和公共产品消费的无差异曲线及其斜率绝对值——边际替代率间接显示了个人对公共产品的需求偏好，这比局部均衡模型中的运用“虚拟需求曲线”进行评价的方式更具有现实基础。剩余曲线 TT 的形成也考虑了社会生产可能的约束，因而也更能准确地反映社会对公共产品的总体需求。

但是，萨缪尔森一般均衡模型的需求分析也存在一定缺陷。首先，该模型以序数效用论的无差异曲线为基础，利用私人产品和公共产品之间的替代关系来对公共产品的需求进行评价。与庇古的均衡模型相比，序数效用论虽然在一定程度上弥补了基数效用论的不足，但其依然存在一定的缺陷，如私人产品与公共产品是用于满足人们生产、生活的不同方面需求，二者之间是否就是替代关系，如果两种产品不是相互替代的，而是互补的，则利用二者之间的替代关系进行的需求分析就缺乏基础。其次，剩余曲线 TT 对个人评价的加总方式仍然没有考虑社会总体对公共产品的宏观评价，仍然是个人评价的简单相加，并没有摆脱局部均衡模型中“1 + 1 = 2”的加总方式。此外，由于“搭便车”的动机的存在，因而他们不可能真实表达自己的偏好。在民主社会里，消费者对公共产品的偏好是通过投票的方式来表达的，即公共产品的提供和公共支出的选择是通过政治程序即投票制度来决定的。为了解决社会福利分配问题，必须知道所有消费者真实准确的效用函数。显然，在现实社会中，即使在计划经济体制之下，政府也不可能完全了解消费者的所有信息。

（三）林达尔均衡模型中的需求表达模式

在维克塞尔研究的基础上，林达尔将竞争性市场均衡的分析框架拓展至公共产品领域提出了新的均衡模型，为如何在公民之间合理确定公共产品的税收份额及其产出水平提供了新的分析思路。林达尔模型有以下三个基本的假定：第一，当事人分别代表各自具有相同收入和偏好的两组选民；第二，公共产品的供给数量与各自承担的税收份额同时决定；第三，每个消费者都能准确表达自己的真实消费偏好。因此，如果个体为公共产品所支付的税收份额和其从公共产品的消费中获得的受益多少相关联，而且个体能够根据自己对公共产品的评价进行不断的讨价还价，则从讨价还价过程中产生的税收份额和公共物品的供给之间就形成了一种动态均衡状态。

如图 2 – 14 所示，横轴代表公共产品数量，纵轴代表个体以税收形式承担的公共产品供给成本的份额。纵轴自下而上代表个体 A 承担公共产品供给成本的份额，自上而下代表个体 B 承担公共产品供给成本的份额。当个体 A 的成本承担份额是 h，则个体 B 的份额是（1 – h）。D_A 和 D_B 曲线分别代表个体 A 和 B 在各自承担的不同税收（成本）份额下对公共产品的需求数量。如果最初的公共产品税收承担份额为 h1，此时个体 A 得到的公共产品供给数量为 G_A，而 B 得到公共产品的供给数量为 G_B，两者之间就公共物品供给数量并没有达成一致的意见。此时，可以提出另一种新的税收（成本）分担方案由 A 和 B 重新决定。而且这个过程可以持续进行下去，直到双方对公共产品的供给数量达成一致为止。此时，个体对公共产品承担的成本份额是 h^* 和 $1 - h^*$。在这种税收（成本）分摊比例下，A 和 B 就公共产品的供给数量达成了一致，此时公共产品的供给数量为 G^*。由于双方是一致通过的决定，意味着任何个体发生改变都只会使结果变坏，从而会阻止这种改变的发生，因而 E 点所代表的组合（G^*，h^*）是一个帕累托最优结果，这种均衡被称为“林达尔均衡”。在均衡点处，每个个体为增量单位公共产品纳的税是“自愿交换”的，即个体消费公共产品获得的边际效用恰好等于他对这一增量单位公共产品所纳税额的边际评价。

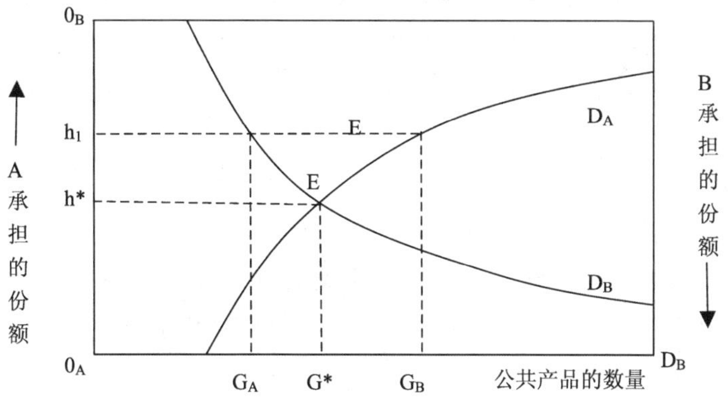

图 2－14 林达尔均衡模型

林达尔建立了一个类似于私人物品竞争性的公共产品均衡模型。该模型的关键在于通过借鉴“利益赋税学说”的“等价交换”思想，使得其既是一种理想的政治决策程序，又是一种需求偏好的表达机制。模型中每个人愿意支付的税收份额可视为是其对公共产品需求偏好的一种间接表达，并且通过这种个人偏好的持续表露，即个人对公共产品的供给水平以及它们之间的成本分配方案不断进行的讨价还价，最终将个人偏好汇总为“集体偏好”，在整个社会范围内达成“一致同意”，实现了林达尔均衡。

林达尔模型通过局部均衡分析将公共产品供给的政治决策过程与公共产品成本的分担巧妙地结合起来，形成了一套公平的税收价格，同时也解决了公共产品供给水平问题。但林达尔模型仍然存在如下缺陷：一是模型中的需求曲线仍然是一条虚拟的需求曲线。二是林达尔模型只讨论了双方在需求曲线既定条件下的讨价还价，并没有说明每个人的需求曲线是如何形成的。三是林达尔模型没有考虑公共产品与私人产品之间的关系，没有像萨缪尔森的一般均衡模型那样通过与私人产品的对比来实现对公共产品的评价。四是与萨缪尔森局部均衡和一般均衡模型相同，林达尔均衡模型回避了公共产品中的“搭便车”问题，同时也没有考虑社会总体对公共产品的宏观评价，仍然没有摆脱局部均衡模型中的“1 + 1 = 2”的评价加总机制的局限。

（四）蒂布特模型中的需求表达模式

1956年查尔斯·蒂布特在其发表的《地方支出的纯理论》一文中提出了一种解决公共产品最佳供应和需求偏好显示问题的方法。模型以地方公共产品为研究对象，假定人口可以自由流动，人们有权选择自己所偏爱的社区，且地区间财政存在竞争和流动性，即存在足够多的提供不同公共产品束的潜在或者现存社区。由此，居民能够通过无成本的迁移，选择提供最好的公共产品和税收组合的社区，并且通过这一过程显示出他们对公共产品的真实偏好。

在模型中假设存在某一社区，其人口数量为N，提供的公共产品数量为X，生产X数量的公共产品的成本为C，且成本函数为$C = C(X, N)$，每增加一个成员社区提供公共产品的边际成本为$C_N = \alpha C/\alpha N$。当某位社区成员从一个社区迁移到另一社区时，新加入的社区会要求该新加入的成员支付一种迁移成本，这种迁移带来的成本变化可用C_N的全微分来表示：

$$dC_N = C_{NX}dX + C_{NN}dN \quad (2.27)$$

迁移者获得的与原社区不同数量的公共产品X即为该新成员迁移时的收益。对公式（2.27）的左右两端同时除以dX，就可以得到一个人迁移时所会面临的边际成本和边际收益的比率：

$$dC_N/dX = C_{NX}dX + C_{NN}dN/dX \quad (2.28)$$

个人关于迁移的偏好可用其关于公共产品X的偏好与关于货币收入Y的偏好来表示。如果发生迁移，迁移者在获得与原社区不同数量的公共产品X的同时需要向新的社区支付成本Y。因此，个人关于迁移的偏好可以表示为一种X和Y之间的抉择，可用边际替代率表示，即个人的迁移偏好可表示为：

$$MRS_{XY} = dY/dX \quad (2.29)$$

蒂布特认为，个人会根据自己的迁移偏好和社区提供的公共产品的情况“用脚投票”，不断进行迁移，直到迁移偏好和关于迁移的边际成本和边际收益之比相等时，才会停止寻找最好的社区的努力。即当满足以下条件时，迁移达到最优。

$$MRS_{XY} = C_{NX} + C_{NN}dN/dX \quad (2.30)$$

如果许多人都在根据这一条件寻找相同的社区，则公共产品偏好相同的人最终会形成一个新的公共区域。如果通过迁移过程实现$MRS_{XY} = C_{NX} + C_{NN}$

dN/dX，那么这种迁移过程最终就会达到一种均衡状态。

蒂布特模型最突出的贡献在于开拓了一个全新的研究地方公共产品偏好显示的视角。通过在公共产品需求与供给中引入了消费者选择的竞争手段，设计出了公共产品偏好显示机制，突破了曾经的政府垄断供给与消费者被动接受的传统思路，从传统的完全由政府主导变成了类似于私人产品的由消费者自主决定，实现了地方公共产品的最优供给与居民的消费偏好显示的有效结合，通过"以脚投票"的方式间接地显示了居民真实的偏好状况以及对公共产品的需求水平。当然该模型依赖于包括居民可以充分自由流动等一系列严格的假设条件。但是从实践来看，这些假设条件并不符合实际情况，说明该模型具有其缺陷与不足，有效性还有待于进一步检验。

（五）"外部性税"中的需求表达

受维克里第二价格拍卖方法的启发，经济学家提出了设立"外部性税"诱使人们表达真实偏好的思想。其中，最早提出的外部税是克拉克·格劳维斯税。克拉克·格劳维斯税假设人们不能凑在一起形成联盟，同时，要求每个消费者在对自己的应纳税额与所购买私人物品数量完全不知晓的情况下表达自己对公共产品的需求偏好，所征收的税款取决于人们所做出的回答以及其对最终结果的影响。在具体操作上，先将其他所有投票人的选票加总起来，然后将特定投票人的选票加进去观察投票加总结果是否发生根本变化。如果没有导致加总结果发生根本性的变化，则该投票人就无需缴纳税款（成本）；如果加总结果发生变化，则该投票人需要缴纳一定数量的税款（成本），其数额等于如果缺少这一票时其他人从胜出方案中所可能得到的预期收益。

在需要缴纳税款（成本）的情形下，每个投票人都将显示自己的真实偏好。只有当投票人自己的投票在选择中具有决定性作用时才付税，而且自己缴纳的税额（成本）将等于或小于从胜出方案中获得的收益，因而投票人将不可能存在隐瞒自己偏好的动机。因为如果隐瞒或低估自己的偏好或从中所获得的收益，那么他所偏好的方案可能将无法通过，则他将失去该方案获得通过时得到的收益。同时，每个投票人也不会有夸大自己偏好的动机，因为这样他要的投票将成为决定性一票，他需要因此而担负缴纳税款的风险。显然，在纳税的情况下，真实地显示偏好是每个投票者的最优策略。

克拉克·格劳维斯税是一种信息非对称情况下的需求偏好显示的税制设计，通过只有当投票人投出的这一票对改变结果有决定性作用时才需要纳税的税制设计诱导人们显示其真实的需求偏好。然而在现实生活中，由于参与公共服务需求偏好表达的人数众多，随着投票人的不断增加，任何单个投票人的个人偏好对集体决策的影响会越来越小，同时每个方案中对投票人征收的税款也会随着人数的增加而有所减少，因此，投票人就会失去表达自己的真实偏好动力和约束，克拉克·格劳维斯税诱使人们表达真实需求偏好的激励也将大幅减弱。另外，在现实中该需求表达机制还存在着由于受到联盟的操纵而使得纳税无法得到真实需求偏好显示的可能，即现实中联盟的存在使得克拉克·格劳维斯税制虽具有个人激励兼容性，但不一定具有群体激励兼容性①。

（六）或有估价法

作为一种直接需求偏好显示法，或有估价法于20世纪90年代以来在公共服务的需求显示方面得到了广泛运用。最早是由 Bergstrom、Rubinfeld 和 Shapiro 提出，其核心思想是通过问卷调查的形式，运用计量经济学等的相关方法建立居民对公共产品的需求函数（模型），进而揭示居民对公共产品的真实支付意愿，这种支付意愿则代表了居民对公共产品的偏好或需求，并为供给决策或效率评估提供依据。Bergstrom、Rubinfeld 和 Shapiro 最早运用对密歇根州地区居民公共教育的需求状况调查所获得的数据，采用单方程技术，通过在模型中纳入居民收入、税收价格、就业状态、年龄、性别、种族等一系列变量对美国密歇根州居民公共教育需求的状况进行了科学的估计。在此以后，Rubinfeld 和 Shapiro 根据或有估计法的相关原理对模型进行了改进，在模型中增加了一些政治变量，舍弃了原有的单方程技术，采用改进之后的似然估计法对当地居民公共教育需求状况重新进行了估计，试图排除蒂布特偏差。

或有估价法作为一种直接需求偏好，采用计量方法进行实证研究，这种研究方法使得公共产品需求显示问题的研究在方法上更加成熟，因而在公共医疗卫生、环境评价等公共服务的各个领域中得到了广泛运用。但这种方法也存在诸多缺陷。Portney 指出，或有估价法最为明显的问题在于它严重依赖于人们对假设问题的回答，而不是人们直接行为的真实反映②。里查德·

---

① 查德·R. 巴尼特：公共部门经济学前沿问题［M］. 北京：中国税务出版社，2000.

② Portney，P. R：The Contingent Valuation Debate：Why Economists Should Care［J］. Journal of Economy Perspective，1994，8.

R. 巴尼特认为，或有估价法的优点在于它具有作为需求估计基础的内容丰富的数据库，缺点是这种分析可能会产生各种各样的偏差，如策略偏差、假设偏差和信息偏差等①。

（七）公共服务需求的其他表达模式

除以上公共产品与公共服务的需求偏好表达模式外，还有第二价格法、资产选择方法、交通成本法、“用手投票”理论和 Thompson 偏好显示机制等。

1. 维克里拍卖中的需求显示机制

维克里拍卖由维克里在《反投机、拍卖和竞争性密封投标》一文中提出，维克里拍卖中用第二价格（也称为二级密封价格）来显示买方的需求信息。具体方法是，拍卖者要求每位买者将自己对于拍卖品所愿意支付的价格放在一个密封的信封中，并告知该拍卖品将最终出售给出价最高的那位买家，但是实际最终售价则是按照仅次于最高出价的那个较低的价格水平来确定的。其实是希望通过这种机制让各位买方显示其对即将购买的拍卖品需求状况的真实评价。

2. 资产选择方法和交通成本法

资产选择方法和交通成本法都属于一种间接的公共服务需求偏好显示方法。资产选择方法是通过对不同环境下的资产价值进行分析比较，进而推导出人们对某种公共服务的需求偏好。如 Brookshire 和 Thayer 等人通过比较不同空气清洁地区和空气污染地区房地产的价值，推断出人们对未受污染的空气的偏好②。与资产选择方法不同，交通成本法则是通过了解人们消费公共产品所花费的交通成本，进而推导出人们对某些公共服务的需求偏好的信息。如 Clark 运用交通成本法在分析了人们消费公共医疗服务所花费的交通成本之后，推导出人们对当地公共医疗服务的需求偏好③。

3. 中位选民模型中的需求表达模式

在对地方公共产品的需求显示的研究中，美国 Romer 和 Rosenthal 等人由于受公共选择理论中“中间人投票”定理的启发，建立了一个中位选民

---

① 查德·R. 巴尼特：公共部门经济学前沿问题［M］. 北京：中国税务出版社，2000.

② Brookshire, D. S, M. A. Thayer, W. D. Schulze. Valuing Public goods: A Comparison of Survey and Hedonic Approaches［J］. The American Economic Review, 1982, 72.

③ Clark, P. M. Cost – Benefit Analysis and Mammographic Screening: A Travel Cost Approach［J］. Journal of Health Economics, 1998, 17.

模型。中间选民模型实际上是将投票作为一种集体偏好的汇聚方法，以此来解决地方居民的偏好显示及其汇总问题。在中间人投票理论看来，由于中间选民的需求偏好在确定整个社会对公共服务的供给数量时具有决定性的作用，因此，可以通过中间选民对公共服务的需求偏好来反映和代表整个社会对公共服务的需求。

4. Thompson 需求偏好显示机制

Thompson 在 1996 年提出了通过购买保险的方式来显示个人偏好的消费者需求偏好显示机制。在 Thompson 看来，在具体的投票实践中，每一个方案最终仅有通过和不通过两种结果。如果消费者是风险规避型的，则完全可以通过购买保险的方式来防止自己不支持的方案获得通过。如果自己不支持的方案胜出，则消费者可以得到保险补偿；当然如果他们喜欢的方案获得胜出通过，则消费者也将获得一定的收益。这样政府在得到居民消费偏好的同时，也通过出售保险的方式获取了一定的净收入①。

四、相关总结

综上所述，公共产品和服务由于供给的外部性以及消费的非竞争性和非排他性使其不存在真正意义上的市场价格。多数情况下，人们对公共产品和服务的需求表达无法通过市场交易以货币选票的方式表现出来。因此，通过何种方式使消费者对公产品和服务的需求尽可能真实地表达出来一直是公共经济研究中的一个重点问题。

通过对公共产品和服务需求偏好显示相关研究成果的系统梳理发现，人们对公共产品和服务需求表达方式的研究方法主要有两种，相应的公共产品和服务的需求表达方式也分为两种。

第一种是运用各种传统工具建立模型对公共产品和服务的需求偏好显示进行理论研究，如庇古均衡模型、萨缪尔森局部均衡模型和一般均衡模型、林达尔模型以及蒂布特模型等，其对公共产品和服务的需求偏好表达多借助税制设计、人们愿意支付的税收份额、税收产生的边际负效用、私人产品和公共产品之间的替代关系以及对最优社区的选择等间接进行表达，则是一种间接的需求偏好表达方式。

① Thompson, E. A. A Pareto optimal group decision process [A]. In: G. Tullocked. Papers on non - market decision making [C]. Charlottesville: University of Virginia, 1996.

第二种关于公共产品和服务需求表达方式的研究主要采用实证研究的方式，是一种直接需求偏好显示方式，主要以或有估价法为代表。其核心思想是通过问卷调查形式，运用计量经济学的相关方法建立需求模型，进而揭示居民对公共产品和服务的支付意愿和需求偏好。

以上关于公共产品和服务需求表达的研究都存在一些优点和不足，如假设条件过于严格，与现实条件不符合或政策设计难以实现等，在此基础之上，经济学家又发展了一些方法来揭示人们对公共产品和服务的偏好，如 Simon 认为心理学的一些重要方法如数量估计法和等级划分方法也适合用于揭示人们对公共产品和服务的需求偏好①。

① Simon, K. Public Goods and Private Wants: A Psychological Approach to Government Spending [J]. Journal of Economic Psychology, 2003, 24.

第三章

西北民族地区农村公共服务供给的现状与问题

第一节 西北民族地区农村公共服务供给的现状

西北民族地区基层政府财力不足，基础设施建设滞后，市场发育程度较低，生态环境脆弱，这些因素导致西北民族地区农村义务教育、医疗卫生、社会保障等公共服务供给不足以及供给的非均衡性。基本公共服务的缺失严重影响了民族地区农业的发展和农民生活质量的提高，严重制约了西北民族地区的城镇化进程和经济的发展速度，从而加大民族地区与非民族地区、农村与城市、西部与东部之间的差距。当前，西北民族地区农村公共服务供给是我国公共服务供给体系最为薄弱的地方，其供给状况直接影响着国家公共服务体系建设的总体水平，也对民族地区经济可持续发展、社会和谐发展等具有重要影响。

西北民族地区农村公共服务供给涉及基础教育、医疗卫生、养老保障、农业科技、民族宗教、公共就业等一些与群众生产生活紧密相关的领域。这些基本公共服务具有共同的特征就是效用的非可分割性，又分为同时具备消费的非竞争性和受益的非排他性特征的农村纯公共物品或服务，如民族地区农村人畜清洁饮水、乡村道路建设、水利设施、普惠性的惠农政策、自然灾害预防及救助等。仅具备消费的非竞争性或受益的非排他性其中一个特征的准公共物品或服务，如最低生活保障、养老医疗保障、农村电网、通信网等。根据中南民族大学吴开松教授①对农村公共产品的调研等文献进行梳理，民族地区农村公共产品的需求具有不同的位序和属性（见表3－1）。

表3－1　农村公共产品需求位序和属性

位序	公共物品或服务	用途属性	理论属性
1	乡村道路建设	生活型公共物品	纯公共产品
2	人居环境	基本保障型公共产品	纯公共产品
3	农业科技推广服务	生产性公共产品	接近纯公共物品
4	小型农田水利建设	生产性公共产品	准公共产品
5	水旱灾害治理	生产性公共产品	纯公共产品
6	禽畜防病防疫	生产性公共产品	纯公共产品
7	人畜清洁饮水	生活型公共物品	纯公共产品
8	农业病虫害防治	生产性公共产品	纯公共产品
9	社会保障	基本保障型公共产品	准公共产品
10	文化设施	生活型公共物品	纯公共产品
11	基础教育	基本保障型公共产品	义务教育为纯公共物品
12	医疗卫生	基本保障型公共物品	基本医疗卫生服务为纯公共物品，其余为准公共物品

一、教育供给现状

在党和政府的高度重视和支持下，西北民族地区义务教育发展取得巨大成效。青壮年文盲率大幅下降，适龄儿童入学率大幅提高，义务教育辍学率大幅降低。但是由于当地自然条件差、人口分布分散、文字障碍以及民族宗教等多种因素，城乡教育资源分布不均衡，办学条件急需改善，教育质量有待提高。教育的发展状况与经济社会发展状况不相协调。

（一）教育经费投入总体状况

教育经费投入分别包括：国家财政性教育经费、财政预算内教育经费、教育事业费拨款三类。国家财政性教育经费包括：公共财政预算教育经费、各级政府征收用于教育的税费、企业办学中的企业拨款、校办产业和社会服务收入用于教育的经费和其他属于国家财政性教育的经费；财政预算内教育经费：指由中央和地方各级财政在本年度内安排，划拨到各级教育行政机构

① 吴开松，周薇：论需求导向型的民族地区农村公共产品供给机制［J］．中南民族大学学报（人文社会科学版），2011（9）．

和各类教育事业单位，列入国家预算支出科目的经费；教育事业费拨款：指学校或单位列入《政府收支分类支出科目》“教育支出”科目中的教育经费拨款数，但不含教育附加及基金支出。现以甘肃省临夏回族自治州和甘南藏族自治州为例，从财政预算内教育支出指标分析民族自治地区的教育经费投入现状。

从全国来看，随着公共财政预算支出的增加，教育支出也在不断增加。甘肃省也是如此，教育支出总额呈连续增长趋势。临夏和甘南两个民族自治地方，公共财政预算支出是连年增长的，教育支出整体上是增加的，但在2013年都有所减少（见表3－2）。

表3－2　　公共财政预算支出与财政预算内教育支出比较　　（单位：亿元）

	地区	2011年	2012年	2013年	2014年
公共财政预算支出	全国	92733.68	107188.34	119740.34	129215.49
	甘肃	1791.24	2059.56	2309.62	2541.49
	临夏	110.95	137.39	150.26	155.42
	甘南	89.54	102.98	109.26	116.77
财政预算内教育支出	全国	15498.28	20140.64	20895.11	21788.09
	甘肃	284.33	367.92	377.06	401.26
	临夏	14.89	23.02	22.84	26.28
	甘南	11.97	14.15	13.36	16.53

数据来源：根据历年《中国统计年鉴》和《甘肃省统计年鉴》相关数据计算所得。

从表3－3可以看出，临夏和甘南两个少数民族自治州财政预算内教育支出占公共财政支出的比重不断增加，尤其是临夏州，基本上达到全国的水平。而甘南州却明显低于甘肃省和全国的总体水平，但与全国和甘肃省的差距正在逐渐缩小，2014年其比重已达到14.16%。这说明民族地区内的教育发展程度也是参差不齐的，经济较落后的地区教育也受到极大的影响。

表3－3　　财政预算内教育支出占公共财政预算支出的比重　　（单位：%）

	2011年	2012年	2013年	2014年
全国	16.71	18.79	17.45	16.86
甘肃	15.87	17.86	16.33	15.79
临夏	13.42	16.76	15.20	16.91
甘南	13.37	13.74	12.23	14.16

数据来源：根据历年《中国统计年鉴》和《甘肃省统计年鉴》相关数据计算所得。

近年来，民族地区教育投入持续增长。2014 年甘肃省农村义务教育投入资金 34.24 亿元，小学公用经费由每生每年 560 元提高到 600 元，初中由每生每年 760 元提高到 800 元。此外，教育公用经费开始向 100 人以下的小规模学校和教学点倾斜，增拨补助资金 1.55 亿元，确保农村百人以下“小学校”正常运转。甘南、临夏等地处于高寒阴湿的地区，冬季取暖补贴大幅提高，甘南等 12 个高寒阴湿地区生均采暖补贴达到 292 元，其他地区生均只有一半，金额为 146 元。农村义务教育学生营养改善计划标准由 3 元/生·天提高到 4 元/生·天，食堂覆盖率达到 65%。农村义务教育阶段家庭经济困难寄宿生生活补助专项资金达到 9.56 亿元，共有 77.1 万名农村学生受益。

2013 年，临夏州在财政收入刚刚突破 20 亿元（仅为 21.91 亿元）的情况下，为全州 3 万名高中生免费上学，每名学生一年学费、课本费约 1500 元，由地方财政全额承担。2014 年春季学期开始，临夏州又由县级财政负担了幼儿园和小学附设学前班的学费、课本费、保育费等费用，为包括民办幼儿园学生在内的幼儿园孩子提供免费学前教育，实现了从学前教育到高中的 15 年免费教育。

（二）学校师资队伍状况

以甘肃省民族地区为例，甘肃省民族地区共有普通高等学校 1 所，即位于甘南藏族自治州的甘肃民族师范学院，专任教师数量由 2005 年的 262 人增加到 2014 年的 490 人，增加幅度较大。中等学校数量由 10 所减少到 6 所，专任教师数量也相应地由 521 人减少到 377 人，平均每所学校的教师数量由 52 人增加到了 63 人，师资力量明显增强。普通中学数量由 2005 年的 214 所减少到 194 所，教师数量由 8897 人增至 15110 人，与中等学校情况相似，学校数量减少但校均教师数量由 42 人增加至 78 人。小学数量由 2015 所减少至 1514 所，专任教师数量由 17313 人增加至 20889 人，校均教师数量由 8 人增加至 14 人（见表 3-4）。

表 3-4　　甘肃省民族自治地区学校及专任教师情况

指标	2005 年	2011 年	2012 年	2013 年	2014 年
高等学校所数（所）	1	1	1	1	1
专任教师数（人）	262	435	456	499	490
中等学校所数（所）	10	7	7	6	6
专任教师数（人）	521	611	471	369	377

续表

指标	2005 年	2011 年	2012 年	2013 年	2014 年
普通中学数（所）	214	201	199	192	194
专任教师数（人）	8897	13491	14404	14955	15110
小学校所数（所）	2015	1606	1568	1555	1514
专任教师数（人）	17313	20396	20429	21050	20889

数据来源：根据历年《甘肃省统计年鉴》相关数据整理所得。

西北民族地区教育投入逐步增加，学校基础设施建设逐步改善，教师的工作环境得到了提升、工资收入有所增长，教师队伍建设进一步加强，为民族地区教育发展创造良好条件。

（三）在校学生数及生师比

甘肃省民族地方的高等学校在校学生数由 2005 年的 4095 人增至 2014 年的 10802 人，高等学校生师比由 15.6 增加至 22.04，学生人数增加明显快于专任教师数量的增加。中等学校主要是中等职业学校，在校学生数由 2005 年的 6029 人减至 2014 年的 4625 人，其中，2013 年在校人数锐减到 1689 人，中等职业学校发展状况不稳定。中等职业教育在民族地区的快速下滑应引起重视，少数民族地区学生考取大学的难度本身较大，再加上国家支持职业教育的发展，中等职业教育应该是一个中坚力量，继续下滑会导致民族地区居民就业难度不断增加。普通中学在校学生数先增后减，在师资结构和教学资源利用方面日渐合理。小学在校学生数逐年减少，生师比也在下降，主要原因是计划生育的实施降低了出生率，儿童数量减少（见表 3－5）。

表 3－5　　甘肃省民族自治地方学校学生数及生师比

指标	2005 年	2011 年	2012 年	2013 年	2014 年
高等学校在校学生数（人）	4095	8266	9087	9861	10802
生师比	15.6	19.0	19.9	19.8	22.04
中等学校在校学生数（人）	6029	4986	4978	1689	4625
生师比	11.6	8.2	10.6	4.6	12.27
普通中学在校学生数（万人）	17.46	22.75	25.30	19.65	18.33
生师比	19.6	16.9	17.6	13.1	12.13
小学在校学生数（万人）	39.04	34.50	33.76	29.22	28.19
生师比	22.5	16.98	16.53	13.9	13.50

数据来源：根据历年《甘肃省统计年鉴》相关数据计算所得。

二、医疗卫生供给现状

医疗卫生是公共服务的重要组成部分。以甘肃省为例，民族地区由于经济、地域、观念等因素制约，医疗设备差、基础卫生医疗设施不完善、专业医疗人员短缺。长期以来，由于西北民族农村地区经济基础薄弱，再加上受文化、交通及生活习惯等方面的影响，当地群众的卫生条件差，医疗保健意识不强，这在一定程度上影响了公共医疗卫生服务的供给。

（一）甘肃省民族自治地区农村医疗卫生供给

由表3－6可知，甘肃省民族自治地方的医疗卫生供给情况有所改善。卫生机构总数在增加，社区卫生服务中心和疾病预防控制中心实现了从无到有的突破，但是医院和卫生院的数量没有太大的变化。这些医疗卫生机构中，和农村居民联系较紧密的是乡镇卫生院，相对于村诊所、卫生室而言，卫生院在医疗设施及设备、专业技术人员等方面具有优势，相比大医院而言，卫生院看病费用相对较少，更符合农民的经济承受能力。所以，卫生院的数量和质量与当地农村的公共服务供给密切相关。总体看来，甘肃省民族自治地方医疗卫生机构数量增长较快，从2005年的1860个增加至2012年的3878个，净增2018个，数量翻了两倍多。

表3－6　甘肃省民族自治地方卫生机构数量及构成

指标	2005年	2011年	2012年	2013年	2014年
卫生机构数	1860	1292	3392	3410	3878
医院	49	48	47	53	53
卫生院	290	293	296	295	296
社区卫生服务中心（站）	/	37	38	39	39
疾病预防控制中心（防疫站）	/	24	24	24	24

数据来源：根据历年《甘肃省统计年鉴》相关数据整理所得。

（二）床位数分布

截至2014年末，甘肃省民族自治地方医疗机构床位数共计12945张，其中，医院床位数为8533张，卫生院有床位3621张，社区卫生服务中心（站）有床位219张，这三类主要卫生机构的床位数占到总床位数的95.58%（见表3－7）。

表 3-7　　甘肃省民族自治地方卫生机构床位数　　（单位：张）

指标	2005 年	2011 年	2012 年	2013 年	2014 年
床位	5512	10451	11301	12777	12945
医院	3691	6493	7209	8510	8533
卫生院	1373	3320	3373	3467	3621
社区卫生服务中心（站）	/	195	189	214	219
三类主要卫生机构床位数总和	5064	10008	10771	12191	12373
三类主要卫生机构床位数占比	91.87%	95.76%	95.31%	95.4%	95.58%

数据来源：根据历年《甘肃省统计年鉴》相关数据计算所得。

从表 3-7 中的数据可知，床位数从 2005 年到 2014 年，十年中增加了将近 2.5 倍。与农村居民联系密切的卫生院的床位数占总数的 27.97%。从近四年的情况来看，卫生院的床位数处于微增的状态，床位数难以满足当地居民就医的需要。

（三）农村医疗卫生事业从业人员现状

1. 甘肃省农村医疗机构医疗人员构成

甘肃省农村医疗机构中医疗人员主要以乡村医生为主，且数量上有轻微下降的趋势。而村级医疗机构中专业的医疗人员数量较少，执业医师、执业助理医师和注册护士近年在数量上增加 5 倍左右，卫生员数量增加最少，在农村全部医疗人员队伍中显得不足（见图 3-1）。

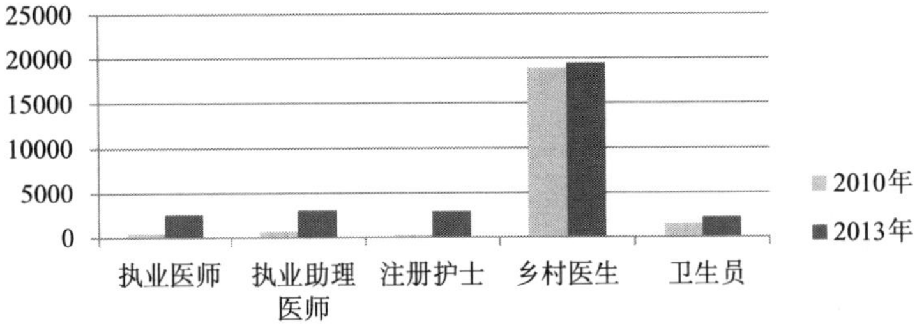

图 3-1　甘肃省村级医疗机构执业医师情况

2. 甘肃省民族自治地区医疗卫生技术人员构成情况

医疗卫生从事人员的数量和构成对当地的医疗卫生公共服务有很大的影响。2005 年甘肃省民族自治地区平均每个卫生机构的卫生机构人员为 5.7 人，到 2011 年增加至 11.8 人，之后因为卫生机构数量的猛增，每年基本维持在 5 人左右。卫生技术人员也在慢慢增加，幅度不是很大。卫生院的工作人员一直没有太大的波动，基本维持在3400人左右（见表3－8）。按照国家要求，每万人至少要配备1名防疫医师，但是西北民族地区1名防疫医师负责好几个镇的几十个村，且村与村、镇与镇之间的距离、交通等都是问题。

表3－8　甘肃省民族自治地方医疗机构技术人员情况

指标	2005年	2011年	2012年	2013年	2014年
卫生机构数（个）	1860	1292	3392	3410	3878
卫生机构人员（人）	10649	15206	15772	14631	19815
卫生技术人员（人）	9241	11044	11294	10429	13073
医院（人）	/	4330	4535	4936	5311
卫生院（人）	/	3413	3440	3368	3471
社区卫生服务中心（人）	/	304	346	367	378
疾病预防控制中心（人）	/	756	665	685	679

数据来源：根据历年《甘肃省统计年鉴》相关数据计算所得。

（四）农村医疗卫生服务状况

1. 医疗卫生基础设施建设滞后

近年来西北民族地区加大了医疗卫生基础设施的建设，但因为起步晚，投入不足，没有得到很好的发展。农村医疗卫生的基础设施建设存在两种倾向：一是医疗卫生基础设备十分落后，医疗卫生设备陈旧、损坏，没有进行及时的更新和维护。农牧民离县城远，一些乡镇卫生院缺乏常见的医疗设备，农村常见的手术都无法进行，当地群众就医困难；另一种倾向表现为即使有一些高端医疗设备，通常也是闲置状态。这是因为缺乏专业的医疗卫生人员，现有的技术人员的专业素质和水平不会使用相关设备。

2. 服务成本高，医药事业重视不够

西北民族地区地势起伏大，绝大部分地区位置偏僻，且交通不便，居民分散居住在大山深处或阴寒潮湿地区。尤其是在牧区，人口居住极其分散，自然环境和交通等问题加大了公共医疗卫生服务的成本。由于民族性、宗教性、流动性等特性，不利于宣讲现代健康卫生知识。而容易被民族地区群众所接受的民族医药却没有得到足够的重视和发展。民族医药可随时随地为居住分散的人员提供方便的服务，以便于弥补短缺的医疗卫生资源，缓解当地群众“看病贵、看病难”的问题。

三、社会保障供给现状

民族地区农村社会保障是我国社会保障的重要组成部分，具有其特殊性、复杂性和紧迫性。随着新农合和新农保的实施，再加上原有的农村最低生活保障制度、五保户供养制度和农村传统救济等，我国农村地区的社会保障体系日益完善，这对于加强民族之间的关系，创建和谐社会具有重要意义。

（一）农村居民最低生活保障及其他社会救济

从全国来看，截至2014年底，全国享受农村最低生活保障的有2943.6万户、5207.2万人。全年各级财政支出农村低保资金共计870.3亿元。全国农村低保平均标准在2013年2434元/人·年的基础上提高343元，达到2777元/人·年，增长14.1%；全国农村低保月人均补助水平129元，比上年增长11.4%，保障标准和待遇有所提高。

从甘肃省的情况来看，2014年全省享受农村最低生活保障的有1123096户、338990人，分别占当年全国享受农村低保总户数和总人数的3.82%和6.51%。其中，临夏和甘南两个民族自治州享受农村最低生活保障的共计有216557户、711938人，分别占当年甘肃全省享受农村低保总户数和总人数的19.3%和21.0%（见表3-9）。

表3-9　　甘肃省农村居民最低生活保障情况

	农村最低生活保障					农村居民最低生活保障户数（户）
	人数（人）	女性	老年人	未成年人	残疾人	
甘肃	3389900	1139859	712453	540199	168986	1123096
临夏	541346	205701	106434	102468	14838	163958
甘南	170592	60718	19798	22612	4263	52599

2014年甘肃全省农村集中五保供养人数为12876人，农村分散五保供养人数为109852人，分别占当年全国农村集中五保供养总人数和分散五保供养总人数的0.74%和3.10%。其中，临夏和甘南两个民族自治州农村集中五保供养人数共计1204人，农村分散五保供养人数共计21195人，分别占当年甘肃全省农村集中五保供养总人数和分散五保供养总人数的9.35%和19.28%（见表3-10）。

表 3-10 甘肃省农村五保户情况

	农村集中五保供					农村分散五保供				
	养人数（人）	女性	老年人	未成年人	残疾人	养人数（人）	女性	老年人	未成年人	残疾人
甘肃	12876	2139	10827	785	2655	109852	21916	91303	5248	23228
临夏	1005	272	750	195	115	17077	4352	13374	970	4003
甘南	199	41	189	4	16	4118	1267	3745	209	388

数据来源：2014 年甘肃省统计年鉴。

由以上数据可知，临夏和甘南两个民族自治州农村最低生活保障对象占全省（共 14 个市州）的五分之一，农村分散五保供养人数也接近全省的五分之一。这一方面反映了甘肃省民族地区农村经济发展落后，贫困程度高；另一方面也体现了当地政府对贫困人口的救济和补助力度大，保障了民族农村居民的生活水平。

（二）新型农村医疗保险和养老保险

2002 年开始，我国政府考虑建立新型农村合作医疗制度。2009 年确立了新农合为农村基本医疗保障制度。新农合的基本原则是：政府组织、引导和支持，农民自愿参加；基金筹集的方式是：个人缴费、集体扶持和政府资助相结合；主要目标：以大病统筹为主，最终实现农民医疗互助共济。自建立以来，政府财政资助标准不断提高，在保障农民的基本公共卫生服务、缓解因病致贫等方面发挥了重要作用。2014 年人均资助标准已达 320 元，2015 年人均资助标准达到 380 元，2016 年人均资助标准达 420 元。2017 年开始，各级财政对新农合的人均补助标准在 2016 年的基础上再提高 30 元，达到人均 450 元的补助标准。其中，中央财政新增部分按照西部地区 80%、中部地区 60% 的比例进行补助。2016 年农民个人缴费标准在上年基础上提高 30 元，提高至当年全国平均水平 180 元。其目的在于探索与经济社会发展水平、各方承受能力相适应的稳定、可持续的筹资机制。

2014 年末，甘肃省 86 个县（市、区）参加新型农村合作医疗保险的人数为 1925.92 万人，参合率为 98.26%。全省 2014 年新型农村合作医疗基金支出总计 73.22 亿元，累计受益 3627 万人次。2014 年甘肃省全年农村医疗救助 216 万人次。其中政府民政部门资助农村合作医疗人数总计 164 万人。2014 年全省新农合累计补偿参合患者 3627.03 万人次，其中住院补偿 208.31 万人次，门诊补偿 3418.72 万人次。2016 年起甘肃省少数民族地区和其他地区一样，新农合个人缴费标准统一提高到每人每年 120 元，费用收缴时以户为单位，按年度一次性缴清（允许有条件的地区进一步提高个人缴费标准）。对于五保户和一、二类低保户等特殊困难群体，个人参合资金由当地民政部门核实后完全代缴或部分代缴。

2015 年，甘南藏族自治州临潭县 12.62 万农牧民群众参加了新型农村合作医疗，参合率达 99.08%。筹资总额 5934.27 万元，实际到位资金 5594.23 万元。其中，个人缴纳 1136.35 万元（个人自付 974.90 万元，县民政局为低保户、五保户缴纳参合费 114.33 万元，县财政局为 70 岁以上高龄老人代缴参合费 47.12 万元），中央财政补助 3200 万元，省级财政补助 1131 万元，县级财政补助 126.88 万元。截至 6 月底，全县累计报销人数达 115756 人次，报销医药费 3037.82 万元。临潭县参合率最高的乡镇甚至达到 100%，全县参合人数 84231 人，比上年增加 217 人，其中五保户、低保户、高龄老人（70 岁）、二三女户、残疾人合计 36094 人由相应部门缴纳参合费 324.85 万元。2015 年全县参合率 99.32%，比上年增加 0.32%，每人缴纳参合费 90 元，比上年增加 30 元，每人筹资 450 元，比上年增加 70 元，各级财政补助每人 360 元，比上年增加 40 元。

从 2011 年开始，西北民族地区部分地方开展城乡居民社会养老保险全覆盖试点工作。到 2012 年底，以甘肃省民族地方为例，临夏回族自治州的八个县市提前全面完成了城乡居民社会养老保险全覆盖试点工作。这次城乡居民社会养老保险工作最大的亮点是城乡一体化，凡年满 16 周岁以上（不含在校学生）、不符合城镇职工基本养老保险参保条件的城乡非从业居民，可以在户籍地自愿参加城乡居民社会养老保险，放宽了缴费档次，采取按年缴费的方式缴纳，共分个人缴纳、集体补助和政府补贴三个部分 。全州平均参保率达到 95.75%，城乡居民 170.72 万人受益。其中农村的参保率达到 95.82%，实际参保人数为 1054100 人，收缴保险费 1.2 亿元，发放养老金 1.9 亿元，国家、省、州、县（市）各级财政补贴资金累计达 29295.24 万元。

甘肃省还出台了针对在岗村医的养老保险制度，民族地区农村医生从中受益。从 2016 年 1 月 1 日起，实行农村在岗村医参加企业职工基本养老保险制度。乡村医生与乡镇卫生院签订劳动合同之后，可以参加企业职工基本养老保险，达法定退休年龄且累计缴费满 15 年的，可以按月领取基本养老金。基本养老金按新型农村社会养老保险有关规定发放，每人每月 85 元，工龄补助按每满一年月发放 8 元的标准执行①。在岗村医应按规定缴纳养老保险费，个人承担部分由村医按标准自行缴纳，乡村医生发放工龄补助所需资金按照省级财政 40%、地级市（州）财政 30% 和县（市、区）财政 30% 的比例分别负担。

（三）城镇化率低，建设速度缓慢

以甘肃省为例，民族地区城镇化处于起步阶段，工业化刚迈进初级阶段。从全国来看，甘肃省位于西部地区，经济发展水平低。而甘肃省的民族自治地区更是因为先前基础差、地理位置偏远、交通等阻碍因素，长期处于贫困状态。2014 年甘肃省民族地区生产总值占全省生产总值的 6.96%，显示了民族地区自身产业发展不足、经济总量小。这对当地居民的生活水平和生活质量，以及居民幸福感程度都有重大影响。

2014 年末，甘肃省民族自治地方常住人口 323.24 万人，其中，城镇人口 95.35 万人，农村人口 227.89 万人，农村人口占总人口的 70.5%，也就是说甘肃省民族地区的城镇化率只有 29.5%，远远低于当年的全国城镇化率水平（54.77%），可见民族地区的城镇化率极低，应该引起国家和当地政府对民族地区经济发展的重视，积极采取措施促进民族地区的可持续发展。

四、公共文化设施供给现状

民族文化是民族地区的一大特色，与民族地区的发展息息相关，对民族地区群众的生产、生活方式具有重要的影响。西北民族地区在积极进行城镇化现代化的过程中，充分考虑民族文化传承的重要性和紧迫性，尊重当地居民宗教信仰多元化的现实需求，发挥公共文化对于民族地区经济发展、民族团结的重要作用。

（一）文化事业机构数及文化事业人员数

近年来，西北民族地区的文化事业机构有了快速的增加。以甘肃省为例，民族自治地方文化事业机构数量由 2005 年的 207 个增加至 2014 年的 797 个，增长了 3.85 倍。文化事业从业人员数由 2005 年的 1187 人增加至 2014 年的 5096 人，增长了 4.29 倍，快于文化事业机构数量的增幅，文化机构的人员配备得到了重视和加强（见表 3 - 11）。民族地区文化事业机构

---

① 金奉乾：甘肃省在岗村医可参加企业职工养老险［N］. 西部商报，2015 - 08 - 11.

数量和从业人员数量的快速增长，为民族地区文化事业和文化活动的顺利开展提供了场馆和人力支持。

表 3-11　　甘肃省民族自治地方文化设施情况

指标	2005 年	2011 年	2012 年	2013 年	2014 年
文化事业机构数（个）	207	722	702	755	797
文化事业人员数（人）	1187	4560	4291	5179	5096
各类文化艺术事业单位数（个）	207	415	407	431	449
文化馆、艺术馆（个）	23	23	23	23	23
公共图书馆（个）	23	23	23	23	23
博物馆（个）	9	29	30	30	31
艺术表演场馆（个）	4	2	2	3	3
艺术表演团体（个）	10	14	14	19	16

数据来源：根据历年《甘肃省统计年鉴》相关数据计算所得。

（二）民族地区文化事业机构构成

在文化事业机构的具体构成中，甘肃省民族地区文化馆、艺术馆和公共图书馆的数量近些年内没有变化，均为 23 个；博物馆数量增加迅速，由 2005 年的 9 个猛增至 2014 年的 31 个；艺术表演场馆由 4 个减少至 3 个，处于低位徘徊；艺术表演团体由 2005 年的 10 个增加至 2013 年的 19 个，到 2014 年时减少到 16 个。艺术表演团体的数量关乎艺术工作人员的数量，艺术表演团体先增后减，虽然整体上增加了，但是依然存在减少的趋势，反映出当地的公共文化服务建设在一定程度上的缺失与不足（见图 3-2）。

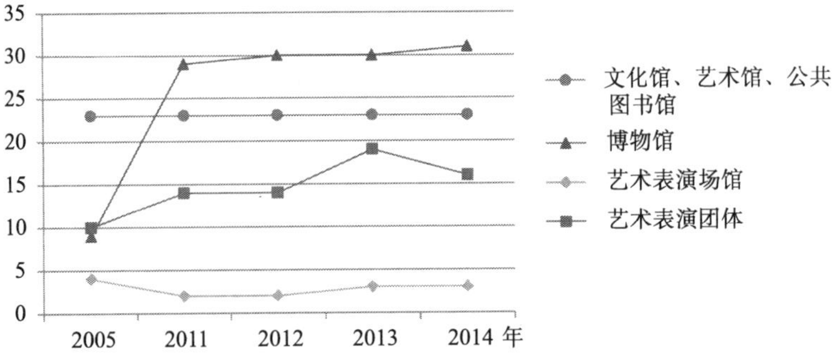

图 3-2　甘肃民族地区文化事业机构构成

（三）民族文化遗产保护现状

民族地区文化遗产是国家宝贵的精神财富。随着国家对文化遗产尤其是非物质文化遗产保护的重视和加强，相继采取了多种保护措施支持民族地区文化传承和遗产保护工作。甘肃省民族地区非物质文化遗产已建立起国家、省、市（州）、县（区）等四级非物质文化遗产保护名录。这些非物质文化遗产主要集中分布在临夏州和甘南州，以及天祝、肃北、阿克塞、肃南、张家川等民族自治县。在已公布的国家级非物质文化遗产中，甘肃省有国家级少数民族非物质文化遗产项目代表性的传承人 17 人，其中土族 1 人，保安族 2 人，东乡族 3 人，裕固族 4 人，藏族 7 人。涉及少数民族民间音乐 6 人，少数民族民间技艺 3 人，少数民族民间美术 2 人，少数民族民间舞蹈 2 人，少数民族民间文学 2 人，少数民族民俗 2 人①。

甘肃省大力实施“华夏文明传承创新示范区”和“丝绸之路经济带”建设，甘肃民族文化资源转换为民族产品和文化产业正在起步。如临夏回族自治州对国家级非物质遗产——砖雕的开发利用已经走上了市场化、规模化之路，临夏州现有“能成砖雕公司”“神韵砖雕公司”和“青韵砖雕公司”等三大砖雕生产龙头企业。其中，临夏能成古典建筑装饰工程有限责任公司有近 900 多人从事雕刻安装，年产值可达到 1.7 亿元，已经成长为一个文化资源转化为文化事业的企业。还有对世界级非物质文化遗产“花儿”的宣传保护，其中一项就是建设“河州花儿文化艺术苑”，总投资 1.2 亿元。临夏州将通过各种形式的融资，规划分为三期建设花儿民族文化展示长廊，其中包括河州花儿培训楼、旅游风情演出广场、花儿创意排练基地，通过对“花儿”的开发、保护、传承和发展，将“花儿”这项文化资源转化为文化产业，为发展民族文化开辟了新路径。

第二节　西北民族地区农村公共服务供给主要问题分析

自从国家实行西部大开发战略以来，西部地区得到较多的政策和资金支

① 逸民：甘肃民族地区社会经济发展研究权威之作——访首部《甘肃蓝皮书·民族卷》首席专家马东平［N］. 民族日报，2015 - 02 - 09.

持，经济快速发展。西北民族地区的发展环境得到极大的改善，农村公共服务供给水平有了很大的提高，在促进当地经济社会发展和改善居民生活状况方面均发挥了重要作用。但由于长期以来民族地区存在着经济发展水平低、地理位置不占优势、生态环境脆弱等问题，和其他地区比较而言，民族地区的公共服务供给水平总体较低，教科文卫体等社会事业发展相对滞后。西北民族地区的经济发展程度与当地的教育水平、文化设施建设、医疗卫生条件等是互为因果的。当前西北民族地区农村公共服务供给中存在的问题有：经济发展水平低、财政收入少；自然条件恶劣、公共服务供给成本高；公共服务供给主体和供给方式单一；公共服务供给结构不合理；需求表达机制不健全等。

一、西北民族地区经济发展水平低、财政收入少

2014 年，甘肃省民族自治地方生产总值只有全省生产总值的 6.96%，甘肃省民族自治地区人均生产总值 14774 元，甘肃省人均生产总值为 26433 元，民族地区人均生产总值占全省人均生产总值的 55.89%，只有全省人均生产总值水平的一半多。少数民族地区经济发展基数低、存量小，发展水平与全省相比，始终存在较大差距。

从公共财政预算收入情况来看，近年来，甘肃民族自治地区的公共财政预算收入在全省的公共财政预算收入中占有很小的比例，虽然有增长的趋势，但是比重仍然很低（见表 3－12）。这说明民族地区的经济发展速度很慢，经济发展水平仍然很低。

表 3－12　　公共财政预算收入情况　　（单位：万元）

指标	2010 年	2011 年	2012 年	2013 年	2014 年
甘肃省	3535833	4501188	5203993	6072717	6726698
甘肃省民族自治地方	139453	189935	248544	315706	361737
百分比（%）	3.9	4.2	4.8	5.2	5.4

数据来源：根据历年《甘肃省统计年鉴》相关数据计算所得。

由于自然条件和社会历史多方面因素的影响，甘肃民族地区的贫困面大、贫困程度深。甘肃省共有 21 个民族县，其中 18 个民族县属于国家集中连片特困区域，占甘肃省民族县的 85.7%。即使按照年收入 2300 元的贫困标准计算，2013 年民族地区依然存在 87.8 万贫困人口，占全省贫困人口总

数的15.9%，占全省民族地区农村总人口数量的31.2%。其中，仅临夏州就有贫困人口57.87万人，占临夏州农村总人口数量的33.29%，占甘肃省民族地区贫困人口数量的65.91%。长期经济发展的低水平导致西北民族地区地方财政收入少，2013年甘肃省民族地区地方财政收入为29.12亿元，仅相当于全省的5.44%，财政自给率仅为9.45%①，是典型的补贴性、依靠性财政，自我发展经济的能力极弱。在公共服务供给上，如教育、医疗、社会保障等方面的供给都是投资大、见效慢的项目，短期内不能看到直接的效益。

提高民族地区的公共服务水平，财政投入是根本。低水平的经济发展，较少的财政收入、极低的财政自给率使得西北民族地区政府在公共服务方面的投资得不到保证，有些公共服务项目因为资金问题而搁浅，基础设施项目无法顺利实施。尽管中央近几年加大对贫困地区的转移支付，但更重要的是提高民族地区自身经济的发展能力和地方财政收入能力，影响其公共服务供给能力和水平。

二、西北民族地区农村地理位置偏远、公共服务供给成本较高

西北民族地区大部分位于海拔较高的偏远山区，地势差异大、气候条件恶劣、居住分散、人口密度小。甘肃民族地区多数位于甘肃省的西南面，且呈带状分布，由于处于青藏高原与黄土高原的过渡地带，所以海拔较高，是甘肃省重要的林业区和牧业区，也是甘肃省和全国重要的生态屏障。特殊的地理位置导致这些民族地区城市化发展水平低，信息相对闭塞，交通运输不便，公共服务供给成本高。

西北民族地区民族多样，各民族文化习俗差异较大，很多地区有其独特的方言或文字，农村人口整体文化水平较低、思想相对保守，对科学知识和技术能力的接受度较低，劳动者拥有较少的技能。在教育、医疗、文化等领域的公共服务技术标准低、开展难度加大，公共服务供给的有效性大大减弱。而且，由于西北民族地区农民收入较低、对公共服务的消费能力和水平有限，农民的参与程度低，造成各种公共服务投资收益率低，回收期相对较长，且人口居住分散，加大了公共服务的供给成本。财政资金短缺、当地交

① 逸民．甘肃民族地区社会经济发展研究权威之作——访首部《甘肃蓝皮书·民族卷》首席专家马东平［N］．民族日报，2015-02-09.

通不便和农村居民文化程度低增加了当地政府有效提供公共服务产品的难度，导致公共服务供给效率的低下，增加了公共服务供给的成本。而且对引入优秀人才、企业等发展政策也有负面的影响，从而导致民族地区农村公共服务供给水平难以满足当地经济发展的要求。

三、公共服务供给主体和供给方式相对单一

西北民族地区的公共服务供给中，政府仍然是最为重要的供给主体，政府提供着广泛有效、相对公平的基本公共服务。在公共服务提供的过程中，政府基本上包揽了公共服务的供给，由于经济发展水平、地理位置等各方面原因，非政府组织、私营企业等组织很少参与到公共服务的供给中。由于缺少其他供给主体的有效参与，政府职能配置失衡，政府供给效率低下。公共服务市场化水平低，民间组织力量薄弱，公民的参与度不高。政府在提供基础教育、医疗卫生、社会保障、基础设施建设等公共服务的过程中，不可避免地存在“越位”“缺位”“错位”的现象。政府提供公共服务的过程中，有以追求个人利益、部门利益和追求当地经济增速的因素，不重视提高公共服务的质量和满足农民真正的公共服务需求意愿，严重影响了民族地区公共服务的供给质量与效率，限制了民族地区农村居民生产条件和生活状况改善，加大了城乡和地区发展差距。

根据新公共管理理论，公共服务供给资金筹集渠道和途径应逐渐多元化，政府提供公共产品或服务可以通过公共财政、政府出售、合同承包、有偿筹资、使用者付费、减税让利、特需等多种方式来实现。然而在实践中，西北少数民族地区，由于提供公共服务的效益差、提供难度大，很少有市场投资和社会投资进入其中，公共服务市场化程度较低，农村公共服务供给几乎全部依赖政府的财政投入。随着经济水平的不断提高，西北少数民族地区农村居民也必然会出现日益增长的、多样化的公共服务需求，政府提供的公共物服务因为缺乏多样性而难以适应农民的需要。在未来的发展中，需要引入市场竞争机制和社会自主治理机制，在坚持党的总体领导格局下，建立和形成由政府、非政府组织、私人部门和农民个体相互合作的公共服务多元合作供给体系。从总体来看，在重视和强调政府作用的基础上，建立一个由政府、市场和社会三方面协同合作的供给模式，引入竞争机制，有助于打破政府垄断，激发各种供给主体发挥自身优势，从而快速有效地提供社会利益诉求多元化条件下的公共服务。

四、公共服务供给总量不足、结构不合理

（一）供给总量不足

近年来，随着各级政府对西北少数民族地区的倾斜政策，以及转移支付的增加，西北民族地区经济增长速度明显加快、农村居民纯收入有所增长，这些经济成果的取得必然伴随着人民群众对公共服务数量和质量提出更高的要求。民族地区由于企业数量较少，公共财政来源少，在这种局面下由政府单独提供公共服务，没有健全的筹资机制，公共服务供给的资金保障较弱，公共财力尤其是自身财力较弱。在人民群众日益增长的公共服务需求发展变化过程中，基本养老、医疗卫生和社会保障等服务项目的支出水平在逐年不断增长，由此导致地方政府财政入不敷出，一些原本制定好的公共服务项目不得不进入停滞状态，公共服务供给的总量明显不足。由于教育经费投入不足导致学校教学基础设施薄弱、教学条件恶劣，影响教师队伍的数量和质量。在医疗卫生方面，多数民族县只有县医院一所设施较为完备的医院，医疗条件、治疗能力和疾病治愈率均较低，严重影响了当地居民的就医需求，医疗卫生服务供给严重不足，与非民族地区相比存在较大差距。

（二）供给结构不合理

西北民族地区特殊的气候条件、自然环境、语言文化、宗教信仰等决定了其公共服务需求有显著的民族性和特殊性。公共服务的提供必需因地制宜，符合民族地区居民公共服务需要意愿。

教育供给方面。由于民族地区人口密度低、交通条件落后，学校的服务能力、生源数量、班级数量、生师比等与一般学校均有很大不同，政府在确定学校教师编制及选址时应充分考虑地域差异。另外，西北少数民族地区居民还有语言文化的特殊要求，如新疆、青海等地的少数民族都有其自身的语言文字，因此在民族地区公共服务供给时，需要在尊重各民族多样性发展的基础上，加大对各民族语言、文字、文化及风俗的传承与保护，增强公共服务的针对性。

医疗卫生方面。西北民族地区医疗人员主要以乡村医生为主，执业医师和注册护士所占比例很低，医疗卫生人才总量不足。村卫生室设施建设落后、仪器设备配备不足，缺少处理突发事件的医用储备；县、乡、村三级医疗机构的结构与分布不合理，乡镇卫生院、村卫生室与县医院相比而言，在

医护人员和医用设备等方面都存在较大差距。

交通基础设施方面，尽管国家和地方近年来出台了相关的铁路、公路路网规划，道路交通建设投入逐年提高，加大了对农村道路的畅通工程。但是，因为西北民族地区的地势特殊，人口密度低等原因，大部分地区并没有被纳入高速路网规划，或由于建设周期长等因素而降低了公共服务供给效益。

由于长期受到各级政府以经济发展为主要考核的政绩观，在经济基础薄弱的西北民族地区，为促进地方经济的快速发展，政府会热衷于建设短期内能提高经济效益的地方公共服务产品，而不愿提供科技推广、信息服务、农民技能培训等与人民群众长期的生活水平相关性比较大的地方性公共服务产品。

五、需求表达机制不健全

由于西北民族地区农民文化程度低、对公共服务供给缺乏科学的认识和评价，也缺乏表达自己需求的主动性，政府在提供公共服务的过程中更多是从自身的角度来决策。作为公共服务需求者和消费者的农民对于公共服务的提供没有较大发言权，没有形成农民参与公共服务内容的需求表达机制。由于公共服务效用的不可分割性，农民没有很强烈的利益驱动来选择自己所需要的公共服务，在整个公共服务的供给过程中农村居民处于弱势地位。

需求表达机制不健全，不能了解农村居民的真正的需求，造成农村公共服务供给结构失衡。在需求表达机制缺失的供给机制下，从供给结构上，政府作为公共服务的供给者未从农民的利益出发；从区域分布上，公共服务的地理分布极不均匀，政府所在地的县城或较大的镇，公共服务状况要明显好于其他地区，大部分农村地区公共服务供给不足与部分地区供给相对过剩的情况并存。然而，随着西北地区农民生活水平和文化素质的不断提高，公民自主意识不断增强，对公共服务的需求越来越呈现多样性的特点。

需求表达机制不健全，造成公共服务的监督机制不完善。政府所提供的公共服务缺乏有效的监督与绩效评价，自上而下的依靠行政方式提供政府导向而非农民导向的公共服务，不能倾听基层群众的声音，未能真实反映农民的需求。公共服务供给过程中，缺乏民主参与和有效的监督机制，极易出现对上不对下、侵占公共服务资金的风险，导致公共服务供给资金使用效率低下。

西北民族地区应充分完善农民需求表达机制，鼓励动员农民多向政府积极表达自身的服务需求和理性地接受政府的公共服务，完善群众对西北民族地区公共服务的监督机制，引入企业、社会组织等来提供公共服务，提高西北民族地区农村的公共服务供给效率与质量。

第四章

西北民族地区农村公共服务供给体系与农民需求状况实证研究

农村公共服务体系是在促进城乡统筹发展与基本公共服务均等化理念统领下，以满足农民基本公共需要为出发点，充分发挥政府、市场和社会等各种资源的合力作用，通过公共政策优化、服务平台整合以及服务人员综合素质的提升，为包括农村居民和农业从业者在内的农民群体提供农村公共文化、公共教育、公共医疗卫生、社会保障、基础设施与环境保护、公共就业、灾害防治、公共安全等全方位、多层面的公共服务的综合①。提高公共服务供给质量与效率的关键在于不断完善公共服务体系。公共服务供给不仅要满足农民的一般性需求，又要满足不同群体的差异化的需求。为了全面准确分析和研究目前民族地区农村公共服务供给体系与农民公共服务需求意愿表达方面存在的主要问题，通过问卷调查的方式选择甘肃省临夏回族自治州进行了实证研究。

第一节 实证调研基本情况②

问卷设计与样本选择是实施调研的基础性工作。设计高质量的调查问

---

① 方堃：当代中国新型农村公共服务体系研究——基于“服务三角”模型的分析框架［M］. 中国社会科学出版社，2010.

② 此节部分内容发表于：刘书明：多元合作公共服务供给理论与民族地区农民需求表达机制研究——基于甘肃省临夏回族自治州的实证研究［J］. 财政研究，2016（9）.

卷，选择代表性的调查样本，是保证研究取得高质量的前提。在调查问卷设计中，需要重视调研问题确定与指标设计的准确性，而在样本区域的选择中，需要重视样本的代表性与实际调研的可行性。

一、实证调研的相关情况

（一）问卷设计

根据调查目的，在查阅大量相关文献资料和已有研究成果的基础上，充分考虑接受调查对象的文化水平以及行为习惯，经过认真分析、比较和筛选，于 2014 年 3 月设计了西北民族地区农村公共服务多元供给体系与农民需求表达机制调查问卷的初稿。2014 年 4 ~5 月，在征求部分专家和学者意见之后对问卷初稿进行了一定的修改。2014 年 6 月对问卷结构进行了一定的调整，主要是对问卷中题干的表述、选项的顺序以及作答方式进行了修改完善，最终确定了调查问卷。调查问卷包括：调查对象基本情况、民族地区农村公共服务供给体系、民族地区农村公共服务需求内容与表达方式、民族地区农村公共服务满意度等四个方面的内容。从形式上调查问卷包括 28 道选择题和 2 道开放式问答题。

调查问卷内容主要包括三个板块。首先，测量调查者对于民族地区农村公共服务体系的认识与基本判断，体现在问卷的 B1—B12 题，具体包括民族地区农村公共服务存在的主要问题、公共服务供给体系中地方政府的作用、民族地区农村公共服务中最需要加强和改善的方面等。其次，测量调查者对于民族地区农村公共服务需求内容与表达方式的认识与评价，集中体现在问卷的 C1—C10 题，具体包括民族地区公共文化活动、社会保障、义务教育、公共安全、公共服务需求表达等方面，每个问题都设置了诸多可能的选项供调查者选择。最后，测量调查者对于民族地区农村公共服务满意度评价，体现在问卷的 D1—D6 题，具体包括基本公共服务项目（义务教育、医疗卫生、社会保障、公共文化、社会治安、环境保护、公共交通、基础设施）的满意度评价；各类组织（县级政府、乡镇政府、村委会、宗教团体、行业协会）在民族地区基本公共服务供给中发挥作用的评价；民族地区义务教育服务要素（师资水平、经费投入、学校设施、学校管理、学校伙食、教学方法、学校距离、两免一补）的满意度评价；民族地区农村医疗的服务要素（医疗费用、医疗设备、服务态度、卫生状况、服务便捷、医疗质量）满意度评价；民族地区农村社会保障服务要素（社保覆盖范围、保障公平性、保障透明性、社保管理水平、社会救济发放标准、社保办理便捷性）满意度评价；民族地区农村公共文化服务要素（文化场所数量、文化设施状况、文化活动数量、文化活动类型、文化活动内容）满意度评价。

（二）样本选择

根据研究目的以及自身实际情况，本次问卷调查以甘肃省临夏回族自治州东乡县河滩镇的尕常村等 11 个村为调查对象。东乡族自治县是全国唯一的以东乡族为主体的民族自治县，也是国家级重点贫困县。全县辖 19 个乡、5 个镇、229 个行政村、1893 个合作社，总户数 5.55 万户，总人口 29.16 万人，其中东乡族人口占 87.04%。全县总面积 1510 平方公里，2014 年全县完成生产总值 14.47 亿元，增长 13%；农业增加值为 3.96 亿元，增长 7%；工业增加值为 1.09 亿元，增长 16.5%；固定资产投资 24.69 亿元，增长 30%；大口径财政收入达到 1.23 亿元，增长 14.8%；社会消费品零售总额 1.99 亿元，增长 18%；农民人均纯收入 3237 元，增长 17.5%，主要经济指标均实现了较高增长。东乡族自治县河滩镇地处刘家峡水库东岸，与临夏县相邻，距临夏州政府所在地 20 公里、距甘肃省会兰州 170 公里。2014 年末，全镇辖小庄、屯地、尕常、苏孟、汪胡、韩杨、团结、河东、东干、祁杨、大塬等 11 个村民委员会，下设 118 个村民小组，共 30950 人，其中少数民族人口占 34%，主要是回族和东乡族。

2014 年 7 月 21 日至 8 月 10 日，历时 20 天，10 名调查员按照调研方案具体组织实地调查。通过问卷调查的方式对东乡族自治县河滩镇进行调研，共发放问卷 360 份，回收 352 份，回收率 97.8%；有效问卷 346 份，占回收问卷总数的 98.3%。在问卷调查的同时对河滩镇政府、卫生院、派出所、河滩中学等部门和单位的相关人员进行了访谈，深入了解了目前民族地区农村公共服务的基本情况与主要问题。

二、调研样本基本情况的统计分析

（一）调查对象的性别比例

在此次调查的 346 人中，男性共 207 人，占接受调查总人数的 59.8%；女性共 139 人，占接受调查总人数的 40.2%；男性比例较女性比例高 19.6%（见表 4-1）。

表 4-1　调查对象的性别比例

性别 \ 人数与比例	人数	比例（%）
男	207	59.8
女	139	40.2
合计	346	100

（二）调查对象的年龄结构

调查对象年龄结构为：16 岁及以下 60 人，占 17.3%；16～30 岁 102 人，占 29.5%，为最高比例；30～40 岁 93 人，占 26.9%；40～50 岁 67 人，占 19.4%；50～60 岁 15 人，占 4.3%；60 岁及以上 9 人，占 2.6%。30～50 岁共计 160 人，占调查总人数的 46.2%（见图 4-1）。从总体分析，调查对象以 16～50 岁年龄段为主，占调查总人数的 75.7%，基本上是农村社会成员主体，对农村公共服务各方面比较了解，具有一定的实践经验和分析评价能力，他们关心农村社会经济发展中的各种问题，能够反映对于民族地区农村公共服务供给与需求方面的主要看法和意见。

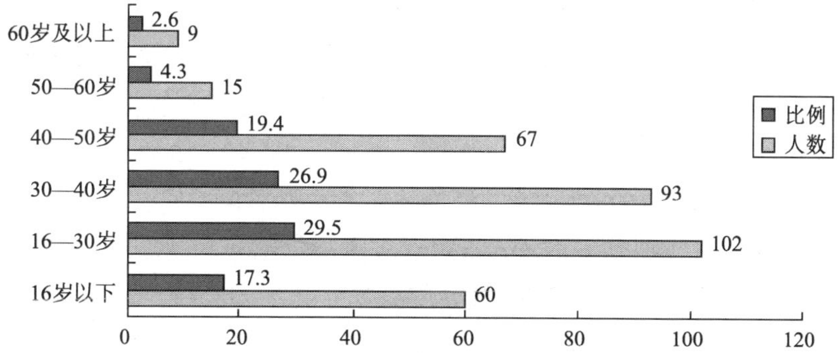

图 4-1　调查对象年龄结构分布

（三）调查对象的文化程度

在 346 名调查对象中，初中及以下文化程度人员 182 名，占 52.6%；高中（中专）文化程度人员 83 名，占 24.0%；大学专科文化程度人员 40 名，占 11.6%；大学本科及以上文化程度人员 41 名，占 11.8%（见图 4-2）。接受调查的过半数是初中及以下文化程度的农村人员，反映出调查对象文化程度总体偏低，符合民族地区教育事业发展相对落后，人口文化程度总体较低的实际状况。为了尽可能提高问卷作答质量，在问卷填写之前，调查工作人员就问卷作答方式及需要注意的事项进行了详细解释和说明。对于年龄在60岁及以上老人，则通过问答式来填写问卷，即由调查工作人员就问卷涉及问题向接受调查人员询问后，根据调查对象的回答来填写问卷。这样可以克服文化程度偏低和年龄偏大等问题对问卷质量的影响，以此来保证问卷调查的质量。

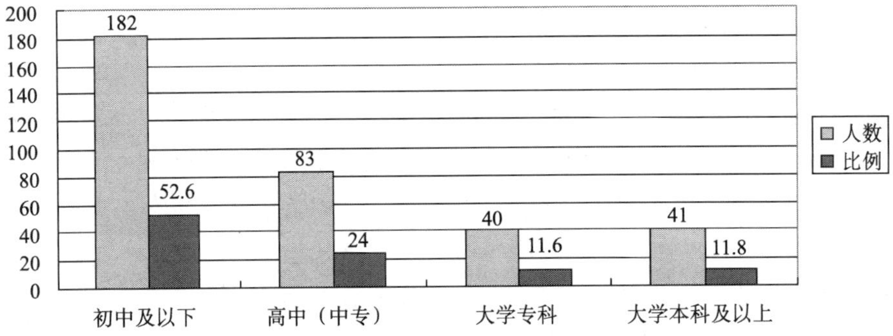

图 4－2　调查对象文化程度

（四）调查对象的民族分布

从民族分布来看，在346名调查对象中，汉族共129名，占调查对象总数的37.3%；回族共123名，占调查对象总数的35.5%；东乡族共68名，占调查对象总数的19.7%；保安族共14名，占调查对象总数的4.0%；撒拉族共8名，占调查对象总数的2.2%；土族共4名，占调查对象总数的1.2%。在接受调查的对象中，包括回族、东乡族、保安族、撒拉族和土族在内的4个少数民族共217名，占调查对象总数的62.7%，符合民族地区实际状况，少数民族比例较高，保证问卷所得信息能够很好地反映少数民族意愿和观点（见表4－2）。

表 4－2　调查对象的民族成分

民族	人数（个）	比例（%）
汉族	129	37.3
回族	123	35.5
东乡族	68	19.7
保安族	14	4.0
撒拉族	8	2.2
土族	4	1.2

（五）调查对象家庭规模

从调查对象家庭规模分析，在接受调查的346名对象中，其所在家庭规模3人及以下者占13.9%；家庭规模4人者占33.8%；家庭规模5人者占29.2%；家庭规模6人及以上者占23.1%。总体而言，家庭规模4人以上者所占比例为86.1%，其中家庭规模4～5人者占63.0%（见图4－3）。与城市相比，农村家庭人口较多，民族地区这种特征更为明显。

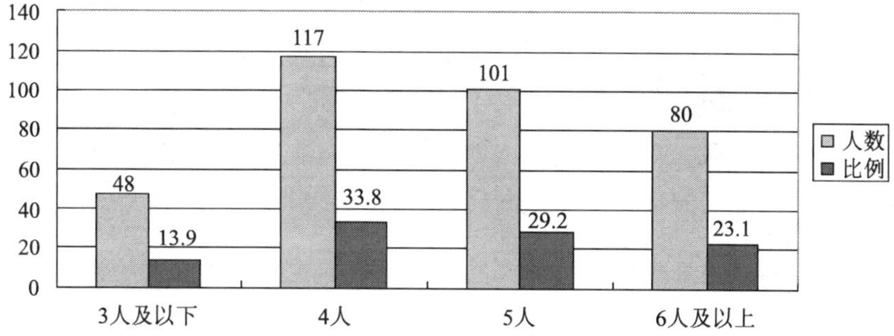

图4－3　调查对象家庭规模

（六）调查对象家庭年均收入

从调查对象家庭年均收入分析，在接受调查的346名调查对象中，其所在家庭年均收入10000元及以下者占26.9%；家庭年均收入1000～1500元者占26.6%；家庭年均收入15001～20000元者占12.4%；家庭年均收入20001～25000元者占11.8%；家庭年均收入25001～30000元者占13.9%；家庭年均收入30001元及以上者占8.4%。总体而言，家庭年均收入15000元及以下者所占比例为53.5%，其中家庭年均收入10000元以下者占26.9%（见图4－4）。民族地区农村居民家庭收入水平总体较低。

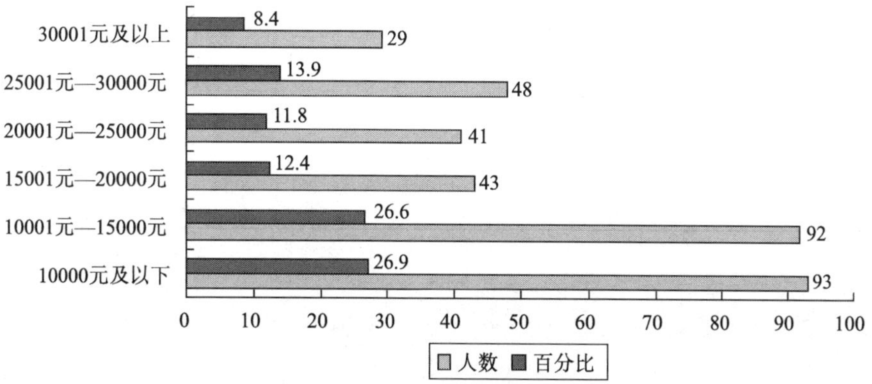

图4－4　调查对象家庭年均收入

第二节 西北民族地区农村公共服务供给体系调查

公共服务供给体系指以政府为主导、以社会团体和私人机构等为补充的供给主体，在为公民提供基本公共服务过程中形成和建立的一系列有关服务内容、服务形式、服务机制、服务政策等方面的制度安排，最主要表现为政府主导、社会协同和公民参与。对于经济发展落后，社会组织发育滞后的西北民族地区，提高农村基本公共服务供给质量与效率，满足农村居民多样化的公共服务需求，关键在于建立和完善农村公共服务供给体系。

一、农民对民族地区农村公共服务供给中存在的主要问题的评价

通过问卷调查发现，对于目前民族地区农村公共服务存在的主要问题方面，选择“公共服务体系不完善”的占23.7%，为最高比例；选择“地方政府公共服务财政投入低下”的占17.6%；选择“公共服务供给效率低下”的占16.8%；选择“公共服务供给城乡差异大”的占15.3%；选择“公共服务供给质量不高”的占14.2%；选择“满意满足多样化的公共服务需求”的占12.4%，为最低比例（见表4－3）。

表4－3　民族地区农村公共服务供给中存在主要问题分析

选项 \ 频数与比例	选择频数	比例（%）
公共服务供给体系不完善	82	23.7
地方政府公共服务财政投入低下	61	17.6
公共服务供给效率低下	58	16.8
公共服务供给城乡差异大	53	15.3
公共服务供给质量不高	49	14.2
难以满足多样化的公共服务需求	43	12.4

公共服务供给体系的核心是在公共服务供给中各类主体的作用发挥及相互关系的协调。对于民族地区而言，最主要的问题是经济发展落后。临夏州主要经济指标与甘肃省和全国平均水平相比均存在较大差距，处在甘肃省

14个市（州）和全国30个民族自治州的后列。2014年，临夏州地区生产总值151.9亿元，居甘肃省第13位、全国30个少数民族自治州的第21位；地方财政收入9.07亿元，在甘肃省14个市（州）中居第13位，在全国30个少数民族自治州居第22位。当年临夏州人均生产总值0.77万元，相当于甘肃人均生产总值的34.2%、全国人均生产总值的20%。人均财政收入900元，相当于甘肃省人均财政收入的19.8%、全国人均财政收入的10.3%。2014年临夏州农民人均纯收入3167元，为甘肃省农民人均纯收入的72%、全国农民人均纯收入的40%，居甘肃省14个市（州）第13位、全国30个少数民族自治州第27位。由于经济发展落后，市场体系不完善，社会中介组织发育滞后。在公共服务供给中，主要是地方政府单一供给为主，社会组织以及私人机构在公共服务供给中作用非常有限，地方政府财力所限导致公共服务供给不足，也难以满足农民日益多样化的公共服务诉求。

二、农民对民族地区农村公共服务提供主体的主观评价

通过调查发现，农民对民族地区农村公共服务提供主体选择最多的是县、乡（镇）两级地方政府，占50.6%；选择“村民委员会”“宗教团体”和“行业协会”的比例分别为38.4%、7.5%和2.3%，选择“其他民间自治组织”的占1.2%，为最低比例（见表4-4）。县乡两级政府基于其在国家行政体系中的特殊地位，在农村公共服务供给中具有重要作用。对于民族地区而言，在民族区域自治制度下，县乡两级政府在农村公共服务供给中具有更为特殊且重要的作用。村民委员会在农村公共服务供给中的作用比较有限；宗教团体、行业协会以及其他民间自治组织作用极其有限。这是导致民族地区农村公共服务供给水平低下的重要原因。

表4-4　　农民对民族地区农村公共服务供给主体的评价

选项 \ 频数与比例	选择频数	比例（%）
地方政府（县、乡镇政府）	175	50.6
村民委员会	133	38.4
宗教团体	26	7.5
行业协会	8	2.3
其他民间自治组织	4	1.2

对于经济整体落后的民族地区农村而言，县、乡（镇）两级地方政府是主要公共服务的供给主体。县级政府功能相对完备，做好县域内农村公共服务发展整体规划，领导乡镇政府贯彻落实国家和地方有关政策，加大对乡镇农村公共服务财政投入力度，推进农村基本公共服务均等化是其重要职能。乡镇政府作为最基层的政府，与农民直接接触，相对其他层级政府而言，能够掌握较为充分的农民公共服务需求及其变化的信息，在把握农民公共服务需求内容、影响因素及其发展变化方面具有优势，在向上级政府负责收集和反映农民公共服务需求内容及变化，贯彻落实关于农村公共服务的各种规划、政策及法规，促进农村公共服务供给水平与效益提升等方面具有重要作用。村民委员会作为农村基层群众自治组织，主要优势在于能够获得和汇聚农民公共服务需求，及时反映农村公共服务中存在的各种问题。对于民族地区而言，可以充分发挥宗教团体在公共服务供给中的积极作用，发挥其在引导信教群众依法开展宗教活动，调节各种社会矛盾，促进社会安定和谐等方面的重要作用。行业协会是农村公共服务供给中不可或缺的主体，可以引导他们发挥在农民开展专业培训、组织科技讲座等方面的积极作用。

三、农民对民族地区地方政府在农村公共服务方面的作用的评价

农民对地方政府在民族地区农村公共服务供给中的作用评价方面，选择“收集和反映农村居民公共服务需求信息”的占28.9%，为最高比例；选择“加大公共服务财政投入”的占27.7%；选择“了解农村居民公共服务需求偏好”的占20.5%；选择“在公共服务供给中加强与非政府组织合作”的占11.8%；选择“制定地方基本公共服务标准”的占10.1%；选择“其他”的占0.8%。

表4－5　农民对地方政府在民族地区农村公共服务供给中的作用评价

选项 \ 频数与比例	选择频数	比例（%）
加大公共服务财政投入	96	27.7
了解农村居民公共服务需求偏好	71	20.5
收集和反应农村居民公共服务需求信息	100	28.9
在公共服务供给中加强与非政府组织合作	41	11.8
制定地方基本公共服务标准	38	10.9

通过表4－5调查结果可以发现，农民对于基层县乡政府最主要的期待是收集和汇总公共服务需求信息，其次为加大对于公共服务财政投入，乡镇政府由于受体制与自身财力的影响，不可能成为公共服务财政投入的主体，而对于县级政府而言，保障农村基本公共服务的财政投入是其主要职责。在收集相关信息的基础上，了解和把握农民公共服务需求内容、影响因素及变化趋势，形成农民公共服务需求信息反馈机制亦是非常重要的。制定地方基本公共服务标准的职责不应落在乡镇政府，应在更高层级的地方政府。

四、农民对民族地区农村公共服务方面最需要改善和加强环节的评价

农民对于农村公共服务方面目前最需要改善和加强的环节的评价方面，选择“社会保障（医疗保障、养老保障）”的占34.4%，为最高比例；选择“医疗卫生（乡镇卫生院、村卫生室）”的占18.2%；选择“义务教育（农村小学、初中教育）”的占16.8%；选择“环境保护（村容村貌、垃圾处理等）”的占9.8%；选择“公共文化（图书馆、农家书屋等）”的占6.6%；选择“公共安全（社会治安、法律援助）”的占5.5%；选择“公共交通（乡村道路、公共汽车）”的占4.6%；选择“基础设施（邮电通信、农田水利）”的占4.0%（见表4－6）。

表4－6 农民对民族地区农村公共服务中最需要加强和改善方面的评价

选项 \ 频数与比例	选择频数	比例（%）
义务教育（农村小学、初中教育）	58	16.8
医疗卫生（乡镇卫生院、村卫生室）	63	18.2
社会保障（医疗保障、养老保障）	119	34.4
公共文化（图书馆、农家书屋等）	23	6.6
公共安全（社会治安、法律援助）	19	5.5
环境保护（村容村貌、垃圾处理等）	34	9.8
公共交通（乡村道路、公共汽车）	16	4.6
基础设施（邮电通信、农田水利）	14	4.0

随着农村经济的发展以及城乡一体化进程的加快，民族地区农村居民对于公共服务的需求已经发生较大的变化，不再局限于传统的服务类型，而对义务教育、社会保障、医疗卫生等公共服务的需求上升。社会保障、医疗卫生、义务教育等是目前民族地区农村公共服务领域中的薄弱环节，也是最需要加强和改善的环节。2014 年，临夏州人均受教育年限仅为 6.62 年，与全国和甘肃省分别相差 2.88 年和 1.55 年，农村人口中高中以上文化程度的不足 5%，小学以下文化程度的高达 40%，农村人口文化素质偏低，自身发展能力不足。医疗卫生服务体系不健全，临夏州无一家三级甲等医院，县级医疗卫生服务机构建设标准低，乡镇卫生院普遍缺乏配套设施，76% 的行政村无标准化卫生室，26% 的行政村无村医。全州共有 15.2 万残疾人，8.6 万农村地方病患者，23.8 万残病人口，占全州总人口的比例为 12%。推进义务教育均衡发展，发展民族教育，大力提高国民素质；提供基本医疗卫生服务，解决看病难、看病贵问题，缓解因病致贫、因病返贫；扩大社会保障覆盖面，逐步提高保障水平应是未来民族地区农村公共服务领域需要加强改善的方面。

五、农民对民族地区农村公共服务供给体系变革的期待

在农民对民族地区农村公共服务供给体系变化的期待方面，选择“由政府、私人组织和社会团体组成多元供给体系”的占 44.8%，为最高比例；其次，选择“以政府为主导，其他组织协同参与”的占 41.9%；选择“政府垄断的单一供给”的占 13.3%（见表 4－7）。调查结果发现，农村居民对于目前民族地区农村公共服务供给体系最大的期待是实现由政府单一供给体系向由政府、私人组织和社会团体组成的多元供给体系的变化，或实现由政府单一供给体系向以政府为主体，其他组织协同参与的供给体系变革，以弥补和克服目前政府单一供给体系的缺陷和弊端。

表 4－7　农民对民族地区农村公共服务供给体系变化的期待

选项＼频数与比例	选择频数	比例（%）
政府垄断的单一供给	46	13.3
以政府为主导，其他组织协同参与	145	41.9
由政府、私人组织和社会团体组成多元供给体系	155	44.8

公共服务供给主体多元化是普遍趋势，对于民族地区也不例外。但是相对而言，民族地区社会组织发育滞后，居民文化程度相对较低，建立多元化供给体系条件并非完全具备，这是目前民族地区的实际状况，也是制约和影响民族地区农村公共服务质量与效率的主要因素。要改变这种状况，应在经济社会发展的基础之上，重视引导和扶持非政府组织的发展，促进政府与私人组织和社会组织的有效合作，建立以政府为主体，私人组织、社会中介组织协同参与的多元供给体系，以充分发挥私人组织和非政府组织在公共服务供给中的作用，克服政府单一供给体系的缺陷与不足，提高公共服务供给的质量与效率。

六、农民对民族地区除政府之外农村公共服务供给中发挥作用最大的组织的评价

农民对民族地区农村公共服务供给中除政府之外作用最大的组织的评价方面，选择“村民委员会”的占65.6%，为最高比例；选择“宗教团体”的占18.5%；选择“行业协会”的占9.8%；选择“企业”的占4.1%；选择“其他组织”的占2.0%。从表4－8的调查结果可以发现，对于民族地区而言，除乡镇基层政府之外，在公共服务供给中发挥作用最大的组织是作为基层群众自治组织的村民委员会。宗教团体和行业协会发挥的作用非常有限。

表4－8 农民对民族地区农村公共服务供给中除政府之外作用最大的组织的评价

选项＼频数与比例	选择频数	比例
村民委员会	227	65.6
行业协会	34	9.8
宗教团体	64	18.5
企业	14	4.1
其他组织	7	2.0

村民委员会是村民依法选举产生的基层群众性自治组织，其主要职责是解决农村公共事务和发展公益事业，向政府反映村民的意见、要求和建议，发挥村民自我管理、自我教育、自我服务的作用。对于民族地区而言，健全

村民委员会组织机构，提高其运行效率，不仅有利于解决乡村治理困境，而且可以发挥其在农村公共服务供给中的积极作用，有利于提高公共服务供给质量和效益。行业协会属非营利性的民间组织，主要指介于政府和企业之间，为其服务、咨询、沟通、监督、公正、自律、协调的社会中介组织，承担政府与企业之间联系的桥梁和纽带角色。宗教团体，指在国家宪法和基本法律的规范下，依法开展宗教活动的社会团体。宗教团体联系宗教界人士参与国家政治生活，依法行使公民权利。对于民族地区而言，宗教团体与广大信教群众有着紧密联系，在了解和把握信教群众公共服务需求信息方面具有一定的优势，应重视和引导宗教团体依法向政府反映群众正当的利益诉求，以及在协调处理社会矛盾等方面的积极作用。

第三节 西北民族地区农民公共服务需求内容与表达方式调查

提高农民公共服务满意度是提升民族地区农村基本公共服务供给质量的关键，也是提升基层政府治理能力的有效途径。课题组在甘肃省临夏回族自治州进行了实地调研，通过对调查数据的统计分析和信息挖掘，收集到民族地区农村居民对政府基本公共服务供给方面的公共需求，并通过需求信息分析，研究和判断农村公共服务需求变迁规律与发展趋势，为民族地区农村公共服务的政策议程与发展规划制定提供参考和借鉴，以提高公共服务决策质量与效率，保障公共服务政策能够尊重和体现民意。

一、民族地区农民喜欢参与的公共文化活动

在涉及民族地区农民喜欢参与的公共文化活动的评价方面，在346名调查对象中，选择“参加宗教活动”的占19.9%，为最高比例；选择“看电视”的占19.4%；选择“读书看报”的占9.5%；选择“听音乐”的占4.0%；选择“看电影”的占10.4%；选择“上网”的占4.9%；选择“看演出”的占6.6%；选择“参加各类培训、讲座”的占14.2%；选择“旅游”的占8.4%；选择“看展览”的占2.6%（见表4-9）。

表 4－9 民族地区农民喜欢参与的公共文化活动

选项 \ 频数与比例	选择频数	比例（%）
看电视	67	19.4
读书看报	33	9.5
听音乐	14	4.0
看电影	36	10.4
上网	17	4.9
看演出	23	6.6
参加各类培训、讲座	49	14.2
旅游	29	8.4
看展览	9	2.6
参加宗教活动	69	19.9

与经营文化不同，公共文化是为满足社会成员共同需要的文化形态，强调以社会公众为服务对象，目标是人人参与、享受和创造文化，主要指由政府主导、社会参与形成的普及文化知识、传播先进文化、提供精神食粮，满足人民群众文化需求，保障人民群众基本文化权益的各种公益性文化机构和文化服务的总和。对于民族地区而言，农民公共文化服务需求内容具有其特殊性。由独特的地域特点、宗教信仰、生活习俗以及人口结构等多种因素影响，决定了民族地区除一般意义上的基本公共文化服务外，还应包括诸如民族团结、社会稳定、弘扬民族精神、传承民族传统文化等特殊的公共文化服务。这些因素综合作用的结果表现为：民族地区农村居民公共文化服务需求数量、质量、类型和需求表达方式都具有特殊性，在一定程度上增加了民族地区公共文化服务供给的难度。如何在经济落后、地方财政保障能力不足、居民需求多样化的条件下，提高地方政府公共文化服务供给能力，满足农村居民多样化的文化需求，成为目前民族地区地方政府面临的重要问题。

二、农民所在农村有哪些公共文化活动场所

公共文化场所是农民群众接受公共文化服务的最基本场所，主要包括文化馆、博物馆、图书馆、文化广场、文化中心和乡镇文化站等。实现“县有文化馆、图书馆，乡镇有文化站，村有文化室”是农村公共文化建设的重要目标。只有建成一个遍布城乡、布局合理、公平准入的公共文化设施体

系，才能实现农村公共文化建设的任务及目标。

调查研究发现，在民族地区，农村公共文化活动场所相对缺乏，已有的文化活动场所主要以社区活动中心和农家书屋为主，其他如文化馆、艺术馆等文化活动中心相对缺乏。当被问及民族地区农民所在村有哪些公共文化活动场所时，在364名调查对象中，选择“社区活动中心”的占51.4%；选择“农家书屋”的占22.5%；选择“文化馆”的占6.4%；选择“艺术馆”的占3.2%；选择“档案馆”的占1.2%；选择“博物馆”的占0.6%；选择“青少年宫”的占1.4%；选择“文化广场”的占2.9%；此外，10.4%的调查对象认为基本无公共文化活动场所（见表4－10）。

表4－10　　农民对所在农村有哪些公共文化活动场所

选项 \ 频数与比例	选择频数	比例（%）
农家书屋	78	22.5
文化馆	22	6.4
艺术馆	11	3.2
档案馆	4	1.2
博物馆	2	0.6
青少年宫	5	1.4
社区活动中心	178	51.4
文化广场	10	2.9
无	36	10.4

农家书屋是为满足农村居民文化需要，在各行政村建立的，由农民自己管理，为农民提供农业科技培训、健康知识普及等方面实用技术和知识的图书报刊和音像电子产品的公益性文化服务设施。为解决农民“买书难、借书难、看书难”的问题，加强农村文化设施建设，自2007年开始，新闻出版总署联合中央文明办、国家发改委、财政部等机构，在全国范围内实施“农家书屋”工程。按照当时的要求，农家书屋可供借阅的图书原则上不少于1000册，报刊不少于30种，电子音像制品不少于100种（张），具备条件的地区可增加一定比例的网络图书、网络报纸、网络期刊等出版物。从全国来看，到2012年8月底，农家书屋已覆盖全国32个省区所有具备条件的乡村，全国共建成统一标准的农家书屋600449家，配送图书共计9.4亿册、

报刊5.4亿份、音像制品1.2亿张、影视放映设备和阅读设施共计60多万套。在经济发展相对落后的民族地区，农家书屋数量相对缺乏，仅有的少数农家书屋存在书刊数量不足、音像电子产品缺乏的问题，难以满足农村居民读书看报、学习科技知识的文化需求。此外，文化馆、艺术馆、博物馆、文化中心等文化场所及文化设施缺乏，是今后民族地区农村公共文化设施建设的重点领域。

三、农民对所在农村最需要开展公共文化活动的评价

在涉及民族地区农民对所在农村最需要公共文化活动的评价方面，在346名调查对象中，选择“文化下乡活动”的占41.0%，为最高比例，反映出当前民族地区农民非常期待文化下乡活动；选择“文艺演出活动”的占15.3%，与前者两项占比达到56.3%，说明多数农民非常欢迎文化下乡以及文艺演出活动。此外，选择“农业科技培训讲座”的占8.4%；选择“放电影”的占8.7%；选择“民俗活动”的占12.4%；选择“文艺比赛”的占11.0%；选择“其他”的占3.2%（见表4－11）。

表4－11　　农民对所在农村最需要开展公共文化活动的评价

选项 \ 频数与比例	选择频数	比例（%）
文化下乡活动	142	41.0
文艺演出活动	53	15.3
农业科技培训讲座	29	8.4
放电影	30	8.7
民俗活动	43	12.4
文艺比赛	38	11.0
其他	11	3.2

对于民族地区农村而言，通过文化下乡活动，组织开展群众性的文化活动，特别是符合民族地区实际情况的具有区域和民族特色的文艺演出活动，以及民俗活动、文艺比赛和放电影等活动，可以传播先进文化，丰富农民文化活动，满足农民文化需要，发挥先进文化的引领示范作用，对于推动农村基本公共文化服务具有重要意义。通过开展科技培训讲座，向农民传授与当地农业产业发展有关的农业科技知识和技术，以及现代农业经营管理知识。

对传统农业进行技术改造，实现由传统农业向现代农业的真正转变。其实就是要不断引导农民，以提高经济效益为中心，以市场为导向，以优势产业为重点，优化生产要素组合，实行专业化生产、区域化布局、企业化管理和社会化服务，建立产供销等一体化的现代农业经营体系，进而推动农业发展形成符合产业演变规律的产业组织形式和经营管理方式。

四、农民对所在农村公共文化中最需要提升方面的评价

为了深入分析民族地区农村公共文化活动发展的相关问题，课题组专门就农村公共文化活动中需要提升的方面进行了调研。通过调查发现，在346名调查对象中，选择“文化基础设施建设”的占34.7%，为最高比例；选择“文化资源和遗产的保护”的占22.0%；选择“文化活动的举办”的占23.1%；选择“文化理念更新”的占7.5%；选择“文化产品的生产和创新”的占9.2%；选择“文化体制改革和创新”的占3.5%（见表4－12）。

表4－12　农民对所在农村公共文化中最需要提升方面的评价

选项＼频数与比例	选择频数	比例（%）
文化基础设施建设	120	34.7
文化资源和遗产的保护	76	22.0
文化活动的举办	80	23.1
文化理念更新	26	7.5
文化产品的生产和创新	32	9.2
文化体制改革和创新	12	3.5

文化基础设施主要包括博物馆、美术馆、音乐厅、书城、文化馆、电影院、剧院、文化宫、图书馆、文化艺术中心、体育广场、体育馆、公园，以及基层社区文化宫、社区阅览室、综合文化站、广播电视站和农家书屋等。文化设施是公共文化服务体系建设的基础平台，也是展示文化艺术成果的平台。公共文化设施的建设和管理水平关系到人民群众基本文化权益的实现和文化发展成果的共享程度。

对于民族地区农村而言，由于受经济发展状况的制约和影响，农村文化设施建设相对滞后，难以满足民族地区农村居民日益增长的文化需要，成为当前公共文化活动中最需要改变和提升的内容。目前民族地区农村公共文化

设施建设中最主要的是解决资金保障问题。研究表明，政府公共财政对公共文化的投入是极其有限的，应该引导更多的企业、社会组织和公民投资公共文化建设。逐渐形成包括政府拨款、社会集资、社会捐助赞助和基金等多元化的资金保障体系。

文化遗产蕴含着民族特有的精神价值和思维方式，体现着民族的生命力和创造力，是人类文明的瑰宝，也是不可再生的珍贵资源。随着城镇化进程的加快，由于过度开发和不合理利用，农村文化生态正在发生巨大变化，文化遗产及其生存环境受到严重威胁。不少历史文化街区（村镇）、古建筑、古遗址及风景名胜区正在遭到破坏。在西部一些民族地区，由于生活环境和发展条件的变化，民族文化特色不如以前。传承优秀民族文化，加强文化遗产保护，是现阶段增进民族情感、加强民族团结的重要文化基础，对于维护社会稳定和国家统一具有重要意义。

努力营造农民积极参与的公共文化活动的氛围，加大农民参与文化建设的力度，完善制度、整合资源，加大基层文化中心创建力度，发挥其辐射带动作用与功能。要在重视和加强民族地区农村文化设施建设，以及民族文化资源开发和文化遗产的传承和创新的基础上，举办具有区域和民族特色的，符合农村居民需要的各类文化活动，通过政策引导、资金的扶持等多种方式和途径，为群众提供优质的公共文化产品和文化服务，推出民族文化产品，提升民族文化品牌和影响力，实现文化理念的更新，推进文化体制改革，促进文化事业繁荣和文化产业快速发展，以文化事业的发展带动民族地区农村经济社会的全面发展。

五、农民对所在农村最需要的社会保障（保险）项目的评价

社会保障一般指国家通过立法的方式，通过动员各种社会资源，保证无收入、低收入以及遭受意外灾害的公民能够维持基本生存，保障劳动者在年老、失业、患病、工伤、生育时的基本生活不受影响，同时依据经济和社会发展状况，逐步改善公共福利水平，提高国民生活质量。社会保障由社会保险、社会救济、社会福利、优抚安置等方面组成，社会保险是其核心内容。

为准确把握和分析目前民族地区农村居民社会保障（保险）项目，课题专门进行了调查研究。通过调查发现，在接受调查的364名调查对象中，选择“医疗保险”的占43.9，为最高比例；选择“养老保险”的占30.9；选择“生育保险”的占9.2%；选择“工伤保险”的占3.2%；选择“失业

保险”的占12.7（见表4－13）。通过以上调查数据不难发现，目前在西北民族地区农村，近1/2的居民认为医疗保险是目前他们最需要的社会保障（保险）项目；近1/3的居民认为养老保险是他们最需要的社会保障（保险）项目。医疗保险和养老保险是农村居民最期待的社会保障（保险）项目。相对而言，对于失业保险、生育保险和工伤保险的需要没有医疗和养老两大保险项目的期待程度高。

表4－13　农民对所在农村最需要社会保障（保险）项目的评价

选项＼频数与比例	选择频数	比例（%）
医疗保险	152	43.9
养老保险	107	30.9
生育保险	32	9.2
工伤保险	11	3.2
失业保险	44	12.7

提供基本社会保障项目是政府重要的公共服务职能，也是最为重要的社会政策之一。对于经济落后的民族地区而言，社会保障（保险）是农村居民目前最为需要的公共服务。特别是对于与其生活息息相关的医疗保险和养老保险的期待最为迫切。从全国来看，进入新世纪以来，国家先后探索建立了新型农村合作医疗（新农合）、农村居民最低生活保障（农村低保）、城镇居民医疗保险（城镇居民医保）、新型农村社会保险（新农保）、城镇居民养老保险等制度，实现了社会保障制度安排从城镇到农村、从职业人群到城乡居民的重大转变。社会保障体系的框架基本形成，覆盖人群范围及比例迅速扩大，对于保障人民群众生活发挥了重要作用。

民族地区社会保障（保险）事业发展同样取得了明显成效，无论是参保人群、覆盖范围还是保障标准等方面都有了提高，在维持和改善城乡居民生活水平方面发挥了重要作用。以甘肃省临夏回族自治州为例，2012年全州参加失业保险4.43万人，领取失业保险金509人；参加基本养老保险4.02万人；参加基本医疗保险25.93万人；新型农村合作医疗参合人数159.97万人，参合率达98.42%。全社会低保户数为15.96万户，其中农村11.9万户，城镇4.06万户；低保人数58.65万人，其中农村46万人，城镇12.65万人。对于民族地区而言，在巩固目前社会保障事业发展已有成绩的基础上，重视失业、生育和工伤保险等方面的发展应成为社会保障事业发展的主要任务。

六、民族地区农民对社会保障（保险）对其生活作用的评价

在民族地区农村社会保障作用评价方面，当被问及社会保障对其生活作用的评价时，认为社会保障对其生活“很有帮助”的占19.1%；认为“比较有帮助”的占38.4%；认为对其生活作用“一般”的占29.5%；认为对其生活“几乎没有帮助”的占10.4%；认为对其生活“完全没有帮助”的占3.8%（见表4－14）。

表4－14　　农民对社会保障（保险）对其作用的评价

选项＼频数与比例	选择频数	比例（%）
很有帮助	66	19.1
比较有帮助	133	38.4
一般	102	29.5
几乎没有帮助	36	10.4
完全没有帮助	13	3.8

从以上统计结果可以发现，87.0%的调查对象认为社会保障（保险）对其具有一般帮助、比较有帮助或很有帮助（其中比较有帮助的占38.4%），仅有14.0的调查对象认为社会保障（保险）作用不明显。这种结果意味着多数农村居民认为社会保障对其生活是有帮助的，即社会保障（保险）的实施在改善和提高民族地区农村居民生活方面发挥了积极作用，产生了良好的社会效益。对于民族地区而言，随着国家整体发展，社会保障制度的不断完善，以及民族地区经济社会发展水平的提高，社会保障在保障民族地区居民的基本生活，促进民族地区经济发展，提高居民福利水平，实现社会公平、维护社会稳定等方面的作用将会增强。目前，由于社会保障制度的不完善，社会保障的作用与功能没有完全发挥出来，这是难以避免的，也是暂时的现象。

七、农民对民族地区农村义务教育发展中最需要改善方面的评价

西北民族地区农村，由于经济社会落后，以及文化传统和家庭观念等多

种因素的影响，义务教育发展相对滞后，师资水平、办学条件等各方面与发达地区存在较大差距。课题组对民族地区义务教育相关情况进行了专门研究，在被问及民族地区农村义务教育发展中最需要加强和改善的方面时，在346名调查对象中，选择“提高学校师资水平”的占34.1%；选择“加强基础设施，改善办学条件”的占20.2%；选择“提高学校伙食补助标准”的占15.6%；选择“优化学校布局，方便孩子就近入学”的占18.5%；选择“加强学校管理，重视学校与家庭联系”的占4.9%；选择“改进教学方法、手段，提高教育质量”的占6.5%（见表4－15）。通过以上统计结果可以发现，目前民族地区农村认为义务教育发展中最需要加强和改进的方面是提高学校的师资水平，其次为加强基础设施，改善办学条件。

表4－15　农民对民族地区农村义务教育发展中最需要加强和改善方面的评价

选项 ＼ 频数与比例	选择频数	比例（%）
提高学校师资水平	118	34.1
加强基础设施，改善办学条件	70	20.2
提高学校伙食补助标准	54	15.6
优化学校布局，方便孩子就近入学	64	18.5
加强学校管理，重视学校与家庭联系	17	4.9
改进教学方法、手段，提高教育质量	23	6.5

推进义务教育均衡发展，办学条件是基础，师资配置是关键。提高义务教育质量的主要举措是提高师资队伍整体水平和改善学校办学条件。由于各种条件和制约，民族地区农村义务教育阶段学校实施水平整体较差。以甘肃省临夏回族自治州为例，2012年末全州共有中学90所，小学1135所，九年一贯制学校12所，中专及职业技术学校12所，幼儿园117所。普通中学在校学生数12.60万人，小学在校学生数20.28万人，中专及职校在校学生数5746人。全州中专及职校专任教师581人，中学专任教师8286人，学龄儿童入学率99.8%，小学专任教师10075人，小学生师比为20.1∶1，当年甘肃省全省小学生师比为15∶1，全国小学生师比为17.3∶1。同甘肃省、全国相比，临夏州小学生师比都比较高，反映出与甘肃、全国相比，临夏州小学教师数量偏低，教师负担较重。积极创造条件，引进高水平师资，逐步提

高教师待遇，稳定教师队伍，重视和加强教师在职培训，加大学校基础设施投入力度，改善和提高办学条件，实现城乡一体办学，优化学校布局，实现优质资源共享，适度提高学校伙食补助标准，为义务教育发展提供良好的环境，实现义务教育均衡发展，提高全民族综合素质。

八、农民对民族地区农村公共安全中最需要加强方面的评价

公共安全指公民个人进行正常的生活、工作、学习、娱乐和交往所需要的稳定的、具有良好秩序的外部环境。为保障公民的合法权益，以及各种社会活动的正常进行，政府负有公共安全管理的重要职责。在社会转型期由于深层社会矛盾以及诸多因素的影响，公共安全问题的出现也就难以避免。特别是对于民族地区而言，公共安全问题更具有其特殊性，无论是发生原因，还是产生的影响及后果都不同于一般地区。

通过调查发现，在被问及对于民族地区农村公共安全中最需要加强的方面时，选择“加强农村社会治安”的占24.3%，为最高比例；选择“各类自然灾害的防范与应对”的占21.7%；选择“刑事案件快速破获与严厉打击”的占6.4%；选择“暴力恐怖活动的防范与应对”的占9.0%；选择“农村公共安全形势教育”的占18.8%；选择“农村基层组织危机防范与应对意识提高”的占19.9%（见表4－16）。以上统计结果反映出，对于民族地区农村而言，农村社会治安工作、自然灾害防范与应对、基层组织危机防范与应对意识提高、公共安全形势教育是目前公共安全方面重点关注的问题。

表4－16 农民对民族地区农村公共安全中最需要加强方面的评价

选项 \ 频数与比例	选择频数	比例
各类自然灾害的防范与应对	75	21.7
加强农村社会治安	84	24.3
刑事案件快速破获与严厉打击	22	6.4
暴力恐怖活动的防范与应对	31	9.0
农村公共安全形势教育	65	18.8
农村基层组织危机防范与应对意识提高	69	19.9

在由传统的计划经济体制向市场经济体制转型过程中，价值观的多元化以及利益诉求多样化，客观上增加了社会管理的困难。社会成员收入差距拉大使社会成员心理失衡出现。大规模的人口流动产生了附带性的社会治安问题。政府职能转换过程中产生的社会调控能力弱化等，这些诸多因素都在一定程度上影响公共安全的调控和治理。由于自然条件限制，容易发生地震、泥石流、洪涝灾害、冰雹等各类自然灾害。对于民族地区而言，除上述一般性因素之外，宗教信仰、风俗习惯、文化程度、法制观念都在影响农村社会治安，使得民族地区农村公共安全问题具有其特殊性。从后果分析，民族地区农村公共安全事件的发生，不仅会导致人身及财产损失，也会对民族团结、社会稳定带来威胁。因此要加强公共安全形势教育，重视提高基层组织（乡镇政府、村委会）公共危机防范意识与应对能力，做好社会治安基础性工作，未雨绸缪、防患于未然，做好包括自然灾害在内的各类公共危机的有效防范与科学应对。

九、民族地区农村居民公共服务需求意愿表达可能涉及的主体与部门

关于公共服务意见和建议表达方式方面，选择“村委会主任及工作人员”的占54.9%，为最高比例；选择“乡镇政府领导及工作人员”的占28.9%；选择“宗教团体”的占10.4%；选择“不知道向谁反映”的占5.8%（见表4－17）。调查发现，民族地区农村居民关于公共服务方面的意见和建议主要是向村委会这一农村基层群众自治组织负责人及其工作人员反映；其次为向最基层的乡镇政府领导及其工作人员反映；此外部分居民通过宗教团体来反映其公共服务方面的意见和建议；还有部分居民不知道向谁反映其公共服务意见和建议。

表4－17　民族地区农村居民公共服务意愿表达可能涉及的主体与部门

选项＼频数与比例	频数	比例（%）
村委会主任及工作人员	190	54.9
乡镇政府领导及工作人员	100	28.9
宗教团体	36	10.4
不知道向谁反映	20	5.8

民族地区经济社会发展相对落后，农民文化程度较低，宗教意识和乡土气息浓厚，不仅其公共服务需求数量、质量和类型有一定的特殊性，居民公共服务的需求层次和偏好选择出现较大差异，而且公共服务需求表达主体与方式选择亦具有其特殊性。对于农民而言，政治知识水平与其受教育的关联程度，远没有与其利益实现的关联程度高。如果没有直接的、具体的利益所激发的责任感和相应的主动精神，即使政治信息的收集是充足的、受教育程度是颇高的，参与者的政治冷漠，以及由此引发的其在政治认知上的无知和判断力低下，仍然会普遍存在①。随着公共服务的供给机制的变化，不同群体获取公共服务的能力出现较大差异，部分人群在获得公共服务和公共产品方面出现一定的障碍。尤其是社会弱势群体由于缺乏有效的需求表达平台及话语权，导致其公共服务诉求难以得到及时有效的满足。农民公共服务需求表达能力不强，需求表达机制和平台缺乏，在一定程度上导致公共服务供给与农民公共服务需求脱节，影响了公共服务供给质量与效率。重视发挥村委会以及乡镇政府的作用，建立以农民需求偏好为导向的公共服务需求表达机制，支持农民自主决定农村公共事务，发挥农村合作组织的作用，实现对分散化的农民公共服务需求意愿的汇聚，降低需求意愿表达过程中的沟通协商难度，提高农民公共服务需求意愿表达的组织化水平和有效性。

十、民族地区农民公共服务需求意愿表达途径与方式

在农民公共服务需求意愿表达中除主体选择之外，还包括需求意愿表达的途径与方式。前者关注农民需求意愿“向谁反映”；后者关注农民需求意愿“如何反映”。不同的主体或部门与表达途径和方式的组合就形成了不同的需求表达机制，不同的需求表达机制将最终影响农民需求意愿表达的质量与效率。在了解和把握民族地区农民需求意愿表达可能涉及的主体或部门之外，课题组对需求意愿表达的途径与方式进行了调查研究。调查发现，在农民需求意愿表达途径与方式方面，选择“直接面谈”的占47.1%，为最高比例；选择“书面反映”的占17.6%；选择“电话联系”的占29.8%；选择“委托第三方反映”的占5.5%（见表4－18）。以上调查结果意味着，目前在民族地区，农民主要通过直接面谈或电话联系的方式向有关部门表达其需求意愿。

① 金太军，张劲松：乡村改革与发展［M］. 广州：广东人民出版社，2008.

表 4-18　　民族地区农民公共服务意愿表达途径与方式

选项＼频数与比例	选择频数	比例（%）
直接面谈	163	47.1
电话联系	103	29.8
书面反映	61	17.6
委托第三方反映	19	5.5

需要通过制度创新来不断完善农民公共服务需求意愿表达方式与途径。第一，增强农民的民主意识，促成农民积极参与农村公共事务的集体决策与民主管理。第二，按照村民自愿、直接受益、民主决策的原则，通过村民会议的民主议事程序确定农民直接受益的公共服务项目。第三，对于具备条件的民族地区农村，可以探索实施“联户代表制度”，推荐选举产生联户代表，定期或不定期召开全体联户代表大会，听取村委会工作报告和财务收支情况通报，反映村民意见和建议。第四，充分发挥网络在线服务、短信服务的作用，拓宽农民公共服务需求表达渠道，探索更为灵活的富有成效的村务公开方式。对于地域范围小，人数较少且集中的村，更多地通过直接当面交流的方式收集和反映需求意愿，提高需求偏好和意愿表达的真实性和准确性。

第四节　西北民族地区农村公共服务农民满意度评价

农村公共服务满意度是指农民对农村公共服务供给数量与效率方面的综合评判，即农民对公共部门提供的各类公共服务的主观心理感受与评价，主要侧重于公共服务数量是否充足、效率效益与公平公正等方面，能够反映农民公共服务需求的满足程度与农村社会福利的整体状况。对于政府而言，在公共服务提供过程中所体现的协调能力、回应性、公平性、农民参与程度、公信力等均通过农民满意度来体现。正如保罗·乔伊斯所言：从公共服务领域赋予消费者权利的价值得到的普遍认可是认识政府绩效评估的一个方面，更为重要的是将公民的满意度转化为一种战略制定的过程和具体考核指标①。依靠问卷调查所得数据，运用现代模糊综合评判法对民族地区农村公共服务满意度进行科学评价。

一、模糊综合评价方法的产生与基本原理

模糊现象意味着这种现象并不是非此即彼，表现出多种可能性，存在着许多的中间状态。这是由事物本身状态的不确定性所决定的，并非人的主观认识水平所致。与此相关联，概念与对立概念之间无法划出明确的界线，而是随着量变逐渐过渡到质变的过程。这种没有确切的对立概念的其实就是模糊概念。运用数学工具来分析和解决与模糊现象相关的问题就形成了模糊数学。1965 年美国加州大学控制论专家 L. A. 扎德发表了《模糊集合》一文，在人类历史上第一次成功地运用数学方法精确地描述了模糊现象。以此为标志，模糊数学正式诞生并被广泛地运用于其他研究领域。模糊综合评价法是通过运用模糊数学的基本原理，将不易定量的影响因素定量化，通过对多个因素对被评价对象隶属度等级状况的分析和比较从而进行综合评价和排序的方法。基本原理是：首先，确定被评价对象的因素（指标）集和评价（等级）集；其次，分别确定各个因素的权重以及他们的隶属度向量，建立模糊评价矩阵；最后，将模糊评价矩阵与因素的权重向量进行模糊运算并进行归一化处理，得到模糊综合评价的结果。评价的最终目的是从评价对象集合中选出优胜者，并对所有被评价对象进行排序。

二、模糊综合评判方法的模型与步骤

模糊综合评价法基本步骤如下：

第一，确定评价因素和评价等级。设 $U=\{u_1,u_2,u_3,\cdots,u_m\}$为被评价对象的 m 种可能的影响因素，即评价指标；$V=\{v_1,v_2,v_3,\cdots,v_n\}$为每一种指标所处状态的 n 种决断情况，即评价等级。其中，m 为评价指标的个数，由具体指标体系所决定；n 为评价等级，一般划分为 3～5 个等级。

第二，建立评判矩阵并确定权重。对单因素 $u_i(i=1,2,3,\cdots,m)$作单因素评判，从因素 u_i 开始对评价等级 $v_j(j=1,2,3,\cdots,n)$的隶属度，就可以得

---

① ［英］保罗·乔伊斯：公共服务战略管理［M］. 张文礼、王达梅译，清华大学出版社，2008.

到第 i 个因素 u_i 的单因素评判集：$r_i(r_{i1},r_{i2},r_{i3},\cdots,r_{im})$。这 m 个因素的评价集可以建立一个总的评价矩阵 R，具体模型如下：

$$R=(r_{ij})_{m\times n}=\begin{bmatrix} r_{11} & r_{12} & r_{13} & \cdots & r_{1n} \\ r_{21} & r_{22} & r_{23} & \cdots & r_{2n} \\ \vdots & \vdots & \vdots & \vdots & \vdots \\ r_{m1} & r_{m2} & r_{m3} & \cdots & r_{mn} \end{bmatrix}$$

其中，r_{ij}表示从因素 u_i 开始，该评判对象能被评为 ν_j 的隶属度($i=1,2,3,\cdots,m$；$j=1,2,3,\cdots,n$)。具体来讲，r_{ij}表示第 i 个因素 u_i 在第 j 个评语 ν_j 中的频率分布，一般应满足 $\sum r_{ij}=1$ 。但以上关系矩阵并不能对事物做出评价，因为各个因素在评价目标中的作用不同，即每个评价因素在综合评价中占有的比重不同。因此，需要引入权重集合，即在集合 U 上的一个模糊子集 A，称为权重分配集，$A=\{a_1,a_2,a_3,\cdots,a_m\}$，其中 $a_i\geqslant 0$，且 $\sum a_i=1$ ，反映对各因素的权衡及影响。

第三，模糊合成并做出最终决策。R 中不同的行反映了某一被评价对象对各等级模糊子集的隶属度。用模糊权重向量 A 将不同单因素进行综合，可以得到该被评价对象在总体中对各等级模糊子集的隶属度，也就是模糊综合评价结果向量。引入 V 上的模糊子集 B 被称为模糊评价集，即 $B=\{b_1,b_2,b_3,\cdots,b_n\}$。一般令 $B=A*R$（$*$ 为算子符号），这一过程称为模糊变换。选择不同的模糊算子，就有不同的评价模型。一般选择的是普通矩阵乘法（即加权平均法），这种模型要让每个因素都对综合评价有所贡献，能够比较客观地反映被评价对象的全貌。这种算子为普通积，所以比较容易理解和接受。由于是按照等级程度对每个被评价对象的综合状况所进行的描述，所以模糊子集 B 并不能直接用于被评价对象的排序，需要进一步处理。一般利用最大隶属度原则进行处理并得到最终评价结果。其实，仅是利用了 $b_j(j=1,2,3,\cdots,n)$中的最大者，但是并没有利用 B 所带来的信息。为了利用模糊子集 B 所带来的信息，可以将各评价等级的参数与评价结果 B 进行综合比较，从而使得评价结果更加符合实际。假定相对各等级 ν_j 规定的参数列向量为 $C=(c_1,c_2,c_3,\cdots,c_m)^T$，则得出等级参数评价结果为：$B*C=p$，p 反映了由等级模糊子集 B 和等级参数向量 C 所带来的综合信息。

三、农民对民族地区农村基本公共服务满意度的总体评价

为了全面评价农民对民族地区农村基本公共服务项目的满意度，课题组

选择“义务教育、医疗卫生、社会保障、公共文化、社会治安、环境保护、公共交通、基础设施”等八个基本公共服务项目，每个项目设置了“非常满意、比较满意、一般、不太满意、很不满意”等五个选项，通过问卷方式进行调查，得到了农民对各服务项目的总体评价数据（见表4－19）。

表4－19　　民族地区农村基本公共服务满意度评价

评价赋值 / 项目	非常满意（%）	比较满意（%）	一般（%）	不太满意（%）	很不满意（%）
义务教育	14.7	50.0	30.1	3.5	1.7
医疗卫生	7.2	36.4	44.5	8.1	3.8
社会保障	5.8	26.0	49.1	11.9	7.2
公共文化	6.1	19.9	49.4	15.9	8.7
社会治安	6.1	25.4	43.9	14.8	9.8
环境保护	7.5	20.8	40.8	15.9	15.0
公共交通	5.5	21.1	42.5	18.5	12.4
基础设施	3.8	15.3	41.9	23.4	15.6

为了得到各类公共服务项目满意度评价得分，采用等距离赋值法对满意度的五个选项进行赋值并计算数值来评价满意度情况，得分与满意度成正比，分数越高，满意程度越高。假设A为某公共服务项目的满意度，a_1表示“非常满意”，权重为0.30；a_2表示“比较满意”，权重为0.25；a_3表示“一般”，权重为0.20；a_4表示“不太满意”，权重为0.15；a_5表示“很不满意”，权重为0.10。具体公共服务项目的得分：

$$A = 0.30a_1 + 0.25a_2 + 0.20a_3 + 0.15a_4 + 0.10a_5$$

根据以上公式可以计算出基本公共服务项目的具体得分（见表4－20）。

表4－20　　民族地区农村基本公共服务满意度评价得分

评价赋值 / 项目	$0.30a_1$	$0.25a_2$	$0.20a_3$	$0.15a_4$	$0.10a_5$	得分A	排序
义务教育	0.0441	0.1250	0.0602	0.0053	0.0017	0.2363	1
医疗卫生	0.0216	0.0910	0.0890	0.0122	0.0038	0.2176	2
社会保障	0.0174	0.0650	0.0982	0.0179	0.0072	0.2057	3
公共文化	0.0183	0.0498	0.0988	0.0239	0.0087	0.1995	5

续表

评价赋值 / 项目	$0.30a_1$	$0.25a_2$	$0.20a_3$	$0.15a_4$	$0.10a_5$	得分 A	排序
社会治安	0.0183	0.0635	0.0878	0.0222	0.0098	0.2016	4
环境保护	0.0225	0.0520	0.0816	0.0239	0.0150	0.1950	6
公共交通	0.0165	0.0528	0.0850	0.0278	0.0124	0.1945	7
基础设施	0.0114	0.0383	0.0838	0.0351	0.0156	0.1842	8

从以上计算结果可知，农民对民族地区的义务教育满意度最高，对基础设施的满意度最低。

公共服务项目的满意度评价次序依次为：义务教育 > 医疗卫生 > 社会保障 > 社会治安 > 公共文化 > 环境保护 > 公共交通 > 基础设施。以上结果仅反映出农民对每个公共服务项目的评价及排序，但是不能反映农民对农村公共服务满意度评价的总体状况。

为了对公共服务项目满意度进行总体评价，拟采用模糊综合评价方法进行评价。按照前述评价原理、模型和步骤，具体评价过程如下：

（1）确定因素集

基本公共服务项目，如义务教育、医疗卫生、社会保障、公共文化、社会治安、环境保护、公共交通和基础设施等，构成了评价指标体系集合，即因素集，记为：

U = {义务教育，医疗卫生，社会保障，公共文化，社会治安，环境保护，公共交通，基础设施}

（2）确定评语集

对每个指标的评价值不同，就会形成不同的评价等级，如对公共服务项目的“非常满意、比较满意、一般、不太满意、很不满意”等，这些不同评价构成的集合称为评语集，记为：

V = {非常满意，比较满意，一般，不太满意，很不满意}

（3）确定各因素的权重

为了使得权重分配合理，根据专家评议法来进行确定，结果如下：

A = （0.30，0.25，0.20，0.15，0.10）

（4）建立模糊判断矩阵

根据表 4 - 19，可以构造如下模糊评判矩阵：

$$R=\begin{bmatrix}0.147 & 0.500 & 0.301 & 0.035 & 0.017\\0.072 & 0.364 & 0.445 & 0.081 & 0.038\\0.058 & 0.260 & 0.491 & 0.119 & 0.072\\0.061 & 0.199 & 0.494 & 0.159 & 0.087\\0.061 & 0.254 & 0.439 & 0.148 & 0.098\\0.075 & 0.208 & 0.408 & 0.159 & 0.150\\0.055 & 0.211 & 0.425 & 0.185 & 0.124\\0.038 & 0.153 & 0.419 & 0.234 & 0.156\end{bmatrix}$$

权重向量为：$A=\begin{bmatrix}0.30\\0.25\\0.20\\0.15\\0.10\end{bmatrix}$

由 $B=R^{\circ}A$ 可以得到农民关于农村公共服务满意度的综合评价向量：

$B=(0.1701, 0.5373, 0.6844, 0.1680, 0.0742)$

根据最大隶属度原则，可以认为农民对民族地区农村包括义务教育等在内的诸多基本公共服务项目总体满意度为“一般”。

四、农民对民族地区农村基本公共服务供给主体满意度的评价

为了全面评价农民对民族地区农村基本公共服务各类供给主体的满意度，课题组选择“县级政府、乡镇政府、村委会、宗教团体、行业协会、其他组织”等六个基本公共服务可能的供给主体，每个项目设置了“非常满意、比较满意、一般、不太满意、很不满意”等五个选项，通过问卷方式进行了调查，得到了农民对各类公共服务主体的评价数据（见表4－21）。

表4－21　民族地区农村基本公共服务供给主体满意度评价

评价赋值 项目	非常满意（%）	比较满意（%）	一般（%）	不太满意（%）	很不满意（%）
县级政府	11.8	41.6	36.4	5.3	4.9
乡（镇）政府	13.6	39	35.8	5.2	6.4
村委会	15.6	35.9	35.5	6.9	6.1
宗教团体	11.8	27.7	41.9	12.2	6.4
行业协会	5.5	18.8	50	15	10.7
其他组织	5.5	19.1	47.7	17.3	10.4

为了得到各类公共服务供给主体满意度评价得分，采用等距离赋值法对满意度的五个选项进行赋值并计算数值来评价满意度情况。得分与满意度成正比，分数越高，满意程度越高。假设 A 为某公共服务主体的满意度，a_1 表示“非常满意”，权重为 0.30；a_2 表示“比较满意”，权重为 0.25；a_3 表示“一般”，权重为 0.20；a_4 表示“不太满意”，权重为 0.15；a_5 表示“很不满意”，权重为 0.10。具体公共服务主体的得分：

$$A = 0.30a_1 + 0.25a_2 + 0.20a_3 + 0.15a_4 + 0.10a_5$$

根据以上公式可以计算出各类公共服务供给主体满意度评价的具体得分（见表 4－22）。

表 4－22　　民族地区各类公共服务供给主体满意度得分

项目 \ 评价赋值	$0.30a_1$	$0.25a_2$	$0.20a_3$	$0.15a_4$	$0.10a_5$	得分 A	排序
县级政府	0.0354	0.104	0.0728	0.008	0.0049	0.2251	1
乡镇政府	0.0408	0.0975	0.0716	0.0078	0.0064	0.2241	3
村委会	0.0468	0.0898	0.0712	0.0105	0.0061	0.2244	2
宗教团体	0.0354	0.0693	0.0838	0.0183	0.0064	0.2132	4
行业协会	0.0165	0.0470	0.1000	0.0225	0.0107	0.1967	5
其他组织	0.0165	0.0478	0.0954	0.0260	0.0104	0.1961	6

从以上计算结果可知，农民对民族地区各类公共服务供给主体满意度的评价中，县级政府得分最高，其他组织得分最低。各类公共服务主体的满意度评价次序依次为：县级政府 > 村委会 > 乡镇政府 > 宗教团体 > 行业协会 > 其他组织。以上结果反映出农民对不同公共服务供给主体的评价及排序，但是不能反映农民对各类公共服务满意度评价的总体状况。

为了对公共服务供给主体满意度进行总体评价，拟采用模糊综合评价方法进行评价。按照前述评价原理、模型和步骤，具体评价过程如下：

（1）确定因素集

各类公共服务供给主体，包括县级政府、乡镇政府、村委会、宗教团体、行业协会、其他组织等，构成了评价指标体系集合，即因素集，记为：

U＝{县级政府，乡镇政府，村委会，宗教团体，行业协会，其他组织}

（2）确定评语集

对每个指标的评价值不同，就会形成不同的评价等级，如对公共服务项目的“非常满意、比较满意、一般、不太满意、很不满意”等，这些不同评价构成的集合称为评语集，记为：

V = {非常满意,比较满意,一般,不太满意,很不满意}

（3）确定各因素的权重

为了使得权重分配合理，根据专家评议法来进行确定，结果如下：

A = (0.30,0.25,0.20,0.15,0.10)

（4）建立模糊判断矩阵

根据表4-21，可以构造如下模糊评判矩阵：

$$R = \begin{bmatrix} 0.118 & 0.416 & 0.364 & 0.053 & 0.049 \\ 0.136 & 0.390 & 0.358 & 0.052 & 0.064 \\ 0.156 & 0.359 & 0.355 & 0.069 & 0.061 \\ 0.118 & 0.277 & 0.419 & 0.122 & 0.064 \\ 0.055 & 0.188 & 0.500 & 0.150 & 0.107 \\ 0.055 & 0.191 & 0.477 & 0.173 & 0.104 \end{bmatrix}$$

权重向量为：$A = \begin{bmatrix} 0.30 \\ 0.25 \\ 0.20 \\ 0.15 \\ 0.10 \end{bmatrix}$

由 $B = R^{\circ}A$ 可以得到农民关于农村公共服务供给主体满意度综合评价向量：

B = (0.1914, 0.4554, 0.4948, 0.0931, 0.0449)

根据最大隶属度原则，可以认为农民对民族地区农村包括县级政府在内的各类公共服务供给主体的总体满意度为“一般”。

五、农民对民族地区农村义务教育服务要素满意度的评价

为了全面评价农民对民族地区农村义务教育服务要素的满意度，课题组选择影响义务教育服务质量的“师资水平、经费投入、学校设施、学校管理、学校伙食、教学方法、学校距离、两免一补”等八个要素进行评价，每个项目设置了“非常满意、比较满意、一般、不太满意、很不满意”等五个选项，通过问卷方式进行调查，得到了农民对民族地区农村义务教育服务要素的评价数据（见表4-23）。

表 4－23　农民对民族地区农村义务教育服务要素满意度评价

评价赋值 项目	非常满意（%）	比较满意（%）	一般（%）	不太满意（%）	很不满意（%）
师资水平	9.2	38.2	40.5	7.5	4.6
经费投入	6.4	34.1	44.5	9.2	5.8
学校设施	8.3	27.5	47.1	11.0	6.1
学校管理	6.4	28.3	42.7	16.2	6.4
学校伙食	6.6	22.8	44.2	14.3	12.1
教学方法	6.1	31.8	39.3	15.3	7.5
学校距离	6.9	30.6	36.2	19.1	7.2
两免一补	6.1	30.1	43.4	15.6	4.8

为了得到农村义务教育服务满意度评价得分，采用等距离赋值法对满意度的五个选项进行赋值并计算数值来评价满意度情况。得分与满意度成正比，分数越高，满意程度越高。假设 A 为义务教育服务要素的满意度，a_1 表示“非常满意”，权重为 0.30；a_2 表示“比较满意”，权重为 0.25；a_3 表示“一般”，权重为 0.20；a_4 表示“不太满意”，权重为 0.15；a_5 表示“很不满意”，权重为 0.10。具体公共服务项目的得分：

$$A = 0.30a_1 + 0.25a_2 + 0.20a_3 + 0.15a_4 + 0.10a_5$$

根据以上公式可以计算出义务教育各服务要素满意度评价的具体得分（见表 4－24）。

表 4－24　农民对民族地区农村义务教育服务要素满意度评价得分

评价赋值 项目	$0.30a_1$	$0.25a_2$	$0.20a_3$	$0.15a_4$	$0.10a_5$	得分 A	排序
师资水平	0.0276	0.0955	0.0810	0.0113	0.0046	0.2200	1
经费投入	0.0192	0.0853	0.0890	0.0138	0.0058	0.2131	2
学校设施	0.0249	0.0688	0.0942	0.0165	0.0061	0.2105	3
学校管理	0.0192	0.0708	0.0854	0.0243	0.0064	0.2061	6
学校伙食	0.0198	0.0570	0.0884	0.0215	0.0121	0.1988	8
教学方法	0.0183	0.0795	0.0786	0.0230	0.0075	0.2069	5
学校距离	0.0207	0.0765	0.0724	0.0287	0.0072	0.2055	7
两免一补	0.0183	0.0753	0.0868	0.0234	0.0048	0.2086	4

从以上计算结果可知，农民对民族地区义务教育服务要素满意度评价中，师资水平得分最高，学校伙食得分最低。义务教育各服务要素的满意度评价次序依次为：师资水平 > 经费投入 > 学校设施 > 两免一补 > 教学方法 > 学校管理 > 学校距离 > 学校伙食。以上结果反映出农民对义务教育主要服务要素的评价及排序，但不能反映农民对农村义务教育服务满意度评价的总体状况。

为了对义务教育服务满意度进行总体评价，拟采用模糊综合评价方法进行评价。按照前述评价原理、模型和步骤，具体评价过程如下。

（1）确定因素集

义务教育服务的要素包括师资水平、经费投入、学校设施、学校管理、学校伙食、教学方法、学校距离、两免一补等，构成了评价指标体系集合，即因素集，记为：

U = {师资水平,经费投入,学校设施,学校管理,学校伙食,教学方法,学校距离,两免一补}

（2）确定评语集

对每个指标的评价值不同，就会形成不同的评价等级，如对公共服务项目的“非常满意、比较满意、一般、不太满意、很不满意”等，这些不同评价构成的集合称为评语集，记为：

V = {非常满意,比较满意,一般,不太满意,很不满意}

（3）确定各因素的权重

为了使得权重分配合理，根据专家评议法来进行确定，结果如下：

$$A = (0.30, 0.25, 0.20, 0.15, 0.10)$$

（4）建立模糊判断矩阵

根据表 4－23，可以构造如下模糊评判矩阵：

$$R = \begin{bmatrix} 0.092 & 0.382 & 0.405 & 0.075 & 0.046 \\ 0.064 & 0.341 & 0.445 & 0.092 & 0.058 \\ 0.083 & 0.275 & 0.471 & 0.110 & 0.061 \\ 0.064 & 0.283 & 0.427 & 0.162 & 0.064 \\ 0.066 & 0.228 & 0.442 & 0.143 & 0.121 \\ 0.061 & 0.318 & 0.393 & 0.153 & 0.075 \\ 0.069 & 0.306 & 0.362 & 0.191 & 0.072 \\ 0.061 & 0.301 & 0.434 & 0.156 & 0.048 \end{bmatrix}$$

$$权重向量为：A=\begin{bmatrix}0.30\\0.25\\0.20\\0.15\\0.10\end{bmatrix}$$

由 $B=R^{\circ}A$ 可以得到农民关于农村义务教育服务要素满意度综合评价向量：

$$B=(0.1680, 0.6087, 0.6758, 0.1625, 0.0545)$$

根据最大隶属度原则，可以认为农民对民族地区农村义务教育服务总体满意度为“一般”。

六、农民对民族地区农村医疗卫生服务要素满意度的评价

为了全面评价农民对民族地区农村医疗卫生服务要素的满意度，课题组选择影响农村医疗卫生服务质量的“医疗费用、医疗设备、服务态度、卫生状况、服务便捷、医疗质量”等六个要素进行评价，每个项目设置了“非常满意、比较满意、一般、不太满意、很不满意”等五个选项，通过问卷方式进行调查，得到了农民对民族地区农村医疗卫生服务要素的评价数据（见表4-25）。

表4-25　农民对民族地区农村医疗卫生服务要素满意度评价

评价赋值 项目	非常满意（%）	比较满意（%）	一般（%）	不太满意（%）	很不满意（%）
医疗费用	6.4	31.5	41.6	13.6	6.9
医疗设备	4.6	25.2	49.1	14.2	6.9
服务态度	5.5	22.5	48.6	14.7	8.7
卫生状况	4.3	21.2	46.5	18.8	9.2
服务便捷	4.3	20.8	47.7	18.5	8.7
医疗质量	3.5	20.5	45.7	20.2	10.1

为了得到农村医疗卫生服务要素满意度评价得分，采用等距离赋值法对满意度的五个选项进行赋值并计算数值来评价满意度情况，得分与满意度成正比，分数越高，满意程度越高。假设A为某项医疗服务要素的满意度，a_1

表示“非常满意”，权重为0.30；a_2表示“比较满意”，权重为0.25；a_3表示“一般”，权重为0.20；a_4表示“不太满意”，权重为0.15；a_5表示“很不满意”，权重为0.10。具体医疗卫生服务要素的得分为：

$$A = 0.30a_1 + 0.25a_2 + 0.20a_3 + 0.15a_4 + 0.10a_5$$

根据以上公式可以计算出医疗卫生各服务要素满意度评价的具体得分（见表4-26）。

表4-26　农民对民族地区农村医疗卫生服务要素满意度评价得分

项目＼评价赋值	$0.30a_1$	$0.25a_2$	$0.20a_3$	$0.15a_4$	$0.10a_5$	得分A	排序
医疗费用	0.0192	0.0788	0.0832	0.0204	0.0069	0.2085	1
医疗设备	0.0138	0.0630	0.0982	0.0213	0.0069	0.2032	2
服务态度	0.0165	0.0563	0.0972	0.0221	0.0087	0.2008	3
卫生状况	0.0129	0.0530	0.0930	0.0282	0.0092	0.1963	5
服务便捷	0.0129	0.0520	0.0954	0.0278	0.0087	0.1968	4
医疗质量	0.0105	0.0513	0.0914	0.0303	0.0101	0.1936	6

从以上计算结果可知，农民对民族地区医疗卫生服务要素满意度评价中，医疗费用得分最高，医疗质量得分最低。医疗卫生各服务要素的满意度评价次序依次为：医疗费用＞医疗设备＞服务态度＞服务便捷＞卫生状况＞医疗质量。以上结果反映出农民对农村医疗卫生主要服务要素的评价及排序，但不能反映农民对农村医疗卫生服务满意度评价的总体状况。

为了对农村医疗卫生服务满意度进行总体评价，拟采用模糊综合评价方法进行评价。按照前述评价原理、模型和步骤，具体评价过程如下。

（1）确定因素集

农村医疗卫生服务的要素，包括医疗费用、医疗设备、服务态度、卫生状况、服务便捷、医疗质量等，构成了评价指标体系集合，即因素集，记为：

U＝{医疗费用，医疗设备，服务态度，卫生状况，服务便捷，医疗质量}

（2）确定评语集

对每个指标的评价值不同，就会形成不同的评价等级，如对公共服务项目的“非常满意、比较满意、一般、不太满意、很不满意”等，这些不同评价构成的集合称为评语集，记为：

V = {非常满意,比较满意,一般,不太满意,很不满意}

(3) 确定各因素的权重

为了使得权重分配合理，根据专家评议法来进行确定，结果如下：

A = (0.30,0.25,0.20,0.15,0.10)

(4) 建立模糊判断矩阵

根据表4-25，可以构造如下模糊评判矩阵：

$$R=\begin{bmatrix}0.064 & 0.315 & 0.416 & 0.136 & 0.069\\ 0.046 & 0.252 & 0.491 & 0.142 & 0.069\\ 0.055 & 0.225 & 0.486 & 0.147 & 0.087\\ 0.043 & 0.212 & 0.465 & 0.188 & 0.092\\ 0.043 & 0.208 & 0.477 & 0.185 & 0.087\\ 0.035 & 0.205 & 0.457 & 0.202 & 0.101\end{bmatrix}$$

权重向量为：$A=\begin{bmatrix}0.30\\ 0.25\\ 0.20\\ 0.15\\ 0.10\end{bmatrix}$

由 $B=R^{\circ}A$ 可以得到农民关于农村医疗卫生服务要素满意度综合评价向量：

B = (0.0858, 0.3544, 0.5584, 0.1501, 0.0505)

根据最大隶属度原则，可以认为农民对民族地区农村医疗卫生服务总体满意度为“一般”。

七、农民对民族地区农村社会保障服务要素满意度的评价

为了全面评价农民对民族地区农村社会保障服务要素的满意度，课题组选择影响农村社会保障服务质量的“覆盖范围、公平性、透明性、管理水平、保障标准、办理程序”等六个要素进行评价，每个项目设置了“非常满意、比较满意、一般、不太满意、很不满意”等五个选项，通过问卷方式进行调查，得到了农民对民族地区农村医疗卫生服务要素的评价数据（见表4-27）。

表 4-27　农民对民族地区农村社会保障服务要素满意度的评价

项目＼评价赋值	非常满意（%）	比较满意（%）	一般（%）	不太满意（%）	很不满意（%）
覆盖范围	5.5	33.8	40.8	9.2	10.7
公平性	5.5	26.6	40.8	13.5	13.6
透明性	6.4	22.3	41.6	16.7	13.0
管理水平	4.9	20.8	43.4	19.1	11.8
保障标准	4.6	19.4	40.5	22.8	12.7
办理程序	3.2	19.9	39.6	23.7	13.6

为了得到农村社会保障服务要素满意度评价得分，采用等距离赋值法对满意度的五个选项进行赋值并计算数值来评价满意度情况，得分与满意度成正比，分数越高，满意程度越高。假设 A 为某项社会保障服务要素的满意度，a_1 表示"非常满意"，权重为 0.30；a_2 表示"比较满意"，权重为 0.25；a_3 表示"一般"，权重为 0.20；a_4 表示"不太满意"，权重为 0.15；a_5 表示"很不满意"，权重为 0.10。具体社会保障服务要素的得分为：

$$A = 0.30a_1 + 0.25a_2 + 0.20a_3 + 0.15a_4 + 0.10a_5$$

根据以上公式可以计算出社会保障各服务要素满意度评价的具体得分（见表 4-28）。

表 4-28　农民对民族地区农村社会保障服务要素满意度评价得分

项目＼评价赋值	$0.30a_1$	$0.25a_2$	$0.20a_3$	$0.15a_4$	$0.10a_5$	得分 A	排序
覆盖范围	0.0165	0.0845	0.0816	0.0138	0.0107	0.2071	1
公平性	0.0165	0.0665	0.0816	0.0203	0.0136	0.1985	2
透明性	0.0192	0.0558	0.0832	0.0251	0.0130	0.1963	3
管理水平	0.0147	0.0520	0.0868	0.0287	0.0118	0.1940	4
保障标准	0.0138	0.0485	0.0810	0.0342	0.0127	0.1902	5
办理程序	0.0096	0.0498	0.0792	0.0356	0.0136	0.1878	6

从以上计算结果可知，农民对民族地区农村社会保障服务要素满意度评价中，覆盖范围得分最高，办理程序得分最低。社会保障各服务要素的满意

度评价次序依次为：覆盖范围 > 公平性 > 透明性 > 管理水平 > 保障标准 > 办理程序。以上结果反映出农民对农村社会保障主要服务要素的评价及排序，但不能反映农民对农村社会保障服务满意度评价的总体状况。

为了对农村社会保障服务满意度进行总体评价，拟采用模糊综合评价方法进行评价。按照前述评价原理、模型和步骤，具体评价过程如下：

（1）确定因素集

农村社会保障服务的要素，包括覆盖范围、公平性、透明性、管理水平、保障标准、办理程序等，构成了评价指标体系集合，即因素集，记为：

U = {覆盖范围,公平性,透明性,管理水平,保障标准,办理程序}

（2）确定评语集

对每个指标的评价值不同，就会形成不同的评价等级，如对公共服务项目的“非常满意、比较满意、一般、不太满意、很不满意”等，这些不同评价构成的集合称为评语集，记为：

V = {非常满意,比较满意,一般,不太满意,很不满意}

（3）确定各因素的权重

为了使得权重分配合理，根据专家评议法来进行确定，结果如下：

A = (0.30,0.25,0.20,0.15,0.10)

（4）建立模糊判断矩阵

根据表 4 - 27，可以构造如下模糊评判矩阵：

$$R = \begin{bmatrix} 0.055 & 0.338 & 0.408 & 0.092 & 0.107 \\ 0.055 & 0.266 & 0.408 & 0.135 & 0.136 \\ 0.064 & 0.223 & 0.416 & 0.167 & 0.130 \\ 0.490 & 0.208 & 0.434 & 0.191 & 0.118 \\ 0.046 & 0.194 & 0.405 & 0.228 & 0.127 \\ 0.032 & 0.199 & 0.396 & 0.237 & 0.136 \end{bmatrix}$$

权重向量为：$A = \begin{bmatrix} 0.30 \\ 0.25 \\ 0.20 \\ 0.15 \\ 0.10 \end{bmatrix}$

由 $B = R^{\circ}A$ 可以得到农民关于农村社会保障服务要素满意度综合评价向量：

B = (0.0903, 0.3571, 0.4934, 0.1577, 0.0754)

根据最大隶属度原则，可以认为农民对民族地区农村社会保障服务总体满意度为“一般”。

八、农民对民族地区农村公共文化服务要素满意度的评价

为了全面评价农民对民族地区农村公共文化服务要素的满意度，课题组选择影响农村公共文化服务质量的“文化活动场所、文化设施状况、文化活动数量、文化活动类型、文化活动内容、文化活动参与”等六个要素进行评价，每个项目设置了“非常满意、比较满意、一般、不太满意、很不满意”等五个选项，通过问卷方式进行调查，得到了农民对民族地区农村公共文化服务要素的评价数据（见表4－29）。

表4－29 农民对民族地区农村公共文化服务要素满意度评价

评价赋值 项目	非常满意（%）	比较满意（%）	一般（%）	不太满意（%）	很不满意（%）
文化活动场所	4.0	20.5	35.3	20.5	19.7
文化设施状况	4.9	17.7	38.7	19.9	18.8
文化活动数量	4.3	17.9	37.3	22.0	18.5
文化活动类型	4.0	14.5	41.9	21.1	18.5
文化活动内容	3.8	16.2	39.5	21.4	19.1
文化活动参与	4.0	12.5	41.3	22.0	20.2

为了得到农村公共文化服务要素满意度评价得分，采用等距离赋值法对满意度的五个选项进行赋值并计算数值来评价满意度情况，得分与满意度成正比，分数越高，满意程度越高。假设A为某项农村公共文化服务要素的满意度，a_1 表示“非常满意”，权重为0.30；a_2 表示“比较满意”，权重为0.25；a_3 表示“一般”，权重为0.20；a_4 表示“不太满意”，权重为0.15；a_5 表示“很不满意”，权重为0.10。具体农村公共文化服务要素的得分：

$$A = 0.30a_1 + 0.25a_2 + 0.20a_3 + 0.15a_4 + 0.10a_5$$

根据以上公式可以计算出公共文化各服务要素满意度评价的具体得分（见表4－30）。

表 4-30 农民对民族地区农村公共文化服务要素满意度评价得分

项目 \ 评价赋值	$0.30a_1$	$0.25a_2$	$0.20a_3$	$0.15a_4$	$0.10a_5$	得分 A	排序
文化活动场所	0.0120	0.0513	0.0706	0.0308	0.0197	0.1844	2
文化设施状况	0.0147	0.0443	0.0774	0.0299	0.0188	0.1851	1
文化活动数量	0.0129	0.0448	0.0746	0.0330	0.0185	0.1838	3
文化活动类型	0.0120	0.0363	0.0838	0.0317	0.0185	0.1823	4
文化活动内容	0.0114	0.0405	0.0790	0.0321	0.0191	0.1821	5
文化活动参与	0.0120	0.0313	0.0826	0.0330	0.0202	0.1791	6

从以上计算结果可知，农民对民族地区农村公共文化服务要素满意度评价中，文化设施状况得分最高，文化活动参与得分最低。农村公共文化各服务要素的满意度评价次序依次为：文化设施状况 > 文化场所数量 > 文化活动数量 > 文化活动类型 > 文化活动内容 > 文化活动参与。以上结果反映出农民对农村公共文化主要服务要素的评价及排序，但不能反映农民对农村公共文化服务满意度评价的总体状况。

为了对农村公共文化服务满意度进行总体评价，拟采用模糊综合评价方法进行评价。按照前述评价原理、模型和步骤，具体评价过程如下：

（1）确定因素集

农村公共文化服务的要素，包括文化活动场所、文化设施状况、文化活动数量、文化活动类型、文化活动内容、文化活动参与等，构成了评价指标体系集合，即因素集，记为：

U = {文化活动场所,文化设施状况,文化活动数量,文化活动类型,文化活动内容,文化活动参与}

（2）确定评语集

对每个指标的评价值不同，就会形成不同的评价等级，如对公共文化服务项目的“非常满意、比较满意、一般、不太满意、很不满意”等，这些不同评价构成的集合称为评语集，记为：

V = {非常满意,比较满意,一般,不太满意,很不满意}

（3）确定各因素的权重

为了使得权重分配合理，根据专家评议法来进行确定，结果如下：

A = (0.30,0.25,0.20,0.15,0.10)

（4）建立模糊判断矩阵

根据表 4－29，可以构造如下模糊评判矩阵：

$$R=\begin{bmatrix}0.040 & 0.205 & 0.353 & 0.205 & 0.197\\ 0.049 & 0.177 & 0.387 & 0.199 & 0.188\\ 0.043 & 0.179 & 0.373 & 0.220 & 0.185\\ 0.040 & 0.145 & 0.419 & 0.211 & 0.185\\ 0.038 & 0.162 & 0.395 & 0.214 & 0.191\\ 0.040 & 0.125 & 0.413 & 0.220 & 0.202\end{bmatrix}$$

权重向量为：$A=\begin{bmatrix}0.30\\ 0.25\\ 0.20\\ 0.15\\ 0.10\end{bmatrix}$

由 $B=R^{\circ}A$ 可以得到农民关于农村公共文化服务要素满意度综合评价向量：

$B=(0.0750\ ,0.2485\ ,0.4680\ ,0.1905\ ,0.1148)$

根据最大隶属度原则，可以认为农民对民族地区农村公共服务服务总体满意度为“一般”。

第五章

西北民族地区农村公共服务多元合作供给体系构建与运行机制

第一节 西北民族地区农村公共服务多元合作供给体系建立的必要性

农村公共服务是指为满足农村经济社会发展和农民生活需要，向农村居民提供的各类公共服务。包括农村义务教育、农村医疗卫生、农村社会保障、农村文化事业、农村低保以及农村扶贫开发等多方面的内容。农村公共服务供给主体多元，是适应农民公共服务需求变化的现实要求，也是提高农村公共服务供给质量与效率的必然趋势。

一、政府失灵：公共服务多元合作供给的理论前提

公共服务具有一定的外部性，这就决定了不可避免地存在搭便车行为，导致公共服务供给出现低效或者无效的公共地悲剧现象的发生，这使得由政府供给公共服务成为可能。但从具体实践看，受利益需求、技术水平及成本因素等影响，情况更为复杂，并不是理论中所分析的那样简单地理解为公共服务的供给主体只能是政府。根据不完全信息理论，在复杂多变的环境中，政府对于信息的了解不可能绝对全面准确，政府在提供公共服务过程中，由于受自身条件所限制，在信息的掌握方面也存在缺陷，出现公共物品供给低效乃至失效现象。集中表现在公共政策的低效或失效。政府失灵的出现，反映出政府在公共服务的供给中的失效，在一些具有一定竞争性的公共服务领

域由市场供给就成为可能。同样也为非政府组织提供公共服务提供了一定的空间。

从以上理论分析可以看出，公共服务本身的属性决定了公共服务的供给需要政府的介入。但是政府对于公共服务的供给并不是绝对的；公共服务的本身属性决定了其提供者具有多样性。不同性质、类型和受益范围的公共服务应选择多样化的、合适的供给主体。公共服务供给主体不应也不可能是单一的，其各供给主体之间存在一定的利益相关性。以布坎南为主要代表的公共选择理论系统地分析了政府失灵所导致的政府对于公共服务供给的低效或无效，也在一定程度上指出受利益追求的影响，单一供给主体很难实现对公共服务的有效供给。政府失灵及由此出现的低效问题，以及公共服务多样性和公共服务供给主体选择的多样性，从理论上决定西北民族地区公共服务有必要构建多元供给体系。

二、单一供给体系的缺陷：农村公共服务多元合作供给的现实依据

在农村经济社会发展中，农村居民公共利益目标主要是通过公共服务的有效供给来实现的。但在传统实践中，政府成了农村公共服务供给的唯一主体。随着农村居民公共服务需求的多样化及需求表达方式的快速变化，公共服务单一供给体系的弊端日益显现。公共服务的非营利性也表明了非政府组织对公共服务提供的合理性。在农村公共服务供给的实践中，逐渐形成了政府供给、市场供给及非营利性组织供给三种可能的供给模式。

（一）政府供给及其缺陷

在早期的公共服务供给中，几乎所有的国家都接受由政府进行对公共服务的供给，这是由公共服务本身的公共性及政府职能的强制性所决定的。公共服务的公共性决定了政府进行生产和供给的有效性，政府能够运用强大的人力、物力资源提供社会所需要的多种公共服务。需求是无限的，供给是有限的，社会在发展过程中具有灵活性，因而对于公共服务的需求也具有不确定性，只有通过国家的强制性职能的作用，才能综合社会发展中的诸多现实条件，对公共服务进行合理分配，并实现社会稳定发展的目标。

农村公共服务一直是政府关注的重点领域。因为，相对城市而言，农村本身所具有的脆弱性是其长期以来发展的“瓶颈”制约因素，政府可以通过政策支持以促进农村地区的发展。提高公共服务供给质量与效率是促进农村经济社会发展、缩小城乡差距的关键。地方政府应是农村公共服务的主要

供给者。但是政府供给并不是完美无缺的，政府内部的复杂运作程序及公共政策的失败，导致公共服务的供给受到严重影响。在农村公共服务供给过程中，供给不及时，供给覆盖面较窄，农村公共治理碎片化及分散化等多种问题，都表明政府单一供给体系存在缺陷与问题。

（二）市场供给及其缺陷

公共服务的市场供给是指根据市场机制，按自由交换原则来提供公共服务。传统的市场供给是指以亚当·斯密提出的“有限政府”为依据，主张经济自由，强调市场这只“看不见的手”来调节公共服务供给的作用。在自由放任的市场经济模式下，将公共服务等同于私人物品，交由市场分配。市场以其自由选择为前提，对于农村地区，尤其是西北少数民族地区的公共服务供给以实现均等化的目标。市场体系不完善，以及信息建设落后等都严重影响了市场对于农村公共服务供给方面作用的有效发挥。同时，由于市场机制自身的缺陷，在农村公共服务供给中不可避免的出现公平缺失等问题。在公平与效率的权衡过程中，市场对于农村公共服务的供给方面也存在难以避免的缺陷。

（三）非营利组织供给及其缺陷

公共服务的非营利组织供给指由事业单位、社会团体和民办非企业单位等不以营利为目的的组织提供公共服务。在了解和反映居民公共服务需求方面，非营利性组织具有政府和市场自身所不具备的优势和长处。首先，在政府与市场提供公共服务，追求自身利益的同时所导致的政府“缺位”与市场“低效率”是一种“契约失灵”，而非营利组织的“非分配约束”决定了它不受制于自身利益而导致供给质量的下降，它被视为一支独立的第三方力量，在公共产品的提供上实现公平与效率的最优组合。非政府组织灵活的工作方式及低成本优势，使得非政府组织对于农村公共服务的供给长期的存在下去。但由于自身制度设计的缺陷及资金不足的现实情况，非营利组织发展面临诸多困难，这就决定了非营利组织在农村公共服务的供给领域中难以承担重要任务。

在农村公共服务的供给方面，单一的政府、市场及非营利组织均有其自身的缺陷与不足。在实践过程中，唯一的供给主体和单一供给体系均很难实现公共服务的有效供给。这种自身存在的缺陷与不足使民族地区农村公共多元供给体系的构建成为必然。

三、服务型政府建设是公共服务多元合作供给体系构建的客观要求

伴随着新公共管理理论的提出，在各国都在思考政府到底在国家经济社会发展与人民生活中应扮演怎样的角色这一根本性的问题时，“服务型政府”在国内理论应运而生。服务型政府是与市场经济相适应的一种新型的政府运行模式，是在对传统计划经济体制下政府运作的诸多弊端批判反思基础上形成的。在传统计划经济体制下，适应高度集中的经济体制需要，中国形成了事实上的管制型政府。在管制型政府模式下，政府过于强调管治职能，而弱化和忽视了服务职能，导致政府出现越位、缺位、错位并存的现象。适应市场经济体制改革的需要，政府需要更新治理理念，以为社会各类主体提供服务为根本，重新调整政府与市场、社会、企业、公民之间的关系，优化政府职能配置，精简组织机构设置，改造运行流程与规则，更新政府管理方法，进而提高政府服务绩效。

构建服务型政府将是政府实现自身变革的一个重要契机，最终的目标是实现透明政府、法治政府和责任政府。从改革的总体要求和国家长远发展来看，政府的主要目标是实现经济与社会的协调发展，其实就是实现经济效率与社会公平的有机统一。如果政府长期仅是追求 GDP 总量及其增长速度，将忽视本该由政府来提供的各类公共产品和公共服务，从而造成严重的社会问题。服务型政府坚持公开、公正、合法、透明等原则，要求政府权力下移，不断完善基层社会自主治理机制，实现社会公正和谐。将政府的职能真正转移到经济调节、市场监管、社会管理和公共服务等职能方面。服务型政府在公共服务供给中担任着不可缺少的主体作用，运用自身能力协调市场、非政府组织等多方主体的公共服务供给行为，提高公共服务供给质量与效率，为社会公共利益最大化服务。

综上，新公共管理运动与新公共服务改革是提升农村公共服务有效性、公平性、可选性的重要内容，也是公共服务多元供给理论的实践支撑。其改革的实施需要完善的公共服务体系予以保障，应在实践中不断探索农村公共服务多元供给体系的思路与途径，以改善和提高农村公共服务供给的质量与效率。

第二节 西北民族地区农村公共服务多元合作供给体系建立的可行性

公共服务的非竞争性和非排他性决定了公共服务的受益主体并不是针对某种特定类型的，而是社会公众整体获利的一种普惠性服务。其提供者并不一定能在提供公共服务后获得同等或更高的收益，甚至还会付出更多的成本，也决定了其提供者只能由某些特定的组织所组成，包括政府、市场、非政府组织等。但各方在提供公共服务时也有所不同，呈现出一种多元化趋势。许多与公共服务有关理论，如公共产品理论、公共选择理论、委托—代理理论、不完全信息理论、治理理论、利益相关者理论等都在一定程度上说明公共服务的多元供给具有必要性和可行性。

一、理论可行性："多中心治理"理论

随着社会的快速发展及长期的治理实践，政府的"守夜人"角色和"凯恩斯主义"都已在实践的发展和人们的反思中被重新认识与评价。与此同时，社会上出现了不同的观点，如"重塑政府""企业型政府"等，其背后实际是对治理结构的改革和政府公共权威的争论。从目前治理实践来看，政府事实上已不可能成为唯一的治理者，必须依靠市场和社会组织等多方的支持。在民主平等的条件下，每个公民都想要实现自己利益的基本权利，为了保证公共服务向所有公民的有效、公平的供给，必须打破所有公民都靠一个"政府"垄断供给的局面，而依靠多种组织来提供不同类型的多样化的公共服务。在这样的现实下，奥斯特罗姆提出的"多中心治理理论"具有代表性，是对时代快速变化中社会治理问题的有效回应，也与转型时期我们国家政府职能的转变相契合。在党的十七大报告中早就明确提出"以人为本的服务型政府"理念。服务型政府要求政府以公共服务价值最大化为最终目标，在与市场、社会组织等的多元合作中提高公共服务供给效率与质量。当然，这也意味着政府已不再对公共服务的提供大包大揽，而是有所为，有所不为的"有限政府"。这种以多中心治理为基础的"服务型"理念为公共服务多元化供给提供了契机。

（一）历史脉络中社会治理的变革

从历史发展来看，马克思最早在科学认识人类本质的基础上，从现实的、感性的实践活动和社会关系出发科学地揭示了人的社会性本质。人的社会属性决定了其生存环境不可能一成不变，在人类自身的发展过程中，为了寻求稳定有序的发展环境，必须对社会进行治理。随着人类社会的发展，每一次的治理背景使得社会治理结构发生了重大的改变，这不仅仅是治理结构的变化，其折射出的是人类文明的进步和社会价值的认同。与早期社会治理结构相适应的则是权威，在这种权威的体现与实现过程中，对于公共服务的供给具有决定作用的是统治。从统治到民主的演化过程中，对于政府的角色也进行了重新地定位，由强制走向了服务，服务角色使得政府对于公共服务的提供不再承担唯一的责任，而逐渐演变为在多中心治理体系下的公共服务多元供给。这种历史脉络中社会治理的变革为公共服务多元供给提供了理论指导与可行性。

（二）社会治理的公共性价值

在新公共管理和新公共服务的理论与实践背景下，社会治理的公共性将得到重新定义。公共性是社会治理的价值核心，追求权力的全体所有，追求一种公共权威来治理国家。在此基础上，单靠政府单方面治理国家已不能满足社会的多元化发展之需要。作为公共资源的权威性分配者，政府的正当性源于通过调整不同主体间复杂的利益关系以维护和实现社会公共利益，因此政府必须以实现公共利益为价值导向，推动国家治理体系和治理能力的现代化。实现社会治理的公共性价值，关键是实现国家治理体系现代化进而提升国家治理能力，“国家治理体系现代化”将打破了传统治理格局中存在的“中心—边缘”局限，实现“多中心合作共治”，进而实现社会的稳定与和谐，这在一定程度上为公共服务多元化供给创造了社会条件，使得其具有现实可行性。

二、西北民族地区自身发展潜力

西北民族地区地域辽阔、民族成分众多，经济结构和社会结构具有相当的独特性。但是受自然条件的限制，长期以来经济发展缓慢，社会经济发展水平远远落后于其他地区。西北民族地区是我国的主要贫困地区，少数民族人口占当地贫困人口的比例较高。民族成分、宗教信仰也都在影响着当地农村居民对公共服务的需求。由于以上诸多特殊条件的限制，西北民族地区的社会发展和地方治理具有自身的特性。对于西北民族地区的公共治理而言，民族关系是影响当地社会稳定的主要因素。无论是从历史发展来看，还是基于现实考量，实现和维护民族团结稳定历来是民族地区公共治理的重要目标。

（一）西北民族地区复杂的环境提供可行的契机

自然条件是一个地区社会经济发展的重要外部影响因素。西北民族地区自然环境恶劣，生态环境脆弱，经济社会发展水平滞后，少数民族分布广，民族关系复杂多样，长期以来形成了独特的发展格局。

1. 经济社会发展的需要

西北民族地区经济发展表现其显著的特殊性，包括甘肃、宁夏、青海和新疆等在内的西北民族地区，由于受地理条件的限制，存在地理环境的弱质性。地处西北内陆，地广人稀，环境复杂多变，同国内其他地区相比社会经济发展水平明显偏低，尤其是广大农村地区，基础设施建设落后，发展极其缓慢。地方政府对公共服务的财政投入不足，民族地区农民对于公共服务的需求长期得不到很好的满足。

自西部大开发以来，中央和地方政府把基础设施建设作为其开发的先导和重要内容，在基础设施的建设方面投入了大量的资金，也取得了很大的进步，但是基础设施仍不能完全适应国民经济发展和人民生活水平提升的需要。特别是对于山区地区，公路、铁路等道路建设尤其困难，经济发展严重受阻。在实现经济发展过程中，应重视解决基础设施建设的问题。此外，民族地区农村居民不仅有其特殊性而且也存在明显差异。宗教信仰、人口结构、生活习俗等的差异，决定了该地区除了一般性的科教文卫及社会保障等公共服务外，对于民族团结的追求和民族文化的传承等也具有强烈的意愿，这些因素综合表现为民族地区农村公共服务在数量、质量及种类等方面皆存在特殊性。相对于其他地区，民族地区农村居民需求的多样化及农村经济的多样化发展使得公共服务多元供给具有其可行性。

2. 民族关系的多元化

西北民族关系主要指在西北民族地区居住的少数民族与汉族之间的关系。西北民族地区长期的发展实践表明，西北民族关系具有历史性、发展性和具体性。西北地区是一个少数民族聚居的地区，民主种类较多，各民族之间风俗习惯、宗教信仰等均存在一定的差异。在历史的发展过程中，经过不断融合与发展，形成较好的民族关系。

(1) 西北民族文化的多样性

西北地区民族众多、地域广袤，在长期的历史变迁中孕育了灿烂的多元文化。西北地区的文化具有地域性、多元性和原生态性，包括语言、歌谣、舞蹈、节目、服饰、建筑、手工艺、礼仪习俗及生存和生活理念的多样化，这就决定了各少数民族对于公共服务的需求存在多样性；以其浓厚的乡土气息为基础，活跃在人们精神世界的宗教信仰也不尽相同，由此发展而来的佛教、伊斯兰教以及基督教等，使得各民族之间在公共服务的提供与消费方面存在分散化与多样化。与此相适应，公共服务的提供存在碎片化现象。所以，适应公共服务需求多样化趋势，实现公共服务供给多主体与多渠道，有利于提高公共服务质量与效率。

(2) 西北民族地区经济多样性

经济的发展是一个地区社会发展与居民生活的重要保证，在全国整体经济发展水平不断提高的过程中，区域经济发展不平衡将成为制约经济发展的重要因素。西北民族地区经济发展水平与国内其他地区存在很大的差距。促进西北民族地区的区域经济协调发展不仅关系到全国经济发展水平，更关系到民族团结与社会稳定。

西北民族地区的资源优势，为当地农村的发展提供了重要条件，但由于受地理位置及人文环境等多方面的影响，文化教育普遍落后。西北地区经济发展的基础在于教育水平的普遍提高。这对于当地公共教育服务的供给是重要挑战。依托资源优势，西北民族地区开始重视旅游资源的开发，通过利用当地得天独厚的旅游助推当地经济社会发展，这些对于公共文化服务提出了新要求。从农业发展来看，农业在西北民族地区经济发展中占有重要的地位。农业发展呈现出显著的动态系统性特征，地区之间发展非均衡与多样化均比较明显。地广人稀，当地的优质牧草资源为当地畜牧业发展提供了良好的条件，但是一种粗放式的发展，缺乏先进的技术手段及设施来提高生产率，因而相比其他地区，发展较为落后。以上经济发展的多样化特征，也决定了西北民族地区经济发展中对于公共服务的需求多样化，特别是对于西北民族地区农村经济发展而言，公共服务的供给多样化也有其实践基础。

(二) 政策驱动作用

西北民族地区与国内其他地区的发展差距在短期内是难以改变的。但西北民族地区的民族关系对于国家稳定具有长期的重要影响。因此，国家历来高度重视西北民族地区的发展，先后制定和实施了一系列促进民族地区发展的方针和政策，以促进民族地区加快发展。特别是对农村贫困地区，通过政策扶持以提供更多的公共服务，有助于发展农村的基础设施建设及为农民提供更多的发展机会。

1. 西部大开发战略

西部大开发是国家为促进西部地区经济发展而开展的一项长期的发展战略。通过加大对西部地区的投资力度，及提供相应的优惠政策，促进具有丰富资源和巨大潜力的西部地区快速发展。当前基础设施落后仍然是制约西部地区经济和社会发展的根本因素。主要表现在：交通、通信、电网设施薄弱，城市基础设施落后，水利设施不足。要从经济全局和战略需要出发，加快西部地区的基础设施建设。西部大开发中基础设施建设的加强必将带动公共服务需求全面释放。西北民族地区可依据自身基础设施情况，探索出一条新的“PPP 模式”，在基础设施的供给方面，鼓励采用政府和社会资本合作模式，对于公共服务的提供由政府、私人企业及非营利组织多方合作，形成由政府、私人企业、非政府组织等多方组成的合作主体，发挥各自的优势，充分利用各种可利用资源，形成双赢或多赢的合作格局，实现公共部门、私人部门与社会组织的合作供给，对公共服务的提供实现帕累托最优，最终实现公共服务的有效供给。

2. “一带一路”政策支持

着眼于全球发展趋势，考虑国内发展趋势和促进各国共同发展的基础上，我国提出共建“丝绸之路经济带”和“21 世纪海上丝绸之路”（简称“一带一路”）的重大战略。这一伟大战略的提出对于广大西部地区而言既是机遇又是挑战。西北民族地区需要充分利用战略契机，抓住国家战略给予的发展机遇，在国家政策与资金的支持下，促进西北民族地区多元化发展，加快转变当地经济结构，向节约型、创新型、文化型、绿色型方向发展，充分利用国家对于西北地区公共基础设施建设的各种资源，结合自身发展优势，提升自身的经济发展水平。根据当地多元化的文化资源，发展民族文化产业，形成独特、多元、丰富的民族文化。这一政策的实践也为公共服务多元供给提供了政策支持与实践途径。

综上所述，西北民族地区自身发展潜力决定了对于公共服务的需求不是单一的，在历史与现实的发展中，西北民族地区农村公共服务多元供给有其实施的必要性与实现的可行性。

第三节　西北民族地区农村公共服务多元合作供给体系构成与运行机制

一、民族地区农村公共服务多元合作供给体系建立的重要性

民族地区在国家整体发展中具有重要地位，基于其经济社会发展的阶段性与特殊性，建立农村公共服务多元供给体系具有其必要性。如地处西北内陆的甘肃省临夏回族自治州，近年来地方党委和政府非常重视公共服务事业，在全州的财政支出中大幅增加对乡村道路、就业促进、基础教育、基本医疗、公共卫生、基本社会保障等方面的投入。2014 年，临夏州民生资金支出达到 113 亿元，占公共财政支出的 75%①。但由于总体经济发展水平及地理环境等多方因素的制约，目前临夏州在基础设施建设方面的历史欠账依然较多，地区公共服务的总体供给水平仍然不足，城乡间基本公共服务供给水平还有明显的差距，不同群体之间享受的基本公共服务不均衡，向农牧民提供公共服务的成本较高等方面的问题依然突出。同时，农村的公共服务事业落后，成为制约临夏州经济社会发展的主要因素。

二、公共服务多元供给体系的内涵

农村公共服务多元供给体系的内涵包括：（1）多元化的农村公共服务供给主体，以适应农村公共服务的新需求；（2）多元化的农村公共产品供给形式，如政府直接供给、私人投资与政府补贴相结合、私人供给与政府购买相结合、俱乐部方式供给等供给形式；（3）注重农村公共产品供给内容的阶段性调整，应根据现阶段农业、农村和农民发展的阶段性特征，重新调整农村公共产品供给的内容；（4）重视农民在农村公共产品供给过程中的参与。应重视农村公共产品供给过程中农民的参与，充分调动其积极性，让农民在新农村建设过程中拥有更多的话语权，同时监督并制约基层政府滥用职权等现象的发生②。

---

① 临夏州统计局：《2015 年甘肃省临夏回族自治州州政府工作报告》.

② 李鹏：新型农村社区公共服务供给体系研究［D］. 长安大学，2013.

对民族地区而言，为满足西北少数民族地区农村居民的公共服务多样化需求，有效提供公共服务，有必要将地方政府、事业单位、社会团体、宗教团体、志愿者组织、公民个人全部纳入公共服务的供给体系，构建一个多方合作的新的农村公共服务提供体系，从而以最佳的规模、最低的成本来提供最优质的、切合实际的公共服务①。当前我国西北少数民族地区农村公共事业发展存在教育支出比重偏低、农村文化建设投入不足、农村医疗卫生设施落后、农村饮用水环境差、农村道路建设任务艰巨、农村社会保障体系建设仍不完善等问题，以及长期以来受资源、环境、观念等方面的因素制约，经济社会发展进程缓慢，特别是在农村公共服务提供方面的缺失和不足，直接影响着当地农牧民生活质量的提升，也在一定程度上制约了当地经济和社会的发展。

三、基于基层自治层面的西北民族地区农村公共服务多元合作供给体系框架的构成

探索适合西北民族地区特点和发展需要的农村公共服务供给体系及其运行机制，对于促进当地经济社会发展和构建和谐民族关系具有重要意义。构建多元化的农村公共服务供给体系既是现代社会公共服务供给的主要发展趋势，也符合西北民族地区实际，应在明确各自分工和职责并注意互相间的衔接补充作用的同时，重点发挥好以下几类主体的作用（见图 5 -1）。

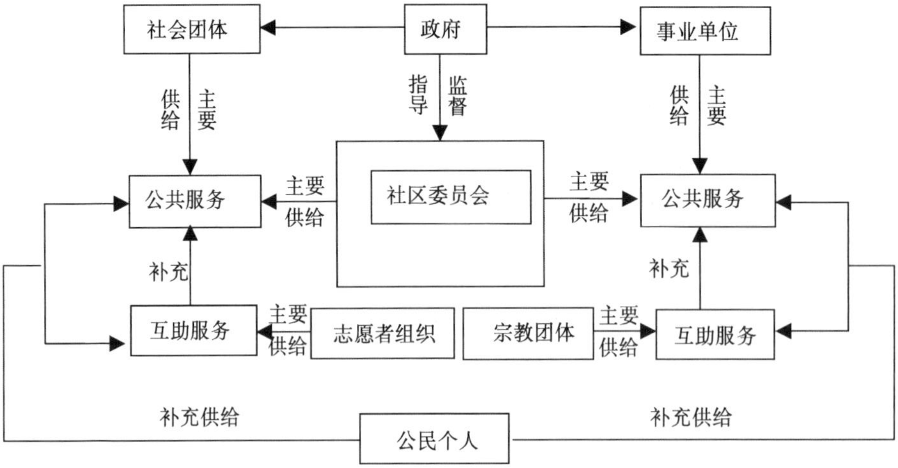

图 5 -1　农村公共服务多元供给体系及运行示意图

① 高韧：社会管理转型中的农村公共服务供给改革研究［J］. 求实，2014（3）.

（一）政府部门

虽然公共服务提供的民营化和市场化是现代社会的普遍趋势，这也是随着经济的发展，公众需求不断多样化发展的内在要求。但是公共服务提供的民营化和市场化并不意味着政府的退出或者承担责任的绝对减少，而是指政府要明确自身定位，适当地把一些职能让渡给市场和社会，将公共服务提供的组织者、提供者或生产者分开，政府在其中主要扮演好指导和监督的角色，从而在公共服务提供方面健全市场准入制度，维护公平秩序，保护各市场参与主体的平等竞争。

截至2014年末，临夏全州公路里程6694.26公里，其中二级以上公路里程597.18公里；通讯方面，临夏州电话用户达15.6万户，其中城市电话用户达10.1万户，占电话用户总数的64.7%；农村电话用户达5.5万户，占电话用户总数35.3%。社会保障方面，年末全州参加失业保险的人数为41078人，领取失业保险金的人数为255人；参加基本养老保险的人数为40220人；参加基本医疗保险的人数为316032人，其中城镇职工106773人；新型农村合作医疗参合人数1586070人，参合率达98.76%；全社会低保户数为187543户，其中农村有135728户，城镇有51815户；低保人数为591346人，其中农村有461068人，城镇有130278人①。从以上数据不难看出，政府部门在西北民族地区农村公共服务供给体系中是最为重要的主体，其承担着政策制定、资金投入、组织实施等多方面的职责，对于动员各方面力量参与农村公共服务供给有着重要影响作用，如监督、指导、协调等。

（二）事业单位

事业单位是我国特有的公共组织形式，在一定程度上承担着社会管理和公共服务供给的职能，特别是在公共服务供给领域更是发挥着重要作用，其涉及领域广泛，包括教育、科技、文化、卫生、体育等。

在甘肃临夏州，事业单位承担着主要的社会公共服务的职能，如截至2014年底，在科技事业方面，全年组织实施各类科技计划项目共计114项，其中国家级和省级项目共计20项，占科技计划项目总数17.5%；州级94项，占科技计划项目总数82.5%；全年共获得各类科技成果奖励项目25项，其中13个项目达到国内领先水平，12个项目达到国内先进水平；全年共申请各类专利总计183件，其中发明专利共计21件，占申请专利总数的

---

① 临夏州统计局：《临夏州2014年国民经济和社会发展统计公报》，2015年4月15日.

11.48%。在教育方面：全州共有各类学校1262所，其中中学103所，占学校总数的8.16%；小学共计1137所，占学校总数的90.1%；九年一贯制学校共计12所，占学校总数的0.95%；中专及职业技术学校共计10所，占学校总数的0.79%；幼儿园240所。在文化方面，全州拥有州级民族歌舞团、博物馆、文化馆、图书馆、美术馆、影剧院、民族文化艺术研究所各1个；县（市）文化馆8个，公共图书馆8个，博物馆（纪念馆）16个，文物管理所6个，乡镇综合文化站123个和农家书屋1185个；建成文化信息资源共享工程县级支中心8个。全州广播电视转播台11座，千瓦以上广播电视转播台11座。在卫生事业方面：年末全州共有医疗单位172个，其中县级及以上医院14个，乡（镇）卫生院129个。体育事业方面，建成省政府体育惠民工程7个，村级体育健身场所90个①。

这些事业单位是推动临夏州经济和社会发展的重要力量，其规模和水平直接影响着当地的经济社会发展，其所提供的各项社会公共服务事业和活动都直接或间接地促进着人民生活水平的提升和生活质量的改善，是少数民族地区农村公共服务多元供给体系中的重要主体。

（三）社会团体

在公共服务供给过程中，社会组织的行动有着多样化，专业、贴近、参与、反应迅速、作用力持久，以及与政府形成相互的督促，从而提升公共服务的效益②。临夏州共有七个国家级贫困县，分别是临夏县、和政县、康乐县、广河县、东乡县、永靖县和积石山县。当地社会事业的发展滞后，一定程度上影响着当地的发展和人民群众生活水平的改善。因此，临夏州少数民族地区社会组织参与公共服务的内容均和当地大力实施的反贫困政策结合为一体，其涉及的领域大多数优先涉及发展基础教育事业、发展地区文化旅游事业、保护生态环境、扶贫的慈善等方面的宣传与倡导，其次是改善当地医疗卫生条件、道路交通和电力等基础设施建设、加强社区基本服务，资金募集（如慈善总会、基金会、公益捐赠活动等），“三农”法律政策咨询近年来也在逐渐发展，并在社会上产生了一定影响。当地许多民间社会组织，以解决当地存在的实际问题为目的而成立，这些组织不仅有利于增进社会各团体之间的交流与合作，也可以参与民族地区公共服务的提供，对于改善公共

① 临夏州统计局：《临夏州2014年国民经济和社会发展统计公报》，2015年4月15日.

② 王名：中国民间组织30年：走向公民社会［M］. 北京：社会科学出版社，2008.

服务供给结构，促进地区经济社会发展具有重要的带动作用。

（四）宗教团体

宗教团体在民族地区农村公共服务供给中具有极其重要的作用。甘肃临夏州以回族为主体，且以信仰伊斯兰教为主，宗教多元化、信教群众为数甚多，居住相对集中。信仰伊斯兰教的回、东乡、保安、撒拉等少数民族占全州总人口的57%[①]，东乡族和保安族是以临夏州为主要聚居地的少数民族。伊斯兰教在临夏有着悠久的历史并对临夏州的文化、社会、经济等有着深远影响。宗教界人士积极参与地方社会公益事业，促进了地方经济社会发展。临夏州充分调动宗教界人士的积极性，发挥其重要的特殊作用，引导宗教界积极参与民族团结进步创建活动，取得了积极显著的成效。据不完全统计，2015年上半年，全市宗教场所为辖区和困难群众发放帮扶资金达200多万元[②]。临夏州信教群众180万，其中伊斯兰教114万。本地区伊斯兰教群众占大多数，因此宗教团体在当地民众的日常生活中的影响极为广泛。在伊斯兰教的主要经典《古兰经》中，关于社会的公益问题的思想主张非常引人注目，比如针对穆斯林社会救济贫困、扶助危难等社会保障事业以及资助教育文化等公共福利事业的思想主张，都有积极的意义[③]。这种福利及公益思想及其在这种公益思想影响下的互助实践在临夏州中也有较多体现。

（五）志愿者组织

志愿者组织强调组织性、志愿性、服务性原则。国内学者对与志愿组织相关的概念给出了详尽的表述。首先，志愿精神是不为报酬和收入而参与推动人类发展、促进社会进步和完善社区工作的精神，是公众参与社会生活的一种非常重要的方式。志愿者精神是公民社会和社会组织的精髓。志愿精神产生于个人对人类及社会的积极认识，是对于社会发展的积极价值取向。其次，志愿工作是指任何人自愿贡献个人的时间和精力，在不为物质报酬的前提下，为推动人类发展、社会进步和社会福利事业而提供的服务。志愿工作的承担主体是志愿者，志愿者是指那些具有志愿精神、能够主动承担社会责

---

① 临夏回族自治州人民政府网：http：//www.linxia.gov.cn/zjlx/lxzgk/.

② 临夏市宗教界以“两个共同”促进社会和谐［EB/OL］.（2015-8-4）［2015-8-19］http：//www.linxia.gov.cn/zwdt/sxdt/8286.html.

③ 马平：试析伊斯兰教的公益问题［J］.青海民族学院学报（社会科学版），1991（1）.

任而不关心报酬的人，或者说是不为报酬而主动承担社会责任的人①。2012年2月，临夏州志愿者协会成立，该协会旨在全面普及志愿服务理念，组织协调和动员社会各方面的力量，广泛开展了扶贫帮困、奉献爱心、抢险救灾、维护社会公共秩序和环境保护等形式多样、富有实效的志愿服务行动，在全社会倡导形成了自觉争当志愿者、踊跃参与志愿服务的良好风尚。因此，在农村公共服务供给体系中，志愿者组织也可以以提供互助服务的形式来补充公共服务供给。

（六）公民个人

公民个人参与农村公共服务供给本身也是公民个体参与公共治理的表现，在此过程中，公民个体可以发表自己的观点，建议并有能力行使参与权，借此也可以强化公民个体的主体性、责任感和公民意识。在政府、事业单位、社会团体、志愿者组织提供公共服务的基础上，公民个人也在一定程度上承担了少部分的农村公共服务供给的职责，既包括生活在当地的公民，也包括来自其他地方的公民。这一点是公民个人充分参与公共治理的体现，也是参与式扶贫过程中所重点关注的方面。公民个人参与公共服务供给也有其自身的优势，可以弥补正式组织和非正式组织在提供公共物品和服务方面由于信息不对称而造成的空白，因而起着重要的补充作用。

第四节 西北民族地区农村公共服务多元合作供给主体间关系协调

农村公共服务多元供给主体关系，涵盖公共服务需求和供给两个方面。需要从两方面来改善：一方面，构建农村公共需求的有效输入机制，即要完善公共服务需求表达机制，根据农民公共服务需求的实际情况提供公共服务，达到公共服务供给的多种选择；另一方面，在了解公众公共服务需求的基础上，要构建和完善以政府部门为主导，事业单位和社会团体为重要辅助，包含有宗教团体、志愿者组织协同，农民积极参与的农村公共服务多元

① 丁元竹，江汛清：志愿活动研究：类型、评价与管理［M］. 天津：天津人民出版社，2001.

供给机制。在培育多元化的农村公共产品供给体系的过程中，明确各个供给主体的基本职责，各主体之间形成一种信任、互补、合作的关系，在此基础上真正形成一种有利于多元化供给的政策和制度环境保障，以最终实现高效能的多元化供给，避免公共产品供给的总量不足和结构失衡的问题。

一、地方政府主导

民族地区地方政府往往是经济建设型政府，其程度比非民族地区更甚，政府的财力、人力、精力大部分用于经济建设、生产投资，必然牺牲对各民族群众的公共服务供给，形成政府失灵现象，影响民族地区的社会和谐①。政府提供基本的公共服务也是其职责所在。特别是在西北少数民族地区，因受自然条件、历史原因、民族特点等方面条件的制约，经济社会发展相对缓慢，农村公共服务缺乏，这又反过来进一步制约着当地的发展。因此，在发展过程中，各级政府都非常重视加快完善本地区公共服务的建设和提供，并将其作为实现促进本地区农村综合全面发展的重要措施，政府在农村公共服务多元化供给中承担着表率者、投资者和规制者的作用②。

第一，促进西北民族地区经济发展，为基本公共服务提供物质基础。导致西北民族地区农村公共服务供给不足的原因是多方面的，但经济发展滞后是根本原因。近些年，在国家西部大开发等一系列政策的带动下，西北民族地区经济发展速度也不断加快，社会事业发展迅猛，农村公共服务供给数量和质量都发生了明显变化，但是与东部地区差距仍然很大。因此，虽然政府间转移支付相对规模十分庞大，但证据显示中国各地区间的财政差距和公共服务差距正迅速扩大，并远远超过备受关注的地区间经济（人均收入）差距③。

第二，积极转变政府职能，将提供基本公共服务作为地方政府的基本职能。根据制约本地区经济社会发展的核心问题和因素，制定切实可行的促进农村公共服务发展的措施，解决农民急需的也是涉及农村居民最基本的生产和生活状况改善的基础设施、教育、科技、文化、医疗卫生等方面的实际困难。政府首先要确实起到政策制定、资金支持以及思想宣传和引领的作用，

---

① 张序："一主二辅"：民族地区公共服务多元化供给的基本模式［J］. 民族学刊，2011（3）.

② 陈世伟：我国农村公共服务供给主体多元参与机制构建研究［J］. 求实，2010（1）.

③ 王雍君：中国的财政均等化与转移支付体制改革［J］. 中央财经大学学报，2006（9）.

从而建立以公众诉求为公共服务供给的指向标，建立以公众需求为导向的农村公共服务提供机制。

第三，建立和完善少数民族地区公共财政体制，以提高公共服务支出比重为导向，优化财政支出结构。以建设公共财政为目标，积极调整财政支出结构，由“建设性财政”“投资性财政”“政绩性财政”转变为以“公共服务”为导向的公共财政制度①。压缩财政的经济建设类支出，把更多的财政资金投向公共服务领域。即通过调整政府财政支出结构，从而改变过去只注重搞项目、重投资的扶贫办法，实现向重视改变民族地区制约农民生活水平提升和生活质量改善的农村公共服务提供的重要转变，这也应该是民族地区农村扶贫开发的要旨所在，是保障民族地区农村居民基本生存权及发展权的基本要求。

第四，促进民族地区农村基本公共服务的均等化。在促进农村基本公共服务均等化方面，政府有着极其重要的责任和作用。早在十六届五中全会关于制定“十一五”规划的建议中首次提出：要按照公共服务均等化原则，加大国家对欠发达地区的支持力度，加快革命老区、民族地区、边疆地区和贫困地区经济社会发展。在十六届六中全会上通过的《中共中央关于构建社会主义和谐社会若干重大问题的决定》又明确提出“完善公共财政制度，逐步实现基本公共服务均等化”的重要论断，并将此列为到2020年中国构建社会主义和谐社会的九大目标之一。因此，加快实现西北民族地区农村公共服务的均等化，应成为整个农村公共服务多元化供给体系构建过程中的重要任务之一。

第五，农村公共服务供给中，重视生态环境保护，突出民族地区特色。民族地区在发展过程中要在公共服务提供中把生态环境保护放在突出位置。党的十七大明确提出要建设生态文明，这也是社会主义现代化建设五位一体总体布局中的重要内容。西北少数民族地区农村大多数生态环境比较脆弱，西北民族地区属高原地带，地形地貌复杂多样，气候以干旱半干旱为主，以高寒著称，降水量稀少而蒸发量很大，水资源严重短缺，沙漠面积大，地面沙化、荒漠化严重，森林覆盖率低，风沙、干热风、冰雹、霜冻等自然灾害频繁，一定程度上制约了本地区的发展，因此要处理好生态环境保护与建设的关系，处理好生态环境开发利用与永续发展的关系，处理好生态环境责任

① 黄伟，高玉：少数民族地区公共服务建设的难点及对策［J］. 新视野，2010（5）.

落实和目标监控的关系。同时，在大力提升公共服务水平与质量的基础上，鼓励各地因地制宜，加强生态环境保护，突出民族地区公共服务特色，实现民族地区经济社会的可持续发展。

二、事业单位辅助

事业单位是西北民族地区农村公共服务的非常重要的提供主体，其领域涉及农村居民生活的各个方面，如教育、卫生、文化、体育、广播电视、道路等。在目前的农村公共服务多元供给体系中，政府也可以通过多种方式实现其公共服务提供的职能，最常用的手段就是政府出资办事业单位，然后由专业的事业单位提供专业化的公共服务，即事业单位承担着本来应该由政府承担的一部分社会管理和服务职能。事业单位构成了政府提供公共服务的重要补充。特别是在西北民族地区，农村基本公共服务的提供最重要来源是各种形式的与民众的基本生活直接相关的诸如学校、医院、文化等事业单位。这些事业单位就是具体生产公共服务进而实现政府向社会提供公共服务职能的社会组织。

第一，明确职责。在继续推进事业单位机构改革的过程中重新定位政府职能，使政府和公益事业单位建立起一种新型关系——管办分离，给事业单位赋予适当的财权和事权，以便更好地开展活动，作为承担和履行社会职责的公共部门，事业单位仍然是西北民族地区农村公共服务供给的主渠道。第二，努力拓宽资金来源渠道。国家应进一步优化西北民族地区农村公共服务财政政策支持体系，为公益事业健康持续发展营造良好的氛围，充分发挥事业单位在提升西北民族地区农村居民文化教育水平、保障生命健康、平等享受社会保障权益等方面的作用。第三，做好事业单位发展规划。事业单位在民族地区农村的活动领域广泛，受益人口众多，在农村公共服务体系建设中意义重大。事业单位明确其职责并拓宽资金来源渠道，需要加强不同部门之间的联系，根据当地经济社会发展实际情况，尊重农民群众意见，做好统一的发展规划。

三、社会团体协同

社会团体具有非政府性、自愿性、公益性、非营利性、自我约束性等特征。同时，根据承担的社会职能、组织形式、宗旨和活动内容等方面的不同又可以划分为不同的类别①。在发展民族地区农村公共服务过程中，应充分注重发挥社会团体的重要作用，这是由社会团体本身的特征所决定的。主要表现在：

第一，少数民族地区社会组织具有很强的灵活性。与政府部门相比，少数民族地区社会组织对于民族地区的实际社会问题和居民服务需求状况更加了解，因而在提供公共服务方面具有高效率、低成本的组织优势。在运行方式上又具有很强的灵活性和适应性，能够及时根据民族地区农村居民公共服务需求的变化对公共服务供给数量与供给方式及时做出有效调整，在一定程度上能够实现公共服务的有效供给。

第二，社会团体作用领域的特殊性。社会组织供给的领域一般适合于小型分散的、接近基层的农村公共服务领域。其活动更有针对性和专业性，领域也具有特殊性，包括对农户生产经营活动的指导，农业科技推广，信息提供和咨询，农产品生产销售服务等。就落后地区而言，社会组织因其作用领域的特殊性能够对贫困地区的农村公共服务供给发挥重要的补充作用。

第三，少数民族地区社会组织贴近基层。民族地区社会组织的服务对象大多以民族地区的社会弱势群体为主，由于他们之间在语言交流、风俗习惯、文化背景等方面相似而更加便于开展工作。少数民族地区的社会组织结合当地实际，遵循“自助”“互助”“助人”的基本原则，在一定程度上可以提供很多政府或市场无法提供的公共服务。由于民族地区社会组织同样具有贴近基层群众的组织优势，因而这些组织开展的活动能够很好地满足民族地区农村居民特殊的公共服务需求。

四、宗教团体自我服务

在西北民族地区，应结合当地的民族和宗教情况，重视宗教团体的自我服务。如甘肃在临夏州，宗教团体在农村公共服务方面的作用与最为重要的宗教社区寺坊发展有关。回族人把以清真寺为中心的聚居区称为“哲玛尔提”，这其实是阿拉伯语的音译，意义是“聚集、集体、团结、共同体”等，意译为“寺坊”。寺坊是回族社会的基层宗教社区，除具有普通社区的特征外，更多地依靠于共同宗教文化的维系②。

---

① 徐双敏，张远凤：公共事业管理概论［M］. 北京：北京大学出版社，2013.

② 周传斌：西海固伊斯兰教的宗教群体和宗教团体［J］. 宁夏社会科学，2002（9）.

在临夏州，伊斯兰文化是临夏州回族社会生活重要的文化资源。宗教生活及伊斯兰文化渗入回族社会生活的各方面。宗教团体也普遍存在于乡村社会，如清真寺及其阿訇等。清真寺扮演着多重角色，既是当地回族人重要的宗教活动场所，又是文化传播的重要窗口。根据伊斯兰教教义的相关规定，清真寺还在发展经济、保护环境、兴教助学等方面发挥着积极作用。如伊斯兰教主张对私有财产加以限制，从各种收入中提出若干作为“天课”[①]，进行社会互助，救济穷人，比如捐资助学、关心残疾人、修建道路、维护民族团结等。因此，应重视和发挥西北民族地区宗教团体在提供公共服务方面的作用，推动当地宗教团体开展与村民的生产、生活密切相关的农村公共服务的供给，如老弱病残的照料服务、文体娱乐休闲及生活便利服务等。

五、志愿者组织广泛参与

志愿者组织的广泛参与可以给民族地区农村公共服务体系的建立和发展提供人员、资金、技术等多方面的支持，对于提高农村居民精神文化生活水平意义重大。西北民族地区农村各个方面的发展相对滞后，随着国家对农村公共服务体系建设的重视，越来越多的志愿者参与到农村公共供给中，其发挥的作用将越来越大。目前，农村仍然是公共服务相对匮乏的地区，在数量和结构以及规模等方面都需要进一步改善和调整，农村居民属于公共服务享受对象中的弱势群体，志愿服务精神是对弱者的关怀和帮助，强调其非政府性、非营利性、公益性和自我实现等。由不同专业的人参与到公共服务的各个方面，对于农村公共服务而言是最为关键的。志愿者组织凭借自身所拥有的专业知识和技术，能够弥补当前农村公共服务体系建设中人才和技术等方面的不足。从整体来看，志愿者服务在农村地区还非常稀缺，需要通过多种渠道和办法让更多的志愿者组织参与农村公共服务的供给。

六、公民个人积极参与

对于个体角度而言，公民是公共服务的直接需求者。从提高民族地区农

---

① 天课，是伊斯兰宗教术语。阿拉伯文单词 Zakat（读音“则卡提”，意为“涤净”）的中文意译，是伊斯兰五大宗教信条之一。伊斯兰教法规定，凡有合法收入的穆斯林家庭，须抽取家庭年度纯收入的 2.5% 用于赈济穷人或需要救助的人，因而又称“济贫税”。在伊斯兰国家，天课一般在每年年底之前抽取，其评估标准和征收办法依据先知穆罕默德生前训令制定。在《古兰经》里，天课也被视为是凭借着自己的财富向真主表达虔诚的一种方式。

村公共服务供给质量与效率角度来看，为实现公民有效参与农村公共服务供给，应重视发挥乡村社会的力量，创造公民参与公共服务的有效路径，使农民真正成为农村公共产品供给中的参与者、监督者和受益者。首先，增强公民个人的责任意识。发展农村公共服务，关系到每个人的利益，公民个人首先应积极参与其中，并承担一定的责任和履行相应义务。其次，增加公民个人的权利意识。对于公民个人享受公共服务的权利也应加以充分保障，积极履行责任和义务的同时，也要明确自身所应享有的公共服务权利。最后，畅通公民个人参与的途径。公民个人参与公共服务供给，需要有便捷、高效、规范的途径，形成公民的有序合理参与，需要由政府和社会对公民个人的有效参与进行必要的规范和引导。

总体而言，构建西北民族地区农村公共产品的多元供给格局是一个复杂的问题，目前的以政府供给为主导的公共服务供给格局不可能短期内改变。另外，从西北民族地区农村当前的实际情况来看，政府仍然负有提供绝大多数公共服务的责任和必要性，但同时需加强与其他主体的联系和协调。需要明确各供给主体的职责范围，并逐步实现政府职能的转变，建立以政府为主导，多元参与合作的供给模式，并建立责任共担机制，以确保农村公共服务的有效供给，推动民族地区农村经济社会可持续发展。

第六章

西北民族地区农民公共服务需求表达机制分析

由于西北民族地区存在民族差异性、地域差异性，服务需求的多样性、复杂性，以及受地方财力约束条件限制，地方政府在公共服务供给中发挥的作用相对有限，农村公共服务的供给严重不足，现有的公共服务供给的类型和结构也与农民的实际需求存在一定程度的偏差。解决这些问题必须从西北民族地区现阶段发展的实际情况出发，因地制宜，合理构建农民公共服务需求表达机制，改变自上而下的公共服务供给模式，建成以西北民族地区的农民公共服务需求为导向的，政府主导、社会协同、公民参与的公共服务供给新模式，提高西北民族地区农民公共服务供给效率和质量。

第一节 西北民族地区农民公共服务需求类型与结构分析①

农民公共服务需求是指农民对于各类公共产品和公共服务的现实需求，这种需求的有效满足必须建立在了解其内容及变化趋势的基础上。农村公共服务的有效供给必须以了解和掌握农民的真实需求为前提②。为了最大限度满足农民公共服务需求，需要对其公共服务基本类型、结构层次及其变化趋

① 自本节开始本章部分内容发表于：刘书明：民族地区农民公共服务需求类型与结构差异——基于甘肃省临夏回族自治州的实证研究［J］. 甘肃社会科学，2016（6）.

② 孙翠清，林万龙：中国农村公共服务需求问题研究——基于农户视角［M］. 北京：经济科学出版社，2011.

势进行科学分析和研判。农民公共服务需求类型与结构影响和决定农村公共服务供给结构。构建民族地区农民公共服务偏好优先次序图，分析了农民公共服务优先序，以及不同民族的农民公共服务需求类型与结构差异性。优化农村公共服务供给结构，有利于提高农村公共服务供给质量与效率。

一、农民公共服务需求类型与结构的理论分析

（一）民族地区农民公共服务需求类型的理论分析

公共服务需求类型与公共服务分类是紧密相关的。从公共利益视角分析，公共服务源于公共需求。公共需求是当众多的人作为一个整体时所产生的需求，它不是个人需求的简单加总，而是社会共同的、整体的、综合的和理性的需要，具有整体集合性和公益性。公共服务就是提供物化形态或非物化形态的服务满足公共需求的过程[①]。一般来说，按照其特点可以将公共服务分为纯公共服务和准公共服务；按照公共服务功能，可以分为维护性公共服务、经济性公共服务和社会性公共服务；根据公共服务受益范围，可以将公共服务分为全球性公共服务、全国性公共服务和地方性公共服务；根据公共服务发展水平，可以将公共服务分为基本公共服务和非基本公共服务。

农村公共服务是满足农民共同生活和生产需要的各类服务。农村公共服务是在农村地域范围内提供的用于满足农户生产、生活需要的，具有消费的非竞争性、受益的非排他性和受益的外溢性等特征的各种服务，其隶属于农村公共产品范畴[②]。在消费方面具有一般公共服务的基本特征，决定了在农村公共服务供给过程中可能存在“搭便车”问题，并由此导致农村公共服务供给不足。如奥斯特罗姆所言：任何时候，一个人只要不被排斥在分享由他人努力所带来的利益之外，就没有动力为共同利益做贡献，而只会选择做一个搭便车者。如果所有参与者都选择搭便车，就不会产生集体利益。然而，如果搭便车的诱惑支配了决策的进程，最终的结局将是任何人所不希望的[③]。

农民公共服务需求指农民对于各类公共产品和公共服务的现实需求。具

---

① 孙晓莉：公共服务论析［J］. 新视角，2007（1）.

② 孙翠清，林万龙：中国农村公共服务需求问题研究——基于农户视角［M］. 北京：经济科学出版社，2011.

③ 艾莉诺·奥斯特罗姆：公共事物的治理之道［M］. 余逊达，陈旭升译，上海：上海译文出版社，2012.

有以下特点：第一，需求的真实性。公共服务需求是基于农民个人的真实的现实需求，而不是超越个人的抽象需求；第二，需求的共享性。公共服务需求不是单个人或少数人的需求，它是一定地域或空间范围内的多数人的共同需求；第三，需求的不可传递性。公共服务需求不是个体需求的简单相加，个体需求经过公共选择过程聚合为公共需求。

由于经济发展水平、文化传统以及个体自身因素的影响，农民公共服务的需求具有地域差异性。这意味着处于不同发展阶段的地区，农民公共服务的需求类型与层次结构都存在一定的差异性。农民公共服务类型划分必须综合考虑地方经济发展水平以及文化等因素。民族地区经济社会发展落后，发展能力不足，城乡差别较大。综合考虑经济社会发展水平和民族地区人口分布特点，将民族地区农民的公共服务需求分为五类：民生型需求、安全型需求、发展型需求、文化型需求和生态型需求。

1. 民生型公共服务需求

民生指民众的基本生存和生活状态，以及民众的基本发展机会、基本发展能力和基本权益保护等方面。民生型公共服务需求指社会成员对于提高自身生存能力和生活水平的需求①。民族地区农民的民生型公共服务需求，主要包括与农村弱势群体的救助有关的社会保障需求、农村饮用水需求、农村公共卫生需求、农村义务教育、农村公共道路需求等。民族地区经济发展基础薄弱、发展能力相对不足，贫困问题没有得到根本解决，农村弱势群体的生存得不到有效保障，亟待对其进行有效的救助。受特殊的地理位置、生态环境等多种因素影响，民族地区农村缺少安全的饮用水。农村公共卫生设施严重不足，公共卫生设施成为农民主要公共需求。民族地区教育资源不足，教育资源分配不均，农村义务教育事业发展落后。农村公路建设发展相对缓慢，制约和影响了农村经济社会发展。

2. 安全型公共服务需求

安全型公共服务需求指民族地区农民对农村社会秩序稳定与安宁的需求。主要包括农村社会治安、农村公共安全、农村法律援助、农村自然灾害与突发公共危机应急管理等方面。农村社会治安是指在法律、法规及制度的约束下农村社会呈现出的安定有序的状态。农村公共安全指农民正常生活和

---

① 李有发：民生需求及其结构：一个社会学视角的理论分析［J］．甘肃社会科学，2014（5）．

社会活动所需要的稳定的外部环境。民族地区农村经济社会发展滞后，社会不稳定诱发因素较多，加强公共安全管理，维护农村良好的公共秩序，保障农民的合法权益成为主要的公共服务需求。法律援助是一项保障社会弱势群体合法权益的社会公益事业。作为国家司法制度的重要组成部分，农村法律援助通过向农村缺乏足够维权能力、经济困难的当事人提供法律帮助，使他们能平等地享受法律保护。民族地区地理环境复杂，地质灾害频发，以及危害公共安全事件容易发生，农民的生存面临诸多威胁。农村自然灾害防范与突发公共危机应急管理成为民族地区农民重要的公共需求。

3. 发展型公共服务需求

发展型公共服务需求是指农民对与农业生产相关的基础设施，以及与自身发展相关的农业科技推广培训等方面的需求。民族地区农民的发展型公共服务需求主要包括农村公共就业、农业科技推广与培训、农村金融发展与市场监管和农村基础设施建设等方面的需求。民族地区多数农民受教育水平偏低，缺乏现代农业和城市工作所需的专业技能，只能从事相对简单的体力劳动，不能满足劳动力市场劳动力结构层次需要，成为影响其就业能力与选择的重要因素。随着现代农业的发展，大量的新技术被应用到农业生产过程中，将极大地提高农业的生产效益，民族地区农民更加需要这些新技术来改善原有的生产模式以提高收益，但缺乏学习和引进这些新技术的有效渠道将制约和影响农业生产技术的推广，农业技术推广培训成为农民主要的公共服务需求。

4. 文化型公共服务需求

文化型公共服务需求是指社会成员对于积极健康的精神文化生活方面的需求。民族地区农民文化型公共服务需求包括对农村广播电影电视、农村公共体育设施及活动、农村文化活动中心及活动和民族文化传承等方面的需求。广播电影电视可以丰富农民的文化生活，引导农民崇尚科学、诚信守法、移风易俗，养成积极健康文明的生活方式。农村公共体育设施严重不足，不能满足农民日益增长的公共体育需求。乡村文化站是乡村文化活动的重要载体和平台。随着社会的发展和进步，民族地区农民正在逐步摆脱相对封闭式的生活状态，对于乡村文化设施及活动有着强烈的需求。民族地区乡村文化设施建设相对滞后，已不能满足农民日益强烈的需求。加强文化设施建设，开展具有地方和民族特色的乡村文化活动，满足农村居民日益增长的文化需要成为地方政府公共服务供给的重要内容。

5. 生态型公共服务需求

生态型公共服务需求是指农民对生存环境、生态和谐发展的需求。民族地区农民生态型公共服务需求，主要包括对农村生态保护、农村环境建设、村庄绿化美化等方面的需求。民族地区生态环境恶劣，水土流失严重，影响到当地农民的生存和生活质量。加快民族地区自然资源的合理开发和有效利用，加强农村生态环境保护和建设，直接关系到农民的增收和生活水平的提高，成为民族地区农民当前重要的生态型公共服务需求。

（二）民族地区农民公共服务需求层次结构的理论分析

按照马斯洛的需要层次理论，需求可以分为生理需求、安全需求、爱和归属需求、尊重需求和自我实现需求五类，依次由低层次到高层次排列。五种需求从低到高逐级递升，但并非完全机械式递增或上升。需求层次理论有两个基本条件：第一，某一层次需求获得满足，另一层次需求才出现；第二，在多种需求未获满足前，首先应满足最为迫切的需求，迫切需求被满足后才显示出其正向激励效应。

在特定的社会发展阶段，公共服务需求既表现出一定程度的结构性，也表现出区域、群体和社会阶层的差异性。这种结构性和差异性主要源于经济社会发展的结构性状态，公共资源配置的结构性问题以及农民个体差异性。农民公共服务需求的结构性和差异性不仅表现在不同的需求内容方面，也表现在相同需求内容的不同层次方面。农民公共服务需求的结构性是基于农村经济社会发展条件的差异性以及农民服务诉求的多元性而形成的。不同区域的农村，即使同一农村的不同发展阶段，对农民公共服务需求的内容与层次也存在一定程度的差异性。

农村公共服务供给的本质是政府等公共组织对农民公共需求变化做出积极回应，以实现农民公共利益的过程。这种需求导向要求政府按照一定的梯次等级来提供农村公共服务，即在准确把握农民需求变化的前提下，首先满足那些农民最迫切需要解决的，涉及民生大计的基本公共需求，提供教育、医疗和社会保障等方面的服务[①]。民族地区农民公共服务需求有多种，但是对于这些需求得到满足的渴望程度存在差异。民族地区农民对于民生型公共服务需求得到满足的渴望程度最为强烈，其次为安全型公共服务，之后为发

---

① 陈国权，张岚：从政府供给到公共需求——公共服务的导向问题研究［J］. 人民论坛，2010（1）.

展型公共服务需求和文化型公共服务需求，最后为生态型公共服务需求。不同需求类型及其包括的具体需求内容形成了民族地区农民主公共服务需求类型与层次的结构框架。

民族地区农民公共服务需求多样化，将其划分为以上五种类型，是根据地方经济社会发展状况划分的，并不意味着这些不同类型之间的公共服务需求是孤立的、绝对的。民生型需求、安全型服务、发展型需求、文化型需求的生态型需求等五种类型的公共服务需求自成体系，形成相对独立的结构体系。民生型公共需求是民族地区农民最基本的需求，它涉及关系农民生存、生活最基本的方面，只有满足了民生型公共需求才能可能出现后续的诸多公共服务需求，在民生型和安全型公共服务需求得到满足后，通过培训和新技术的引进与推广，不断提高自身科学文化水平，使得农民具备能够学习和掌握先进技术的能力，开展积极健康丰富的文化活动，引导农村社会积极有序发展。

二、民族地区农民公共服务需求类型与层次结构的实证分析

（一）民族地区农民公共服务需求的优先次序

民族地区农民公共服务需求偏好及优先次序对政府公共服务决策质量与效率具有重要影响。分析农民公共服务需求类型及其优先顺序，是构建新型农村公共服务体系的逻辑起点，应是农村公共服务研究的重点。通过问卷调研数据统计整理，对民族地区政府公共服务供给与农民公共服务需求的优先次序进行对比，结果如表 6 - 1 所示。

表 6 - 1　民族地区农村公共服务供给与农民公共服务需求优先次序对比

农民需求类型	农村公共服务内容	政府供给			农民需求		
		频数	占比（%）	次序	频数	占比（%）	次序
民生型公共服务需求	农村社会保障	321	92.8	1	285	82.3	2
	农村饮用水安全	263	76.1	3	90	26.1	11
	农村公共卫生与医疗	316	91.3	2	299	86.4	1
	农村义务教育	263	76.0	4	222	64.2	3
	农村公共道路	189	54.5	7	95	27.5	10
安全型公共服务需求	农村社会治安	142	41.0	12	120	34.6	7
	农村法律援助	156	45.0	10	61	17.6	14
	农村自然灾害与突发公共危机应急管理	220	63.6	5	88	25.4	12

续表

农民需求类型	农村公共服务内容	政府供给			农民需求		
		频数	占比(%)	次序	频数	占比(%)	次序
文化型公共服务需求	农村广播电影电视	164	47.5	9	131	37.8	5
	农村公共体育活动	146	42.2	11	103	29.8	9
	农村文化活动	73	21.1	15	126	36.3	6
	民俗文化传承	46	13.2	16	167	48.2	4
发展型公共服务需求	农村公共就业	16	4.5	19	57	16.5	15
	农业科技推广培训	215	62.2	6	46	13.4	16
	农村金融发展与市场监管	123	35.5	14	33	9.4	18
	农村基础设施建设	169	48.8	8	64	18.6	13
生态型公共服务需求	农村生态保护	137	39.5	13	112	32.4	8
	农村环境建设	37	10.6	17	39	11.4	17
	村庄绿化美化	22	6.4	18	25	7.2	19

通过表6－1可以发现，从公共服务的政府供给层面分析，农民看法存在一定的差异。即农村公共服务项目在何种程度上应由政府供给，农民的看法是存在差异的。排在前三位的分别是农村社会保障、农村公共卫生与医疗和农村饮水安全。首先，农村社会保障。随着民族地区农村经济社会发展，农民就业方式和家庭结构发生很大变化，以及农村老年人口增加，农村社会保障受到农民更多关注，但是目前社会保障体系的不完善以及由此导致的保障水平低等诸多现实困境，使得农民对政府提供社会保障服务具有很高的期待。其次，农村公共卫生与医疗。尽管农村公共卫生与医疗事业有了很大发展和改善，但是相对而言，农村公共卫生与医疗事业同城市存在较大差距，卫生资源的城乡分布不均导致城乡卫生服务差异较大，难以满足农民对医疗卫生的需求。最后，农村饮用水安全。饮水安全直接关系民族地区农民身体健康和生命安全。民族地区干旱少雨，部分地区农民缺少干净、安全的饮用水，生存环境面临极大挑战。通过政府实施农村饮水安全工程，提供水质优良、水量充足、用水方便的农村安全饮水，民族地区农民对此有较高的期待和关注。

民族地区农民公共服务需求优先次序方面，排在前三位的分别是农村公共卫生与医疗、农村社会保障和农村义务教育。农民对政府提供农村公共卫生与医疗、农村社会保障这些公共服务具有较高期待，源于以上公共服务与农民自身生活质量紧密相关，而这些公共服务是目前民族地区的短板。甘肃临夏州目前没有三级甲等医院，县级医疗卫生服务机构建设标准低，乡镇卫生院普遍缺乏配套设施，76%的行政村无标准化卫生室，26%的行政村无村医。农民较高的主观期待与巨大的现实差距使得这些服务成为农民诸多公共服务项目中最为紧迫的需要。国家实施义务教育，其根本目的在于提高国民素质。由于经济社会发展落后，文化传统和家庭观念等多种因素的影响，民族地区农村义务教育发展相对滞后，不仅制约和影响民族教育事业的整体发展，也影响地方经济社会的发展。临夏州人均受教育年限仅为6.62年，与全国和甘肃省分别相差2.88年、1.55年，农村人口中高中以上文化程度的不足5%，小学以下文化程度的高达40%。农民渴望子女通过接受良好的义务教育，提高自身素质，为未来发展打下较好基础，进而提高自身及家庭的生活质量。

（二）民族地区农民公共服务需求的民族差异

民族地区民族构成呈现多样性特点，包括藏族、回族、土族、东乡族、保安族、裕固族等，不同民族呈“小分散、大聚居”格局。宗教因素使不同民族在历史发展中形成了独具特色的民族文化，不同文化背景下的少数民族的各自发展水平也不尽一致，这种差异性直接导致民族地区农民公共服务需求呈现出差异性，不同民族的农民公共服务需求类型与层次存在差异，即使同一民族在不同发展阶段其公共服务需求优先次序也存在一定差异，不同民族的公共服务内容与供给方式选择亦具有差异性。

结合实际调研数据，通过对应分析的技术方法研究不同民族对公共服务需求的差异性，使用民族变量构成的交互汇总数据来解释不同民族与公共服务需求之间的联系。对应分析是在R型因子分析与Q型因子分析的基础上发展起来的一种多元统计分析方法。因子分析中，如果研究对象是变量，则采用R型因子分析，它是从变量的相关系数矩阵（或者协方差阵）出发寻找变量的公因子；如果研究对象是样品，则采用Q型因子分析，它是从样品的相似矩阵出发，寻找样品的公因子。对应分析结果可以通过对应表和关联图予以展示。以民族因素为解释变量，以不同类型的公共服务需求为被解释变量的对应表和对应图如表6-2和图6-1所示。

表 6-2　　民族地区不同民族的公共服务需求偏好对应表

民族	民族地区农民公共服务需求类型					
	民生型公共服务需求	安全型公共服务需求	发展型公共服务需求	文化型公共服务需求	生态型公共服务需求	有效边际
汉族	71	35	13	3	16	138
回族	51	28	7	3	11	100
东乡族	20	26	7	4	11	68
保安族	2	3	0	0	0	5
撒拉族	1	0	1	0	2	4
土族	2	2	1	1	2	8
有效边际	147	94	29	11	42	323

表 6-2 是变量“民族”和“公共服务类型”构成的列联表，从该表可以看出两个变量之间的对应关系，表中最后一行和最后一列中的有效边际是每一行或者每一列的元素和。基于对应表形成的对应分析结果汇总表如表 6-3所示。

表 6-3　　不同民族的公共服务需求偏好对应分析结果汇总表

维数	奇异值	惯量	卡方	Sig.	惯量比例		置信奇异值	
					解释	累积	标准差	相关
								2
1	0.212	0.045			0.571	0.571	0.057	0.127
2	0.168	0.028			0.356	0.926	0.047	
3	0.071	0.005			0.064	0.990		
4	0.028	0.001			0.010	1.000		
总计		0.079	25.481	0.000[a]	1.000	1.000		

a. 20 自由度

表 6-3 中卡方是检验的统计量的值，其相伴概率值（0.000）表明两组变量不独立，也即变量“民族”和“公共服务类型”之间具有相关性。四个惯量分别是 0.045、0.028、0.005、0.001，对应的解释惯量比例分别是 0.571、0.356、0.064、0.01，前两个惯量占总惯量的比例累计达到了 92.6%，因此，选取 2 维维数足以解释两个变量之间的对应关系。

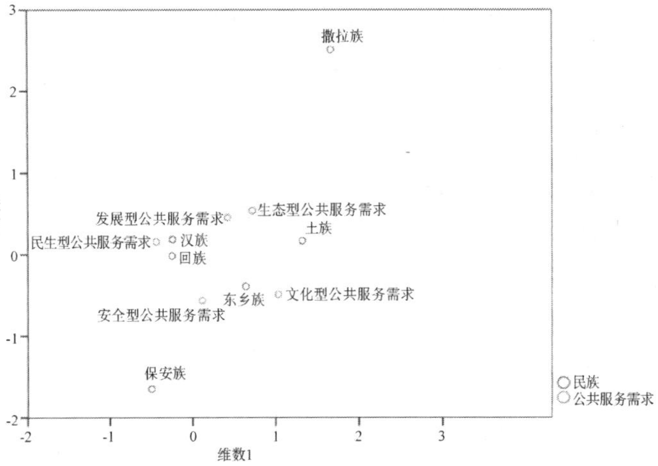

图 6－1　不同民族的公共服务需求偏好对应分析标准化的对应分析图

从图 6－1 的结果来看，被解释变量“公共服务”的 5 种类型在第一维数上分布的相对分散，极差为 1.474，而在第二维数上分布的相对集中，极差为 1.103；解释变量“民族”的 5 种类型在第一维数上分布的相对集中，极差为 2.169，而在第二维数上分布的相对分散，极差为 4.165。这意味着，维数 1 更多地表达了目前民族地区农村居民最需要的公共服务这一变量的信息，维数 2 则反映了民族地区民族类别的分布状态。

从图 6－1 中（0.0）原点出发，结合表 4 的民族地区农民需求偏好对应表，可以发现：不同民族的公共服务需求偏好存在着显著的差异性。民族地区的汉族、回族、东乡族、保安族、撒拉族和土族对于民生型、安全型、发展型、文化型、生态型公共服务需求的数量和有效边际量存在着很大的差异。同一民族对于不同的公共服务类型的需求状况存在着差异性，从不同民族公共服务需求类型的结构状况来看，汉族公共服务需求结构中民生型需求偏好最高，文化型公共服务需求偏好最低；回族民生型公共服务需求偏好最高，文化型公共服务需求偏好最低；东乡族安全型公共服务需求偏好最高，文化型公共服务需求偏好最低；保安族、撒拉族和土族各类公共服务需求偏好的量虽然较低，但同样存在着差异性。民族地区公共服务需求偏好最高的是民生型公共服务，汉族、回族、东乡族、保安族、撒拉族和土族对于民生型公共服务需求有效边际为 147，占到了总需求状况的 45.51%，其中，汉族对于民生型公共服务的需求最高，占 51.45%，回族对于民生型公共服务服务需求次之，占 51%，也就是说，民生型公共服务在民族地区具有非常重要的地位。相对而言，农民对文化型和生态型公共服务需求偏好相对较弱。

民族地区农民公共服务需求存在差异性的主要原因有三个：一是公共服务需求主体的差异性，民族地区不同民族的文化背景存在差异，在文化传统的影响下，不同民族的生活方式存在差异，这决定其行为模式也存在差异性。二是地区差异性，民族地区复杂的地理地貌特征以及气候特征，直接导致不同民族地区农民的生存与生活方式存在显著的差异性，不同地区社会发展现状千差万别，农民面临的具体实际境况不同，这是导致民族地区农民公共服务需求存在差异的原因之一。三是公共服务供给主体的差异性，地区间发展水平差异导致地方政府在政策制定中的偏好不同，公共服务供给的类型和结构与农民实际需求存在一定程度的偏差，这也是导致农民公共服务需求出现差异的重要原因。

第二节 西北民族地区农民公共服务需求表达方式与影响因素

一、西北民族地区农民公共服务需求表达体系构成

（一）需求表达的主体

所有的供给都是为了满足一定的需求。公共服务供给是为了满足不同主体的服务需求。公共服务需求表达的主体包括个体、家庭、企事业单位和社会组织。个体公共服务需求的类型和结构相对比较复杂，处于不同阶层的个体生存、生活状态千差万别，这就要求公共服务的提供者必须充分考虑服务对象的多样化，制定出能够满足不同群体公共服务需求的供给方案，以便优化公共服务资源配置。家庭作为公共服务需求表达的主体，其需求类型和结构相对单一，因为不同家庭可能都面临同样的困境和公共服务需求。企事业单位和社会组织的公共服务需求也存在一定程度的一致性。不同的组织在发展中面对的监管者是同一个政府，政府职能和治理水平是制约组织公共服务需求得到满足的主要因素。事业单位和社会组织作为公共服务需求的主体有一定的特殊性，一般情况下，它们既是公共服务需求者，同时又能满足社会成员一定的公共服务需求。

（二）需求表达的客体

公共服务需求表达的客体包括政府组织、NGO、社会组织。政府在公共服务供给中处于主导地位，是公共服务需求表达的主要对象，其中包括众多的行政机构、单位以及派出机构，提供的公共服务涉及文化、教育、住房、卫生等方面，覆盖面广、总量大，能够满足社会成员大部分需求。近年来，随着 NGO 的迅速发展，其数量和规模都在不断扩大，并且在公共服务供给中发挥了显著的作用，由于专业化水平较高，NGO 提供的公共服务质量得到了有效保障，跨国性的大型 NGO 在公共服务供给中发挥的作用已被广泛认可。社会组织一般都是由具备专业技术知识的成员组成的，作为公共服务的提供者一般只提供某些方面的服务，专业化水平也相对较高，但是涉及的服务范围有限。

（三）需求表达的内容

公共服务需求表达内容涉及服务需求的多个方面，包括加强城乡公共设施建设，发展教育、科技、文化、卫生、体育等公共事业，为社会成员参与社会经济、政治、文化活动等提供保障。公共服务需求是涉及社会成员生存、生活和发展的直接需求，其内容主要包括基础设施类公共服务，经济类公共服务，公共安全类服务，社会类公共服务等诸多方面。基础设施类公共服务指为公民及其组织提供从事生产、生活等相关的基础设施，如供水、供电、供气，交通运输、邮电通信与气象服务等设施。经济类公共服务是指为公民及企业从事经济活动提供的各种服务，如产品质量维护、消费者权益保护、银行信贷服务和价格管制等。公共安全服务指为公民及各类组织提供的安全服务，如国防军队、警察、消防和安全生产等方面的服务。社会公共服务指为满足公民社会生活的直接需要所提供的各类服务，如义务教育、医疗卫生、社会保障、社会救济及环境生态治理等诸多服务。

农民公共服务需求表达的方式可分为制度化和非制度化两种渠道。其中，制度化渠道主要包括村民自治组织、村基层党组织、乡镇政府；非制度化的渠道主要包括非官方网站、媒体、农民合作社、新媒体平台等。制度化的渠道是公共服务需求表达的主要方式，一般情况下，通过这些渠道表达的需求意愿都能得到相关部门或单位的回应，但是公众在通过制度化的渠道表达需求意愿时，通常程序烦琐，环节较多，信息要逐级传递，比较耗时。借助于日益发达的互联网技术以及手机通信技术，非制度化的渠道越来越受到人们的关注和追捧，只要通过手机等通信工具，公众足不出户就可以在一些媒体平台上自由、方便、快捷的表达自己的需求意愿，并且能够迅速地被其他公众所获悉，但是互联网络中存在海量的信息，公众通过非制度化的渠道表达的需求意愿不一定能够立即引起政府相关部门的关注。另外，政府对于这些非制度化渠道的利用还缺乏全面的规划和设计，公众表达的需求意愿甚至不会得到回应。虽然非制度化的渠道在公众表达需求意愿时提供了灵活的方式和便捷的平台，公众对于非制度化渠道的使用也越来越频繁，但是这些非制度化的渠道仍未得到政府的有效利用。

二、西北民族地区农民公共服务需求表达的影响因素分析

（一）西北民族地区农民公共服务需求影响因素的理论分析

1. 服务满意度理论

服务满意度反映的是消费者的一种心理状态，它来源于消费者对某种产品或服务消费后所产生的主观感受与自己的期望所进行的对比。“满意”并不是绝对的，而具有相对的。满意是公民享受公共服务后的一种心理体现或主观感受。满意度是顾客满足情况的反馈，它是对产品或者服务性能，以及产品或者服务本身的评价；是一个与消费的满足感有关的快乐水平，包括低于或者超过满足感的水平，是一种心理体验[①]。服务满意度是可变的，对于同一事物，不同个体的满意度是存在差异的。同一个体的满意度随着条件的变化将会发生变化。只有对导致不同的个体或群体的满意度因素及其变化状况非常了解，才有可能提高服务满意度。

1989 年，美国密歇根大学的科罗斯・费耐尔博士在系统总结质量研究成果的基础上，将顾客满意度的数学运算方法和顾客购买商品的心理感知结合起来，提出了将购买商品的价格、顾客主观期望以及购买后的主观感知等多种因素组成计量经济模型，即费耐尔逻辑模型。它主要被用于研究影响顾客满意度的各种因素，以及相互之间的关系，已被世界上许多国家运用于各类满意度的评价。

2. 服务需求的影响因素

服务需求的影响因素主要有文化因素、社会因素、个人因素、心理因素。文化传统对公众价值观的形成有直接作用，且能够影响到生活的各个方

① 徐友浩，吴延：顾客满意度在政府绩效评估中的运用［J］. 天津大学学报（社会科学版），2004，6（4）.

面，不同的文化传统会导致不同的行为模式，能够直接影响顾客的需求类型和结构。另外，处于不同社会阶层、群体的社会成员的生活方式千差万别，同一社会阶层或群体中的个体在行为上趋向一致，不同社会阶层或群体中的个体在行为上存在明显差异，这就导致社会因素对顾客需求起到了间接的影响作用。而年龄、性别、职业、可支配收入等个人因素是导致不同个体间行为差异性的直接原因，个人因素直接决定其需求的类型和结构；心理因素则是影响个体行为的直接原因，心理因素包括动机、知觉、学习、信念和态度以及自我形象五个方面，不同的方面在影响个体需求过程中发挥的作用也不尽相同。

（二）西北民族地区农民公共服务需求影响因素分析

1. 农民的民主权利意识

西北民族地区社会发展水平较低，农民民主权利意识薄弱，这在一定程度上影响了农民公共服务需求的有效表达。西北民族地区农民受教育程度低，法律知识与权利意识相对较弱，这些在一定程度上影响他们民主政治参与的主动性和积极性，因而对于农村基层民主选举、民主管理和民主监督缺乏正确的认知和有效的参与，即使在这些活动中也不能有效准确地表达自身的各种利益需求。多数情况下不愿参与基层民主治理的相关活动，有时表现出一定程度上的从众行为，导致基层的民主管理不能很好实现，民主监督缺失，农民权利得不到有效的保障，农民公共服务需求表达由于受到限制往往得不到及时有效地反馈。

2. 民族地区农民自身特征

西北民族地区差异显著，各地居民从文化传统到风俗习惯都存在显著的地域差异，这种差异表现在农民生活的各个方面，也会对农民公共服务需求表达方式及效果产生重要的影响。具体而言，西北民族地区的民族性与区域性特征，直接影响农民公共服务需求的表达方式。因为，民族文化会直接影响农民的生活方式与风俗习惯，不同的民族文化使得农民语言沟通与表达方式出现差异性，这种差异会在公共服务需求表达过程中得以体现。宗教信仰是西北民族地区农村居民显著的特征，对民族地区农民的公共服务需求内容及表达方式均有重要而直接的影响。在一些地方宗教团体的影响力较大，不同宗教的教义和教规会影响信教教众的思维方式与交流沟通方式。这些使得农民公共服务需求表达过程都会表现出一定程度的宗教性特点。

3. 农村基层自治组织

农村基层自治组织是农村居民公共服务需求表达的主要机构和有效平台。但是目前由于多种原因导致的农村基层组织中存在诸多问题会直接影响到农民公共服务需求的有效表达。首先，西北民族地区农村社会发展落后，宗族信仰比较普遍，以及文化传统的宗教性使得农民的宗教认同相对较高，在一定程度上弱化了农村基层自治组织在农民公共服务需求表达中作用的有效发挥。其次，西北民族地区农民文化程度较低，受传统观念影响，思想相对封闭，加之农民民主权利与义务意识相对淡薄，基层民主参与程度不高，基层自治组织多数情况下仅仅为少数人服务，影响了农村公共服务供给的效率与质量。最后，西北民族地区村落之间的距离相对较远，居民居住相对分散，不同村落的居民在宗教信仰、生活习惯等方面都存在一定的差异，村落居民的分散性和差异性影响了农村自治组织在农民公共服务需求表达中的作用。

4. 经济发展水平

西北民族地区经济社会发展缓慢，基础设施薄弱，生产方式落后，劳动生产率低下，大部分地区农民收入水平较低。西北民族地区农民的传统观念根深蒂固，宗族意识强烈，思想相对保守，农村富余劳动力流动不足，加之地理环境复杂，道路交通不便，导致经济发展水平总体落后。西北民族地区农村产业结构不合理，产业层次较低，第一产业为主，第二、三产业发展落后。此外，资源型经济特征明显，自然资源依赖程度较高，加之市场体制不完善，政府在资源配置中处于主导地位，且政府职能转型滞后，政府职能的“越位”“缺位”“错位”现象普遍存在，由于经济发展的封闭性，导致西北民族地区农村产业化程度较低。

（三）五种满意度对公共服务供给影响的多元对应分析

多元对应分析是在基于研究变量的标准化基础之上，通过分析由属性变量构成的交互汇总数据来解释变量之间的内在联系，是定性数据分析的重要研究方法。通过求解研究变量的维数将研究变量在二维坐标图中展示，可以清楚地反映解释变量对被解释变量的影响程度。在此根据实地调研的问卷数据，具体分析五种满意度对公共服务供给主体、义务教育、公共医疗卫生、社会保障和公共文化的影响程度，从而揭示民族地区农民对公共服务供给的区分程度。

1. 公共服务供给主体影响分析

表 6 – 4 是五种满意度对公共服务供给主体的多元对应分析的模型概况表。表中列出了两维度的特征值和惯量，其中第 3 列为各维度的特征值和平

均特征值；第4列为维度的惯量，显示了两维度的惯量以及它们的均值。从表中可以看出，第1个维度解释了方差的63.732%，第2个维度解释了方差的61.611%，解释效果较好。

表6-4　　模型概况表

维数	Cronbach's Alpha	解释		
		总计（特征值）	惯量	方差的%
1	0.886	3.824	0.637	63.732
2	0.875	3.697	0.616	61.611
均值	0.881[a]	3.760	0.627	62.672

a. 总Cronbach's Alpha基于平均特征值。

根据五种满意度对公共服务供给主体的多元对应分析的模型概况表，进一步通过转换变量的相关性，得出多元对应分析的区分测度表和主要变量标准化的多元对应分析图如表6-5和图6-2所示。

表6-5　　多元对应分析的区分测度表

维数	公共服务供给主体县级政府满意度	乡政府的满意度	村委会的满意度	宗家组织满意度	行业协会满意度	其他组织满意度	有效总计	方差的%
1	0.595	0.674	0.668	0.536	0.730	0.622	3.824	63.732
2	0.584	0.675	0.669	0.596	0.602	0.571	3.697	61.611
均值	0.589	0.674	0.668	0.566	0.666	0.597	3.760	62.672

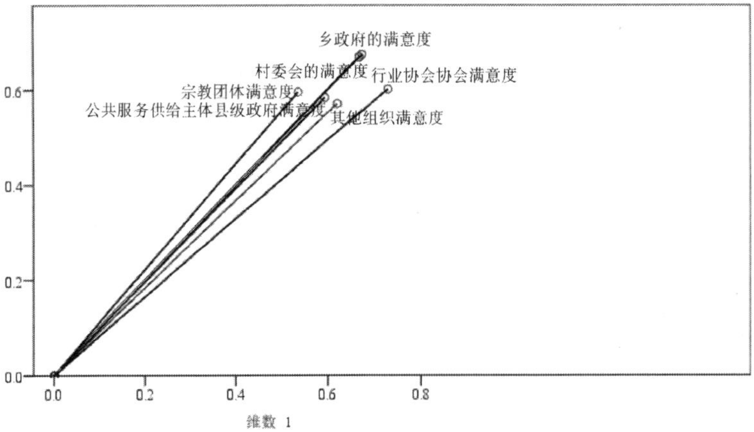

图6-2　多元对应区分测度图

区分测度的值介于 0 ~ 1 之间，数值越大，表明区分程度越高，或者认为差异化程度越高。从图中可以看出，五种满意度对于公共服务供给主体的区分测度由高到低依次为：乡政府、村委会、行业协会、其他组织、县政府、宗教团体。也就是说民族地区居民对于公共服务供给主体中的乡政府具有较高的认同性，换言之，民族地区中的乡政府在提供公共服务中扮演着重要角色，是满足民族地区居民公共服务需求的重要公共组织。

2. 义务教育影响分析

表 6 - 6 是五种满意度对义务教育的多元对应分析的模型概况表。表中列出了两维度的特征值和惯量，其中第 3 列为各维度的特征值和平均特征值；第 4 列为维度的惯量，显示了两维度的惯量以及它们的均值。从表中可以看出，第 1 个维度解释了方差的 60.692%，第 2 个维度解释了方差的 50.733%，解释效果较好。

表 6 - 6　　模型概况表

维数	Cronbach's Alpha	解释		
		总计（特征值）	惯量	方差的%
1	0.928	6.069	0.607	60.692
2	0.892	5.073	0.507	50.733
均值	0.912[a]	5.571	0.557	55.713

a. 总 Cronbach's Alpha 基于平均特征值。

根据五种满意度对义务教育的多元对应分析的模型概况表，进一步通过转换变量的相关性，得出多元对应分析的区分测度表和主要变量标准化的多元对应分析图如表 6 - 7 和图 6 - 3 所示。

表 6 - 7　　多元对应分析的区分测度表

维数	义务教育满意度	师资水平满意度	经费投入满意度	学校设施满意度	学校管理满意度	学校伙食满意度	教学方法满意度	学校距离满意度	"两免一补"满意度	学校其他满意度	有效总计	方差的%
1	0.269	0.532	0.658	0.635	0.654	0.667	0.673	0.680	0.643	0.658	6.069	60.692
2	0.037	0.528	0.555	0.582	0.530	0.458	0.589	0.586	0.642	0.565	5.073	50.733
均值	0.153	0.530	0.607	0.609	0.592	0.563	0.631	0.633	0.643	0.612	5.571	55.713

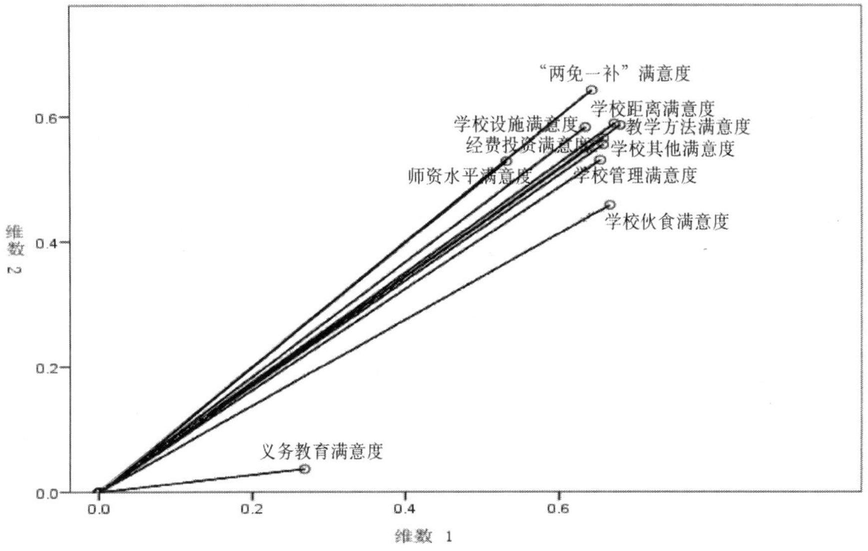

图 6－3　多元对应分析的区分测度图

从图 6－3 可以看出，民族地区农村居民对于义务教育整体的区分测度较低，但对于义务教育过程中的具体类别具有较高的区分度，特别是义务教育过程中的两免一补教育政策的区分测度最高，两个维数的均值达到了 0.643，其次为学校距离和教学方法，二者的测度均值也较高。由于民族地区区社会发展程度的差异性和群体存在的自身特征的限制性，在义务教育公共服务的需求方面表现出更多的对具体公共服务微观政策的区分要求，或者说，义务教育过程中具体的涉及民族居民切身利益的公共政策在民族地区表现出较高的区分度。如两免一补教育政策需求反映了民族地区居民对教育投入产出的综合评价，教学方法反映了民族地区居民对教育水平和综合教育素质需求的综合评价。

3. 医疗卫生影响分析

表 6－8 为五种满意度对公共卫生的多元对应分析的模型概况表。表中列出了两维度的特征值和惯量，其中第 3 列为各维度的特征值和平均特征值；第 4 列为维度的惯量，显示了两维度的惯量以及它们的均值。从表中可以看出，第 1 个维度解释了方差的 70.559%，第 2 个维度解释了方差的 64.055%，解释效果较好。

表 6 -8　　模型概况表

维数	Cronbach's Alpha	解释		
		总计（特征值）	惯量	方差的%
1	0.940	5.645	0.706	70.559
2	0.920	5.124	0.641	64.055
均值	0.931[a]	5.385	0.673	67.307

a. 总 Cronbach's Alpha 基于平均特征值。

根据五种满意度对公共卫生的多元对应分析的模型概况表，进一步通过转换变量的相关性，得出多元对应分析的区分测度表和主要变量标准化的多元对应分析图如表 6 -9 和图 6 -4 所示。

表 6 -9　　多元对应分析的区分测度表

维数	医疗卫生满意度	医疗费用满意度	医疗设备满意度	服务态度满意度	卫生状况满意度	服务便捷满意度	医疗质量满意度	医疗服务其他要素满意度	有效总计	方差的%
1	0.400	0.629	0.850	0.808	0.827	0.724	0.722	0.684	5.645	70.559
2	0.246	0.554	0.742	0.697	0.763	0.655	0.729	0.738	5.124	64.055
均值	0.323	0.592	0.796	0.752	0.795	0.690	0.725	0.711	5.385	67.307

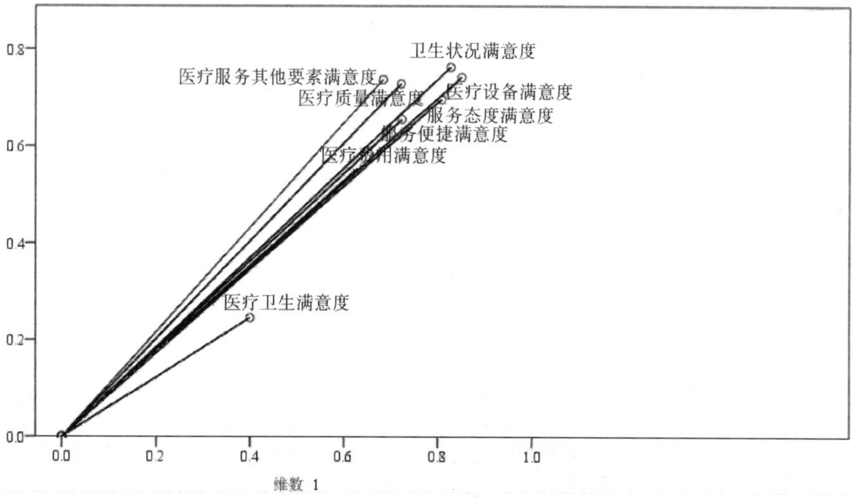

图 6 -4　多元对应分析的区分测度图

公共卫生是公共服务供给的重要组成部分，民族地区公共卫生需求的区分测度集中体现在医疗设备和卫生状况等具体的卫生服务项目上。具体而言，医疗设备的公共服务需求的维数均值达到0.796，卫生状况的维数均值达到了0.795，医疗质量的维数均值达到了0.725，也就是说，民族地区居民对于医疗设备和医疗卫生状况的需求区分程度较高，这也反映出公共卫生医疗综合水平对于民族地社会发展和满足民族地区公共服务需求的重要性。此外，民族地区居民对医疗费用的区分测度较低，这也就是说，公共服务的定价机制和公共服务的市场价格并非是公共服务需求主体所应当考虑的，这也体现了公共服务需求主体在消费公共服务方面的非竞争性。

4. 社会保障影响分析

表6-10是五种满意度对社会保障的多元对应分析的模型概况表。表中列出了两维度的特征值和惯量，其中第3列为各维度的特征值和平均特征值；第4列为维度的惯量，显示了两维度的惯量以及它们的均值。从表中可以看出，第1个维度解释了方差的71.036%，第2个维度解释了方差的66.010%，解释效果较好。

表6-10　　模型概况表

维数	Cronbach's Alpha	解释		
		总计（特征值）	惯量	方差的%
1	0.942	5.683	0.710	71.036
2	0.926	5.281	0.660	66.010
均值	0.934[a]	5.482	0.685	68.523

a. 总 Cronbach's Alpha 基于平均特征值。

根据五种满意度对社会保障的多元对应分析的模型概况表，进一步通过转换变量的相关性，得出多元对应分析的区分测度表和主要变量标准化的多元对应分析图如表6-11和图6-5所示。

表6-11　　多元对应分析的区分测度表

维数	社会保障满意度	社会保障覆盖范围满意度	保障公平性满意度	保障透明性满意度	社会保障管理水平满意度	社会补助和社会救济金发放标准满意度	社会保障办理程序和手续的满意度	社会保障服务其他方面满意度	有效总计	方差的%
1	0.343	0.691	0.755	0.811	0.777	0.798	0.818	0.689	50.683	71.036
2	0.226	0.630	0.692	0.762	0.730	0.765	0.791	0.683	5.281	66.010
均值	0.285	0.661	0.724	0.787	0.754	0.781	0.805	0.686	5.482	68.523

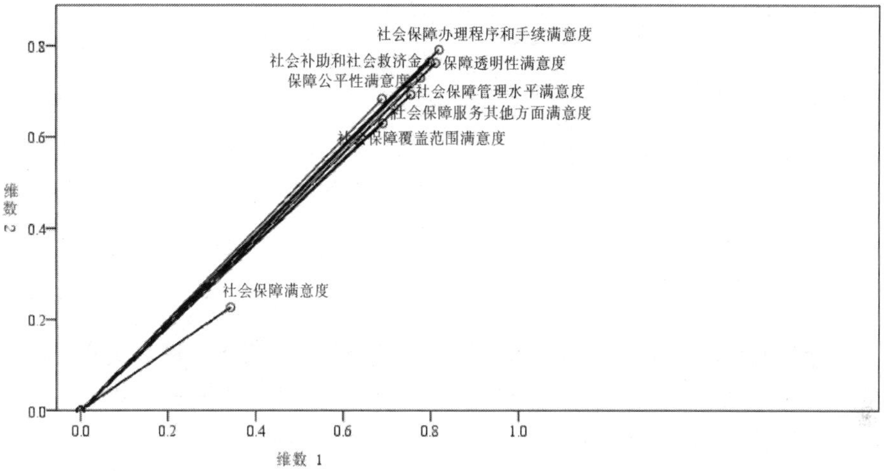

图 6－5　多元对应分析的区分测度图

社会保障是关系民族地区居民基本生活状况的重要条件，更是实现经济发展和社会稳定的基本保障。民族地区居民对于社会保障办理程序和手续的满意度区分测度最高，两个维数的区分测度均值为 0.805，其次是社会保障透明度和社会保障管理水平的区分测度，两个维数的均值分别为 0.787 和 0.781。也就是说，对于社会保障公共服务，民族地区对于其办理的程序和手续表现出最高的区分，或者说，社会保障过程中的行政流程及行政条件对于提高民族地区社会保障公共服务水平具有重要的影响。反之，民族地区居民的满意度对社会保障实施和管理起到制约性作用。社会保障的透明度和社会保障管理水平关系到社会保障覆盖面的公平性和社会保障资金的保值增值问题，民族地区居民较高的区分测度说明对于社会保障的态度影响着社会保障公平的实现。

5. 公共文化影响分析

表 6－12 是五种满意度对公共文化的多元对应分析的模型概况表。表中列出了两维度的特征值和惯量，其中第 3 列为各维度的特征值和平均特征值；第 4 列为维度的惯量，显示了两维度的惯量以及它们的均值。从表中可以看出，第 1 个维度解释了方差的 79.620%，第 2 个维度解释了方差的 68.419%，解释效果较好。

表 6-12　　模型概况表

维数	Cronbach's Alpha	解释		
		总计（特征值）	惯量	方差的%
1	0.963	6.370	0.796	79.620
2	0.934	5.474	0.684	68.419
均值	0.950[a]	5.922	0.740	74.019

a. 总 Cronbach's Alpha 基于平均特征值。

根据五种满意度对公共文化的多元对应分析的概况表，进一步通过转换变量的相关性，得出多元对应分析的区分测度表和主要变量标准化的多元对应分析如表 6-13 和图 6-6 所示。

表 6-13　　多元对应分析的区分测度表

维数	公共文化满意度	文化活动场所数量满意度	文化设施状况满意度	文化活动数量满意度	文化活动类型满意度	文化活动内容满意度	文化活动参与满意度	文化活动其他方面满意度	有效总计	方差的%
1	0.477	0.753	0.805	0.880	0.845	0.800	0.903	0.907	6.370	79.620
2	0.148	0.638	0.727	0.765	0.792	0.819	0.823	0.762	5.474	68.419
均值	0.312	0.696	0.766	0.822	0.819	0.809	0.863	0.835	5.922	74.019

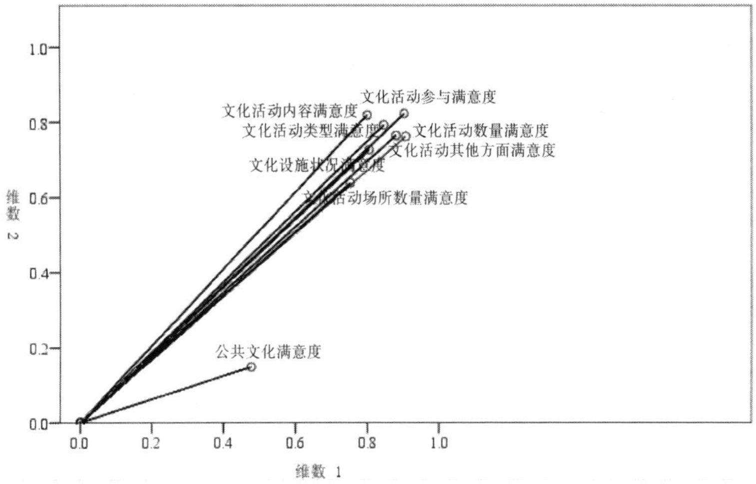

图 6-6　多元对应分析的区分测度图

公共文化是满足民族地区农村居民基本文化需求，及实现文化传承和延续的重要依托性条件。从民族地区居民满意度对于公共文化供给的对应测度分析来看，文化参与满意度的区分测度的两个维数的均值为0.863，相较于文化活动场所数量满意度区分测度两个维数均值0.696而言，可以看出，民族地区更加重视文化的参与度。从文化活动数量满意度的区分测度值0.822来看，均高于文化活动类型满意度和文化活动内容满意度的区分测度均值，换言之，民族地区居民对于文化活动的数量更为重视，也在一定程度上反映出民族地区农村公共文化数量相对贫乏。

第三节 西北民族地区农民公共服务需求表达方式存在的主要问题

西北民族地区社会经济发展缓慢，农民自身民主权利意识薄弱，基层组织不健全，导致农民公共服务需求表达机制的诸多环节均存在一些问题，主要表现为农民公共服务需求表达能力不强、公共服务需求表达方式单一、公共服务需求表达渠道不畅、公共服务需求反馈质量不高。从这些实际问题出发，深入分析西北民族地区农民公共服务需求表达机制各个环节存在问题的及其原因，并据此提出完善需求表达机制的政策建议。

一、农民公共服务需求表达能力不强

西北民族地区农村经济社会发展速度慢，农民受教育程度较低，思想比较保守，民主权利意识薄弱，宗教信仰对农民的思维方式和生活习惯具有重要影响。在公共服务需求表达过程中，农民对于自己公共服务真实需求状况认识不到位，不能准确有效地反映自己对公共服务的需求；同时在需求表达过程中出现一定的从众行为，导致农民的公共服务需求在表达过程中在一定程度上被泛化，这种失真的公共服务需求导向不仅导致公共服务资源的巨大浪费，而且使得农民诸多的现实公共服务需求并不能得到有效的满足。

西北民族地区农民组织化程度较低，缺乏通过组织化方式表达自己需求的能力和途径，公共服务需求的意愿不能得到充分有效地表达。部分农民往往对于声望、地位较高者或者宗族辈分较高者存在盲目的信任和追随，这就导致在农村中形成众多非正式组织，加之基层选举制度存在一些弊端，对于

村级自治组织的选举和正常开展工作产生很大的影响，而不同的被追随者的认知能力、价值观以及自身素质存在显著的差异性，这会导致那些不同的非正式组织对于农民公共服务需求内容的认知和采用的表达方式呈现多样性，这种公共服务需求内容的多样性往往只是少数被追随者需求多样性的表现，并不能真实的反映所有农民公共服务需求的实际情况，而且这种农民公共服务需求表达方式的多样性也仅仅是被追随者自身素质差异所造成的，对于农民公共服务需求表达机制改革和构建并没有多大实际意义。

二、农民公共服务需求表达方式单一

西北民族地区农民自身文化素质偏低，加之农村地域的封闭性，导致农民公共服务需求表达能力不强，农民公共服务需求表达方式单一，这主要表现为农民对于公共服务需求表达方式的认知度较低，对于公共服务需求表达方式的掌握较少。西北民族地区传统文化特有的宗教性，以及宗族意识的存在导致大部分农民习惯顺从宗教领袖或者宗族长辈的意愿，这种非正式组织是农村社会结构的主要构成要素，多数农民只能通过其所在非正式组织的代理人间接地表达自己的公共服务需求意愿，较少地通过正式组织渠道表达自身真实的公共服务需求状况。

西北民族地区农民思想保守，对于公共服务需求及其收益认知度较低，大多数农民往往并不能明确知道自己真正的公共服务需求以及可能的受益，所以只能依靠村级自治组织来识别其公共服务需求是否合理，而村级自治组织往往只能将大多数农民需求意愿表达给上级组织。基层党组织建设相对落后，在实际的村民生活中所起到的作用比较有限，往往不被农民当成是公共服务需求的表达的方式。农村基层的信访制度建设不完善，往往只有在极端情况时才被农民作为自身公共服务需求的表达方式。农民对于自身公共服务需求表达方式的认知度较低是其表达方式单一的主要原因。

西北民族地区农村网络设施建设滞后，农民对于网络及其作用的理解和认识相对有限，在生活中不能很好地使用网络技术和信息平台，在公共服务需求表达过程中，由于自身认知能力与技术水平所限，使得这些信息技术手段在表达中所起到的作用极其有限。互联网的发展给农民公共服务需求表达方式带来巨大机遇和挑战，不仅大大拓宽了公共服务需求的表达渠道，也使得公共服务需求的表达过程更加方便、快捷。但是西北民族地区农村基础通信技术和互联网技术发展落后，很多农民对于网络及其作用的了解非常有限，缺乏熟练使用互联网的技能，不能很好地通过互联网接触到网络媒体平台，更不能正确有效地使用互联网媒体平台自主表达自身对公共服务的需求。

三、农民公共服务需求表达渠道不畅

西北民族地区基层组织是农民公共服务需求表达的主要渠道。但是由于历史文化等原因，西北民族地区群众基层自治组织建设落后，非制度化的渠道缺乏政府部门相应的引导和推广，导致农民公共服务需求表达渠道并不顺畅。西北民族地区农村地域相对封闭，村落间人口流动性较差，长期固定地生活在某一村落，农民思想相对比较保守，农民更多的是被动接受地方政府所提供的公共服务，不能有效表达自己真实的公共服务需求，这也是导致公共服务需求表达渠道不顺畅的主要原因。

西北民族地区非制度化的公共服务需求表达渠道建设相对缓慢，缺乏对于网络舆情的有效监测机制，不能及时收集农民通过网络媒体平台表达的需求意愿，另外，地方政府在公共服务需求网络平台建设方面的作用没有得到充分发挥，不能为农民提供高效、便捷的需求表达平台，使得网络等非制度化的需求表达渠道在农民表达公共服务需求中发挥的作用非常有限。另一方面，地方政府电子政务工作开展缓慢，农民使用电子网络服务缺乏有效引导，农民对于信息化和网络化的认知水平较低，缺乏电子网络必要的技术手段，不能通过正确使用网络平台来实现公共服务需求的有效表达，这也是导致西北民族地区农民公共服务需求表达渠道不畅通的因素。

四、公共服务需求反馈质量不高

公共服务需求表达反馈质量不高主要原因有两个：一是农民自身素质缺陷，二是政府工作效率低下。西北民族地区农民文化素质偏低，对于自身公共服务需求的认知能力有限，往往不能正确认识自身实际的公共服务需求，在表达公共服务需求时，有些需求是非理性的，这些需求往往会导致政府部门的消极应对。此外，很多农民不能用正确的方式清晰的表达自身的需求，这种需求表达的模糊性给政府部门公共服务需求反馈工作带来了极大难度。

西北民族地区政府改革进程缓慢，很多农村地区依旧是传统的管制型政府治理模式，由于过于强调政府的管治职能，长期以来忽视了政府的社会服务职能，习惯于自上而下的行政命令式管理，基层的农民需求信息收集和处

理出现了缺位，由此导致地方政府并不能及时了解和掌握农民真实的公共服务需求状况及变化，也导致农民公共服务需求信息反馈质量不高。不能营造村民参政、议政的政治氛围，无法引导农民积极参与公共服务供给政策制定。另一方面，地方政府机构设置不合理，各部门之间职责边界不清晰，出现部门间的相互推诿与扯皮现象，这种地方政府行政的低效率是农民公共服务需求反馈质量不高的重要原因。

第四节 西北民族地区农民公共服务需求表达机制构建

一、西北民族地区农民公共服务需求表达机制构建的目标

（一）农民需求满意度最大化与公共服务供给最优化

公共服务的供给最优化与公共服务的需求状况直接相关，并且只有当公共服务的供给与需求达到均衡时，才能使农民的需求满意度最大化。公共服务供给最优化就要以现有公共服务资源为基础，整合现有资源，优化公共服务资源配置，最大程度地满足西北民族地区农民公共服务需求。

政府拥有市场所不具备的合法强制力，能够保障公共服务的有效供给。然而，政府更多的是从现有的公共资源角度出发作出公共服务供给的决策，只是单纯地从自身工作方面考虑，追求决策层面的公共服务供给最优化，忽略了基层农民公共服务的实际需求，这种片面的追求公共服务供给最优化的决策是导致公共服务供给与实际需求存在偏差的主要原因，也无法实现农民需求满意度的最大化。因此，政府公共服务供给的决策应在公共服务资源约束条件下，以农民的实际需求为中心，合理配置现有公共服务资源。

农民公共服务供给满意度是衡量公共服务供给有效性的标志。只有实现了农民公共服务需求满意度的最大化，才能实现公共服务供给的最优化。农民的自身素质缺陷，以及农村的社会结构问题导致大部分农民无法通过制度化的渠道正确表达自身的公共服务需求，对于一些公共服务的需求往往是非理性的，过于看重公共服务供给所带来的短期经济效益，而非长期的社会效益，农民这种非理性的需求也往往会导致公共服务资源的浪费。因此，政府

在制定公共服务供给决策时不但要引入公众参与机制，还要对农民进行正确的引导，最大限度地实现现有公共服务资源的整合与优化配置，实现农民需求满意度最大化与公共服务供给最优化的动态均衡。

（二）积极促进服务型政府职能转变

农民公共服务需求要得到有效表达，需要地方政府积极转变职能。地方政府的主要职能是向社会提供市场机制无法提供或不能有效提供的各类公共服务，通过满足社会成员的公共需要，进而实现公共利益的最大化。地方政府提供的公共服务具体包括：改善地方投资环境，为市场主体提供良好的发展环境与公平竞争的市场秩序；加强地方社会治安工作，为当地居民提供公共安全服务；通过信息服务等方式为劳动者提供就业机会；为贫困残疾者等特殊群体提供给社会保障服务等。在服务型政府理念下，政府行使公共权力不再是对社会进行管制，而是为社会公众和各类组织提供更好的服务。政府应是以公众需求为导向的有限政府，主要职能在于市场和个人不能做、不愿做或做不好的公共服务领域，特别是提供与良好社会秩序有关的各类公共服务。

二、西北民族地区农民公共服务需求表达机制的构成要件

（一）政府要转变观念，坚持以农民需求为中心的供给导向

西北民族地区农民公共服务供给不足的同时，往往还会出现一些公共服务供给过剩的现象，这不但没有带来正的外部性，还导致了大量公共资源的浪费。在公共服务供给过程中，应当改革传统的政府决策机制，在决策过程中引入公众参与机制，以农民公共服务需求为中心，地方政府间竞争实行“用脚投票”，让农民自主选择公共服务的项目，避免政府部门的决策者以个人偏好或政绩需要而作出的盲目性决策。实现公共服务决策的科学化与民主化，努力追求公共服务供给最优化，实现农民公共服务需求满意度最大化。

（二）农村公共产品需求表达的主体建设

农民是农村公共服务需求的主体，建立农民公共服务需求表达机制就要不断提高农民文化素质，使其树立现代公民意识。首先，加强西北民族地区基础教育设施建设。加大西北民族地区基础教育设施投入力度，整合并优化配置教育资源，完善教育层次结构，使基础教育事业最大程度地发挥其正的外部性，努力提高西北民族地区农民的文化水平，使其对自身公共服务需

求的认识和表达趋于理性化。其次，加强政府政策宣传教育工作，在宣传过程中对农民进行政策教育，合理引导农民进行政策学习，使其对于公共政策的制定、公共政策的目标及其价值有正确的认识，不断提高农民的参政水平，提高其表达自身公共服务需求的能力。最后，完善农村基层自治制度。农村基层自治是农民保护自身合法权益的有效途径，但是由于西北民族地区农民自身素质不高，民主权利意识薄弱，对于民主选举、民主管理、民主监督、民主参与等政治活动参与度较低，导致农村基层自治组织无法有效发挥作用。因此，应当不断完善农村基层选举制度，实现选举民主化是实现农民民主权利的基础。加强农村民主管理工作的落实，使管理工作公开化、透明化，保障农民的民主权利，引导农民积极参与基层民主管理。

（三）建立农村公共服务需求的农民参与机制

要实现农民参与决策，就要培育参与型的政治文化，创造良好的政策参与氛围。提高农民政策参与的热情与参与能力，提升农民的参与水平。加强基层政府与公民的良好互动与合作，推动政府决策机制改革，体现农民服务意愿。主要可以从以下几个方面入手：一是完善决策听证制度。要通过健全遴选机制，扩大听证范围和增强其公开性等方式完善听证会制度，以限制政府滥用政策资源。二是加强和完善信访制度。信访制度是民主体制下公民表达自身意愿的重要途径，要不断完善信访制度的信息汇集、民主参与和监察监督等功能。同时还要减少参政渠道的中间环节，缩短农民表达的利益需求信息到决策中枢系统的距离，减少农民表达的利益需求信息在传递过程中的损失。

创造多样化的农民参与形式。首先，要发挥大众媒体的作用，一方面政府部门要加强管理和监督力度，引导大众媒体及时、准确传达政府信息，防止或减少信息扭曲、过滤现象的发生；另一方面媒体自身也要进行角色转变，增强表达功能；其次，加强网络政治参与建设，由于同时具有直接现实性、快捷时效性和平等参与性等三大特点，使得网络政治参与成了政府与民众之间沟通互动的较优选择。农民通过网络平台的有效支持而参与政府决策，不仅改善了政府与农民之间的关系，而且促进了政府决策的科学化与民主化，也有利于实现农民政治参与权利的自由与平等。当然，实现网络政治参与的健康发展，保障公民的知情权和参与权，发挥其在表达公民意见中的积极作用，需要加强网络立法工作，尽可能消除网络由于缺乏有效的监管而带来的消极因素，构建网络舆情收集、分析、研判与回应机制，重视引导网络政治参与文化建设，提高网民自身综合素质，理性表达自身需要与合理诉求。

（四）需求表达的渠道建设

农民公共服务需求表达的渠道包括制度化渠道和非制度化渠道两种。要构建西北民族地区农民公共服务需求表达机制，需要要完善农民公共服务需求表达的渠道建设，只有畅通的表达渠道才能保证农民的实际公共服务需求能够得到及时有效的反馈，实现农民需求满意度最大化和公共服务供给最优化的均衡。制度化的渠道主要是农村基层组织，包括基层政权、基层党组织和其他组织三个方面，主要包括：村基层党组织（总支、支部）、村民委员会和村妇代会等组织。制度化渠道是农民表达自身公共服务需求的主要渠道，完善基层农民公共服务需求表达的渠道建设就是要完善农村的基层组织建设。首先，加强农村基层党组织建设，农村基层党组织是党在农村工作的基础，是贯彻落实党的方针政策、推进农村改革发展的战斗堡垒。其次，加强农村基层自治组织建设。农村基层群众自治组织是依照国家和地方有关法律和法规的规定，以居住地为纽带和范围设立，并由经村民全体会议或代表会议选举产生的成员组成的，实行自我管理、自我教育、自我服务的基层社会组织。基层群众性自治组织是农民表达自设公共服务需求的主要途径，完善基层自治组织，加强民主监督，不但有助于农民需求的有效表达和反馈，而且能够保障农民的民主权利的实现。最后，加强农民组织、协会建设，由于农民的组织性较低，在表达自身公共服务需求过程中，或者在与政府谈判过程中属于弱势群体，加强农民组织、协会建设，可以有效增强农民的组织性，使其能够通过所在组织自主表达自身需求。

第七章

民族地区公共服务多元供给体系与农民需求表达机制中财政转移支付作用分析

我国是各族人民共同缔造的统一的多民族国家。少数民族有 1 亿多人口，分布在全国各地，西部和边疆绝大部分地区是少数民族聚居区。这一基本国情决定了民族问题始终是中国特色社会主义建设的重大问题。民族地区财政是国家财政分配关系的重要组成部分，它伴随民族区域自治权的产生而产生，既是民族自治地方政权实现其职能的需要，更是实现民族地区脱贫致富、经济繁荣、解决历史遗留的民族间事实上不平等的需要[①]。加快民族地区经济社会发展，促进各民族共同繁荣发展，对于全面建成小康社会具有重要意义。

第一节 政府间财政转移支付制度的依据与主要类型

在多级政府体制下，地方政府间财力差异是财政转移支付制度存在的现实基础。中央政府与地方政府划分收支后，为解决各地财力分布的纵向与横向不均衡问题，中央对地方实施财政转移支付制度。地方亦然，为解决地区间财力差异，地方上级政府对下级政府实施财政转移支付制度。我国的国家结构形式为单一制，实行中央集权的行政体制，区域发展差异较大，各地财

① 朱红琼：民族地区财政研究［M］. 北京：经济科学出版社，2009.

力分布严重不均衡，客观上需要中央适度集中财力，通过对中西部等经济落后地区的财政转移支付，实现全国范围内的基本公共服务均等化。

一、财政转移支付制度存在的依据

财政转移支付制度是以缩小各地财力差距，实现基本公共服务均等化为目标的财政平衡机制。中央对地方的转移支付是地方政府重要的收入来源。作为政府间财力平衡机制，财政转移支付存在的理由和根据在于以下四个方面。

首先，由于各地经济发展水平不同，以及人口分布、地理位置、资源禀赋等方面的差异，各地财力存在事实上的差异。政府间收入划分后，难以保证地方政府或下级政府获得足够的收入以满足自身需要，客观上需要中央政府或上级政府进行转移支付。从各国实践来看，转移支付的做法主要有两种：一种是纵向转移支付，即中央政府对地方政府转移支付，或地方上级政府对下级政府转移支付，促进不同层级政府间纵向财力平衡；另一种是横向转移支付，主要发生在地方政府之间，即财力充裕的地方向财力欠缺的地方给予转移支付以缩小财力差异。

其次，由于各地财政支出需求不同，以及各地自有财力满足自身支出需求的能力亦存在差异，财力差的地区应获得中央政府或上级政府的补助以弥补这种差异。通过中央政府或上级政府的转移支付可以帮助地方政府或下级政府满足其最低支出标准，保证地方政府或下级政府必需的财政支出需求，实现地方财政支出均等化目标。

再次，中央政府对地方政府或地方上级政府对下级政府的财政转移支付，可以帮助具有外部性的地方公共项目投资。如跨地区的通信设施、道路设施、环保设施等，地方政府往往低估其收益，投资建设的意愿不强，因而不愿投资或投资水平低于所需最佳投资数额。这种情况下，中央政府或上级政府通过转移支付给予补贴可以促进或鼓励地方政府或下级政府投资。

最后，通过转移支付，在一定程度上可以实现中央对地方，地方上级对下级必要的干预和调控。在实施转移支付的过程中，中央政府或上级政府不仅可以对地区之间的财力不平衡进行一定的调整，并且可以将宏观经济调控的意图传达给地方政府或下级政府。

在多级政府分税制条件下，各级政府财政是相对独立的，主要体现在各级政府均有组织财政收入和安排公共支出的职能与权力，这在客观上要求中央对地方，或地方上级政府对下级政府进行必要的、适当的干预和调控，对贯彻落实国家宏观调控政策，乃至保证国家统一都是非常必要的。

二、财政转移支付类型

通过转移支付可以解决由于人口、地理和资源禀赋等因素而造成的地方之间财政能力的差异，以确保所有地区能够提供最低限度或基本的公共服务，是地方政府获得财政收入的重要途径。按照转移支付是否附加条件，可以分为有条件的转移支付（Conditional grants）和无条件的转移支付（Unconditional grants）。

（一）无条件转移支付

无条件转移支付（Unconditional Grants）指并不具体规定资金的用途而仅是增加接受援助地区的可支配财力的一种形式，其主要目的在于调整收入分配。具体运作过程如图7-1所示，以横轴表示地方性公共产品，纵轴表示私人产品，假设某地区在接受中央或上一级政府财政转移支付前的预算约束线为AB，在此预算约束线下，E_1为消费地方性公共产品和私人产品的均衡点，这一点表示该地区的居民会消费G_1的地方性公共产品，P_1的私人产品，即该地区的居民认为用本可以用于消费私人产品的收入AP_1，来换取G_1的地方性公共产品能够使他们的福利最大化。

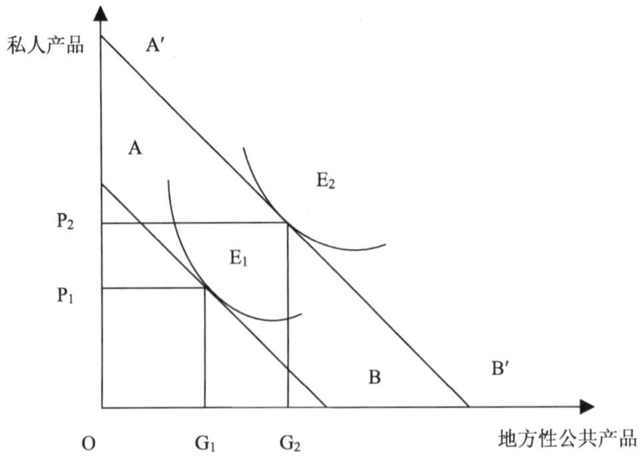

图7-1 无条件财政转移支付

假定中央政府或上一级政府给予该地区一笔无条件财政转移支付（数额相当于AA′），使该地区居民面对的预算约束线平行移至A′B′，在新的预

算约束下均衡点为 E_2，该地区居民消费的地方性公共产品由 G_1 升至 G_2，对私人产品的消费也由 P_1 升至 P_2。为了简化分析，假设地方政府只通过征税获得资金，补助前要提供 G_1 的地方性公共产品，该地区的居民要缴纳 AP_1 的税收，接受补助后，该地区居民对私人产品消费的增加事实上使得获得地方性公共产品所需缴纳的税收由 AP_1 降至 AP_2。补助数额 AA′减去用于私人产品消费增加的数额 P_1P_2 的余额为补助导致的地方性公共消费的增加额。

（二）有条件转移支付

有条件转移支付（Conditional Grants）指规定了转移资金的具体用途，即接受转移支付的地方政府和下级政府，必须按事先规定的用途使用转移支付资金。

根据转移支付是否要求接受者给予相应的配套资金，有条件补助又分为配套转移支付和非配套转移支付。配套转移支付要求转移资金接受者要按一定的比例对上级政府的资金给予配套，即转转移支付提供者和接受者都必须为某项公共支出项目安排资金。

有条件转移支付有时又称为分类转移支付（Categorical grants）。有条件转移支付包括有条件不封顶配套转移支付（Matching open - ended grants），有条件封顶配套转移支付（Matching closed - ended grants）和有条件不配套转移支付（Non - matching grants）。

1. 有条件不封顶转转移支付

有条件不封顶配套转转移支付（Matching Open - ended Grants）指中央政府或上级政府对地方政府或下级政府提供一定比例项目所需的资金。比如，一个地区在地方病防治上每花费一笔钱，中央政府就按这笔钱的一定比例给予转移支付。图 7 - 2 反映了有条件转转移支付的运作及影响。

如图 7 - 2 所示，横轴表示接受补助地区的居民每年消费地方政府供给的公共产品总量，纵轴表示他们在没有储蓄的前提下每年用于私人产品消费的总量。假设在没有中央政府的补助时，该地区在地方性公共产品和私人产品之间选择的预算约束下为直线 AB，反映该地区居民对地方性公共产品和私人产品消费偏好的无差异曲线与 AB 相切的切点 E_1 能使该地区居民的效用最大化，即消费地方性公共产品 G_1，消费私人产品为 P_1。现假设该地区每安排 1 元的支出，中央地方政府就给予不封顶的配套补助 0.2 元，使预算约束线从 AB 移至 AB′（斜率绝对值的大小取决于该配套补助的比例）。新的预算约束线与更高的无差异曲线相切于 E_3 点，这时，消费地方性公共产品

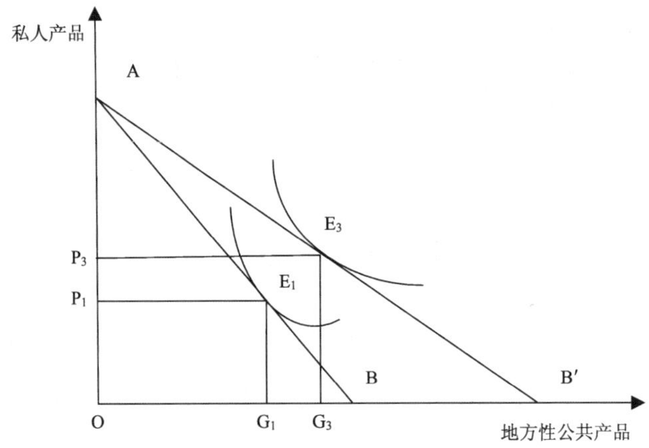

图 7-2　有条件不封顶配套转移支付

的数量由 G_1 上升到 G_3，消费私人产品的数量由 P_1 上升到 P_3。这一结果表明，有条件不封顶配套补助在增加该地区居民对地方性公共产品消费的同时，为获得地方性公共产品而支付的税收因补助而下降，导致对私人产品的消费也得到了提高。

2. 有条件封顶配套转移支付

有条件封顶配套补助（Matching Closed - ended Grant）指无论地方用于地方性公共产品的支出是多少，中央政府或上级地方政府就某项具体公共支出项目对地方政府或下级地方政府提供的转移支付金额数额都是固定的。图 7-3 反映了有条件封顶配套补助的运作及影响。

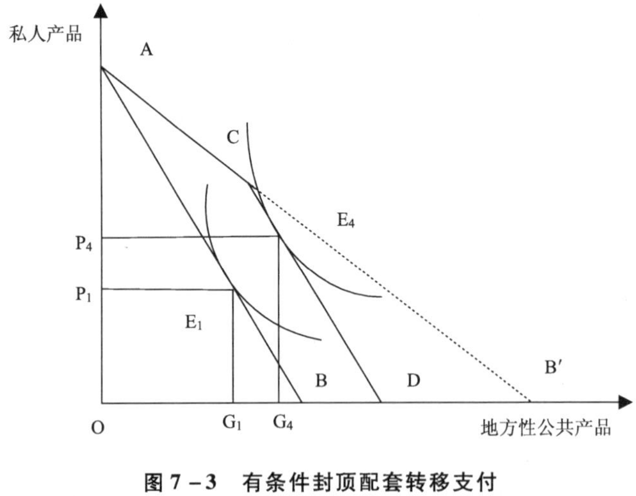

图 7-3　有条件封顶配套转移支付

如图7－3所示，假设该地区在没有中央政府补助时使该地区居民的效用最大化的点仍然是代表地方性公共产品 G_1 和私人产品 P_1 的点 E_1。中央政府给予该地区的封顶配套补助使预算约束线从直线AB变为折线ACD。这一结果表明，如果该地区对地方性公共产品的需求量低于封顶配套补助数额，或者说地方拿不出与中央政府能够拨付的补助资金来配套，预算约束线便由直线AB变为AC，这时，封顶配套补助的效应是相同的。如果该地区对地方性公共产品的需求量高于封顶配套补助数额，则反映该地区居民对地方性公共产品和私人产品偏好的无差异曲线与平行于AB的预算约束线CD的切点 E_4，使该地区居民的效用最大化。E_4 显示着地方性公共产品的消费量由 G_1 上升到 G_4，私人产品的消费量由 P_1 上升到 P_4。

3. 有条件不配套转移支付

有条件不配套转移支付（Non－matching Grants）指限定了资金用途，但不要求地方配套的有条件补助。图7－4反映了有条件不配套转移支付的运作及影响。

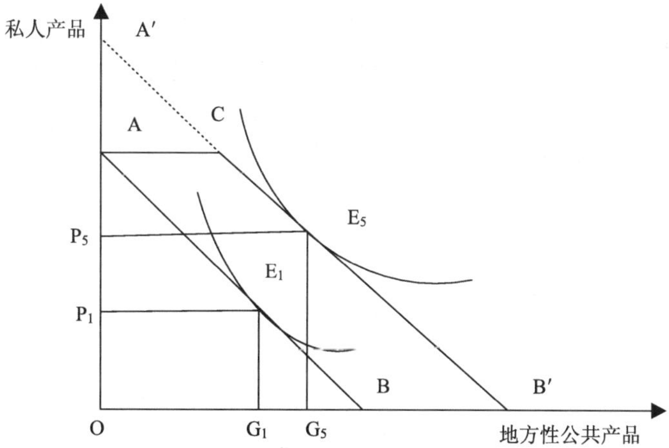

图7－4 有条件不配套转移支付

如图7－4所示，假设补助数额为AC，则接受补助地区就能够比接受补助前多购买AC单位的地方性公共产品，预算约束线由AB平行移动了AC的距离，变为ACB′。不配套补助下，接受补助的地方性公共产品的供给量大于AC，给该地区带来的收入效应，其结果是反映该地区居民对地方性公共产品和私人产品偏好的无差异曲线与平行线于AB的预算约束线CB′的切点 E_5 使该地区居民的效用最大化。E_5 显示地方性公共产品的消费量由 G_1 上

升到 G_5，私人产品的消费量由 P_1 上升到 P_5。

三、中国政府间财政转移支付分类

1994 年分税制改革以来，在重新划分中央与地方财政收入的基础上，对政府间财政转移支付的具体数量和形式进行了调整。政府间财政转移支付主要分为一般性转移支付和专项转移支付以及税收返还（见表 7－1）。

表 7－1　　中国财政转移支付分类及目标

<table>
<tr><th>目标
分类</th><th>内容</th><th>种类</th><th>目标</th></tr>
<tr><td rowspan="3">税收返还</td><td rowspan="3">中央对地方的税收返还，主要包括增值税、消费税税收返还和所得税基数返还。其中，增值税、消费税两种税收返还数额按全国增值税和消费税的平均增长率的 1:0.3 系数逐年递增，所得税基数返还为固定数额。</td><td>增值税税收返还</td><td rowspan="3">对于因调整收入分享办法而集中的地方收入的存量部分，由中央返还地方，以保证地方既得利益。</td></tr>
<tr><td>消费税税收返还</td></tr>
<tr><td>所得税基数返还</td></tr>
<tr><td rowspan="5">财力性转移支付</td><td rowspan="5">财力性转移支付是为弥补地方财力缺口，平衡各地财力差距，提高地方财政保障能力，实现基本公共服务均等化，由中央安排给地方的补助性支出。</td><td>一般转移支付</td><td rowspan="5">地方政府财政保障能力，实现地区基本公共服务均等化。</td></tr>
<tr><td>民族地区转移支付</td></tr>
<tr><td>县乡基本财力保障机制奖补资金</td></tr>
<tr><td>调整工资转移支付</td></tr>
<tr><td>农村税费改革转移支付等</td></tr>
<tr><td rowspan="6">专项转移支付</td><td rowspan="6">专项转移支出指中央财政为实现特定的政策目标，以及对委托地方政府代理的公共事务进行必要的而给予的补助资金。重点用于教育事业、医疗卫生、社会保障等公共服务领域。地方需按规定用途使用资金。</td><td>教育支出</td><td rowspan="6">实现特定的事业发展目标或宏观政策目标。</td></tr>
<tr><td>医疗卫生支出</td></tr>
<tr><td>社会保障支出</td></tr>
<tr><td>科技支出</td></tr>
<tr><td>环境保护支出</td></tr>
<tr><td>农业支出</td></tr>
</table>

一般性转移支付由均衡性转移支付、民族地区转移支付等各类转移支付项目组成，主要用于弥补由于各地发展差距导致的地方财力缺口，资金由地方政府自主安排使用。一般性转移支付属于非选择性的转移支付，资金的分配要综合考虑影响财政收支的各种客观因素，采用规范的公式化方式操作，

目前是按照各地标准财政收入和标准财政支出差额以及转移支付系数来确定，不受下级政府谈判能力的影响，有利于实现公共服务均等化。

专项转移支付是指中央财政为实现特定的宏观调控政策或国家发展战略目标，以及对委托地方政府代理的事务进行补偿而设立的，由地方财政须按规定用途使用的资金。专项转移支付资金采取“因素法”与“基数法”相结合，以“因素法”为主的分配办法，重点用于教育、医疗卫生和社会保障等领域，以实现特定的政策目标，或对中央委托地方事权项目以及中央与地方共同事权项目按其相应资金标准进行必要的补偿。专项转移支付属于可选择性的转移支付，转移支付资金地方政府须按规定用途使用。按照政府各自的权限和支出范围，专项转移支付方式可以分为以下四种不同的类型：一是属于中央政府特定政策范围的专项转移支付，如文化产业发展专项资金、老少边穷地区广播设备更新专款等；二是与中央委托地方事务相关的专项转移支付，如军队离退休干部安置补助、基层财政困难补助等；三是中央和地方政府共同事权范围内的专项转移支付，如地方粮食风险基金补助；四是针对本属于地方政府责权范围内事权但具有辖区间外部效应的专项转移支付。

税收返还是指1994年实行分税制改革后，为了保证地方既得利益将中央通过调整收入分享办法集中的地方收入存量部分返还地方，以调动地方积极性。税收返还主要包括增值税、消费税两税税收返还和所得税基数返还。其中，增值税和消费税两税收返还数额在1993年基数上按照全国增值税和消费税的平均增长率的1:0.3的系数逐年递增。所得税基数返还为固定数额。税收返还资金由地方财政分配和使用。增值税与消费税两税返还与税收收入增长直接相关，在一定程度上起到了逆向调节作用，不利于缩小地区间财力差距，与横向财力均等化目标相悖。

财力性转移支付是指为弥补财政实力薄弱地区的财力缺口，均衡地区间财力差距，提高地方政府财政保障能力，实现地区间基本公共服务均等化，由中央财政安排给地方财政的补助资金，由地方政府统筹安排，不需地方财政配套。财力性转移支付制度改变了分税制改革之前中央财政与地方财政在转移支付数额确定时“讨价还价”的粗放式的财政管理模式，增强了财政体制整体运行的稳定性与系统性，极大地减少了中央财政对地方转移支付数额确定中的随意性。财力性转移支付主要包括：一般性转移支付、民族地区转移支付、县乡财政奖补资金以及调整工资转移支付等。

1995年建立中央对地方过渡期转移支付之后，我国开始实施一般性转移支付。参考各国通行的办法，按照科学规范与公平公正的原则，依据诸多客观因素计算并确定各地区的标准财政收入和支出数额，以各地标准财政收入与支出差额作为转移支付资金分配的依据，同时对存在财政收支缺口的地区按相关系数给予一定的补助。财政标准支出指在全国同等的财政支出效率的前提下，地方政府达到均衡范围内项目均等化所需要的支出数量，计算时考虑的客观因素主要有各地人口、居住面积、冬天平均气温、平均海拔高度、行政区划个数、学校及学生数等；计算财政标准收入选择的主要考虑因素有国内生产总值、产业结构状况、企业规模状况、职工平均工资水平及分组等。从 2002 年开始实施所得税收入分享改革以后，中央财政把因为收入分享办法改革而增加的收入全部用于对中西部经济落后地区的一般性转移项目支出，建立了一般性转移支付资金的长期稳定增长机制。

为规范中央对地方财政转移支付制度，从 2009 年开始，将原财力性转移支付更名为一般性转移支付，并将补助数额相对稳定、原列入专项转移支付的教育支出、社会保障和就业支出、公共安全支出、一般公共服务支出等划入一般性转移支付；原一般性转移支付更名为均衡性转移支付。对于民族地区而言，转移支付分为财力性、体制性和专项转移支付三类。

财政转移支付在缩小地区财力差距，实现基本公共服务均等化方面发挥了重要作用。但是与建立现代财政制度，特别是建设法治国家，依法治国、依法理财，以及政府治理体系和治理能力现代化的要求相比，财政转移支付存在一些亟待解决的问题。主要表现在：第一，由于中央和地方政府事权与支出责任划分不清晰，从根本上导致了转移支付结构不合理；第二，目前一般性转移支付项目种类过多，各项目目标不同，在一定程度上弱化了均等化功能；第三，专项转移支付涉及的领域过于宽泛，资金分配办法不科学，易受地方政府谈判能力的影响，在一定程度上形成了部门利益格局；第四，部分转移支付项目带有较重的行政审批色彩，与简政放权总体要求不相符。

第二节 民族地区经济社会发展与财政收支状况分析

民族问题事关国家长治久安和全面建成小康社会全局。改革开放以来，国家经济建设取得了巨大成就，民族地区经济也有了较大发展。但由于受特殊的地理环境及诸多因素的影响和制约，民族地区经济社会发展明显滞后，影响民族地区自身发展和国家整体发展进程。重视和支持民族地区加快发展，是实施民族区域自治制度的重要内容和中央的重大方针，也是我国全面建成小康社会的现实要求。

一、民族地区经济社会发展基本情况

截至2016年底，全国共有56个民族，其中55个少数民族、155个民族自治地方（自治区、自治州、自治县），少数民族人口占全国总人口的8.5%，民族自治地方面积占全国国土总面积的64%。全国拥有56个民族的省区共有11个，占全国31个省区的35.5%。尽管少数民族分布范围很广，但少数民族人口主要分布在西部和边疆地区。在本研究中，参照已有研究成果①，根据实际和课题研究需要，民族地区指内蒙古、广西、西藏、宁夏、新疆五个民族自治区，财政体制上视同民族地区的青海、云南、贵州三省，以包含甘南和临夏两个民族自治州的甘肃省等九省（区）。

改革开放以来，特别是党的十八大以来，民族地区经济快速发展，综合实力显著提升。2000~2015年，全国GDP总额从99066.1亿元增长到689052.1亿元，年平均增长率为13.8%。内蒙古、广西等9个民族地区的地区生产总值从9753.21亿元增长到81226.69亿元，年平均增长率为15.18%，高于全国平均增速1.38个百分点；占全国的比重从9.85%上升到11.79%，上升了1.94个百分点。

由于历史、自然和地理等原因，民族地区经济社会发展总体滞后。民族地区大多属贫困地区，全国14个集中连片特困地区中11个片区分布有民族自治地方；592个国家扶贫开发工作重点县中，民族自治县263个，占44.4%；全国扶贫开发整村推进规划确定的3万个贫困村中，民族自治地方共有13158个，占43.9%。2015年，内蒙古、广西、西藏、宁夏、新疆、青海、云南、贵州、甘肃9个民族省区地方公共财政预算收入为9643.59亿元，地方公共财政预算支出为27769.09亿元，预算收入与支出相差18125.5亿元。城乡区域发展不平衡，地方政府财力不足，基本公共服务供给不足。

---

① 王朝才，李学军：民族地区财政收入问题研究［M］. 北京：经济科学出版社，2005.

表 7－2　　2015 年民族地区经济社会发展主要指标

指标/地区	人均 GDP（元）	人口（万人）	一般公共预算收入（亿元）	一般公共预算支出（亿元）	居民人均可支配收入（元）	居民人均消费支出（元）
内蒙古	71101	2511	1964.48	4252.96	22310.1	17178.5
广西	35190	4796	1515.16	4065.51	16873.4	11401.0
西藏	31999	324	137.13	1381.46	12254.3	8245.8
宁夏	43805	668	373.45	1138.49	17329.1	13815.6
新疆	40036	2360	1330.85	3804.87	16859.1	12867.4
青海	41252	588	267.13	1515.16	15812.7	13611.3
云南	28806	4742	1808.15	4712.83	15222.6	11005.4
贵州	29847	3530	1503.38	3939.50	13696.6	10413.8
甘肃	26165	2600	743.86	2958.31	13466.6	10950.8
全国	49992	137642	83002.04	150335.62	21966.2	15712.4

数据来源：根据《2016 中国统计年鉴》数据整理所得。

从表 7－2 可以发现，2015 年民族地区总人口占全国总人口的比例为 16.07%，民族地区生产总值占国内生产总值的的比例为 11.85%。其中，除内蒙古自治区外（142.2%），其余省区人均地区生产总值均低于当年全国人均国内生产总值。广西、西藏、宁夏、新疆、青海、云南、贵州、甘肃的人均 GDP 占当年全国人均 GDP 的 70.39%、64.01%、87.62%、80.08%、82.52%、57.62%、59.70%和 52.34%。民族地区一般公共预算收入占全国地方一般公共预算收入的比例为 11.62%；一般公共预算支出占全国地方一般公共预算支出的比例为 18.47%。此外，除内蒙古自治区外，其余 8 省区居民人均可支配收入和消费水平均低于当年全国水平。民族地区经济发展总体滞后，与全国整体发展水平存在一定差距。

表 7－3　　2015 年民族地区三大产业产值与比重结构

指标/地区	第一产业		第二产业		第三产业	
	产值（亿元）	比例（%）	产值（亿元）	比例（%）	产值（亿元）	比例（%）
内蒙古	1617.42	9.07	9000.58	50.48	7213.51	40.45
广西	2565.45	15.27	7717.52	45.93	6520.15	38.80
西藏	98.04	9.55	376.19	36.65	552.16	53.80

续表

地区＼指标	第一产业		第二产业		第三产业	
	产值(亿元)	比例(%)	产值(亿元)	比例(%)	产值(亿元)	比例(%)
宁夏	237.76	8.17	1379.60	47.38	1294.41	44.45
新疆	1559.08	16.72	3596.40	38.57	4169.32	44.71
青海	208.93	8.64	1207.31	49.95	1000.81	41.41
云南	2055.78	15.09	5416.12	39.77	6147.27	45.14
贵州	1640.61	15.62	4147.83	39.49	4714.12	44.89
甘肃	954.09	14.05	2494.77	36.74	3341.46	49.21
全国	60870.50	8.88	280560.30	40.93	344075.00	50.17

资料来源：根据《2016年中国统计年鉴》整理计算所得。

产业结构是经济发展的基础，只有各产业协调发展，资源才能实现合理配置，经济效益才能得以提升。经济发展的过程其实也是产业转型升级与结构优化的过程。从产业结构演变的规律来看，随着人均国民收入水平的提高，产业结构经历了“第一产业、第二产业、第三产业”向“第三产业、第二产业、第一产业”的转变，这种转变主要通过各产业部门的产值比例和劳动力结构反映出来。民族地区产业结构是民族地区产业组成和民族地区经济发展水平的反映。从表7-3可以看出，2015年，各民族自治区和甘肃、青海、云南和贵州等9省区，第一产业、第二产业和第三产业比重为13.47∶43.50∶43.03，同期全国三次产业的比重为8.9∶40.93∶50.17。可以看出，与全国总体相比，民族地区第一产业比重较高，第二产业和第三产业发展相对缓慢。从各省区来看，除宁夏和青海略低于全国之外，其余省区第一产业比重都高于全国水平。其中，新疆第一产业比重最高，达到16.72%，高于全国平均水平7.84个百分点。从第二产业和第三产业比重来看，多数省区低于全国平均水平。民族地区产业结构不合理，与全国存在明显差异。

二、民族地区地方财政收入和支出状况分析

民族地区财政收入指民族地区地方政府按照预算管理体制的规定，在一定的财政年度之内组织、支配和使用的收入，是衡量地方政府财力的重要指标。财政支出是政府实现其职能的基本经济手段，体现政府意志和政策，财政支出总量及各项支出数额受经济社会发展多种因素的影响和制约。财政支出规模指在一定的财政年度内地方政府通过财政预算安排的地方支出总额，

衡量地方政府支配社会资源数量和满足公共需要能力的重要指标。通过对民族地区地方政府财政收入和支出规模与结构及其变化的综合分析，可以从总体上把握民族地区地方政府财力状况和对经济社会发展的影响能力。

（一）民族地区地方财政收入与支出规模分析

在中央大力支持和民族地区各族人民的努力下，民族地区财政收支规模快速扩大，支持经济社会加快发展和民生水平持续改善的能力显著提升。2000～2015年，民族地区财政收入从691.19亿元增加至9643.59亿元，平均增长率为19.21%；同一时期，全国地方财政收入从6406.06亿元增加至83002.04亿元，平均增长率为18.62%。财政收入占全国地方财政收入的比例从10.79%提高至11.62%。财政支出从1689.69亿元增加至27769.09亿元，平均增长率为20.52%；同一时期，全国地方财政支出从10366.65亿元增加至150335.62亿元，平均增长率为19.52%；财政支出占全国地方财政支出的比例从16.30%提高至18.47%（见表7－4）。民族地区财政收支规模小，占全国比例严重偏低。

表7－4 2000～2015年民族地区财政收支与全国地方财政收支及人口比较

指标 / 年份	财政收入（亿元,%）			财政支出（亿元,%）		
	民族地区	全国地方	占比	民族地区	全国地方	占比
2000	691.19	6406.06	10.79	1689.69	10366.65	16.30
2001	787.67	7803.30	10.09	2240.77	13134.56	17.06
2002	862.21	8515.00	10.13	2663.31	15281.45	17.43
2003	974.04	9848.98	9.89	2852.77	17229.85	16.56
2004	1181.53	11893.37	9.93	3325.81	20592.81	16.15
2005	1453.04	15100.76	9.62	4044.22	25154.31	16.08
2006	1771.59	18303.58	9.68	4861.00	30431.33	15.97
2007	2316.69	23572.62	9.83	6268.78	38339.29	16.35
2008	2948.48	28649.79	10.29	8372.37	49248.49	17.00
2009	3491.36	32602.59	10.71	10855.7	61044.14	17.78
2010	4401.47	40613.04	10.84	13217.75	73884.43	17.89
2011	5785.73	52547.11	11.01	17220.71	92733.68	18.57
2012	7037.34	61078.29	11.52	20447.94	107188.34	19.08
2013	8219.27	69011.16	11.91	22615.94	119740.34	18.89
2014	9001.50	75876.58	11.86	24733.22	129215.49	19.14
2015	9643.59	83002.04	11.62	27769.09	150335.62	18.47

资料来源：根据历年《中国统计年鉴》《中国财政年鉴》相关数据整理计算所得。

（二）民族地区人均财政收入和支出水平分析

从民族地区人均财政收支水平分析，2000～2015年，民族地区人均财政收入从332.10元增加至4359.87元，平均增长率为18.73%；同期全国地方人均财政收入从505.44元增加至6038.18元，平均增长率为17.99%。民族地区人均财政支出从811.84元增加至12554.41元，平均增长率为20.03%；同期全国地方人均财政支出从817.93元增加至10936.52元，平均增长率为18.87%。民族地区人均财政收入占全国地方人均财政收入的比例从65.71%增加至72.21%；民族地区人均财政支出占全国地方人均财政支出的比例从99.26%增加至114.79%（见表7－5）。总体来看，民族地区人均财政收入低于同期全国人均财政收入水平，但是人均财政支出高于同期全国人均财政支出水平。

表7－5　2000～2015年全国人均财政收支与民族地区人均财政收支比较

（单位：亿元，%）

指标 年份	全国地方人均财政收入		民族地区人均财政收入		全国地方人均财政支出		民族地区人均财政支出	
	数量	增长率	数量	增长率	数量	增长率	数量	增长率
2000	505.44	/	332.10	/	817.93	/	811.84	/
2001	611.41	20.97	375.01	12.92	1029.14	25.82	1066.83	31.41
2002	662.89	8.42	407.07	8.55	1189.65	15.60	1257.41	17.86
2003	762.15	14.97	456.31	12.10	1333.30	12.07	1336.44	6.29
2004	914.96	20.05	549.34	20.39	1584.21	18.82	1546.31	15.70
2005	1154.88	26.22	684.85	24.67	1923.76	21.43	1906.12	23.27
2006	1392.46	20.57	830.13	21.21	2315.09	20.34	2277.78	19.50
2007	1784.06	28.12	1080.70	30.18	2901.66	25.34	2924.28	28.38
2008	2157.33	20.92	1368.52	26.63	3708.41	27.80	3885.99	32.89
2009	2443.06	13.24	1615.32	18.03	4574.31	23.35	5022.53	29.25
2010	3028.77	23.97	2056.38	27.30	5510.02	20.46	6175.36	22.95
2011	3900.03	28.77	2689.79	30.80	6882.67	24.91	8005.91	29.64
2012	4510.82	15.66	3249.90	20.82	7916.19	15.02	9443.03	17.95
2013	5071.67	12.43	3771.00	16.03	8799.78	11.16	10376.19	9.88
2014	5547.26	9.38	4104.09	8.83	9446.82	7.35	11267.72	8.59
2015	6038.18	8.85	4359.87	6.23	10936.52	15.77	12554.41	11.42

数据来源：根据历年《中国财政年鉴》《中国统计年鉴》数据整理所得。

（三）民族省区地方财政一般预算收入分析

地方财政一般预算收入指按照预算管理体制规定，在一定财政年度内的地方财政本级收入。它是衡量地方财力的基本指标，也是反映地方经济增长和效益的综合指标。一般预算收入主要包括税收收入和非税收入。从表7-6可以看出，随着经济快速发展，2000~2015年，各民族省区地方财政预算收入绝对数额均大幅增加，各省区财政一般预算收入增长速度存在显著差异。西藏自治区从5.38亿元增加至137.13亿元，增长了25.49倍，平均增长率最高（24.10%），其次为内蒙古自治区，从95.03亿元增加至1964.48亿元，增长了20.67倍，平均增长率为22.37%。增长幅度最小的为云南省，从180.75亿元增加至1808.15亿元，增长了10.0倍，平均增长率最低（16.59%）。各省区地方财政一般预算收入绝对数额及其增长率变化在一定程度上反映了各地经济发展变化状况。财政收入平均增长率差异与各地经济发展基础水平、财政转移支付制度等诸多因素有关。

表7-6　2000~2015年民族省区地方财政一般预算收入水平（单位：亿元,%）

年份＼地区	内蒙古	广西	西藏	宁夏	新疆	青海	云南	贵州	甘肃
2000	95.03	147.05	5.38	20.82	79.07	16.58	180.75	85.23	61.28
2001	99.43	178.67	6.11	27.57	95.09	19.82	191.28	99.75	69.95
2002	112.85	186.73	7.31	26.47	116.47	21.10	206.76	108.28	76.24
2003	138.72	203.66	8.15	30.03	128.22	24.04	229.00	124.56	87.66
2004	196.76	237.77	10.02	37.47	155.70	27.00	263.36	149.29	104.16
2005	277.46	283.04	12.03	47.72	180.32	33.82	312.65	182.50	123.50
2006	343.38	342.58	14.56	61.36	219.46	42.24	379.97	226.82	141.22
2007	492.36	418.83	20.14	80.03	285.86	56.71	486.71	285.14	190.91
2008	650.68	518.42	24.88	95.01	361.06	71.57	614.05	347.84	264.97
2009	850.86	620.99	30.09	111.58	388.78	87.74	698.25	416.48	286.59
2010	1069.98	771.99	36.65	153.55	500.58	110.22	871.19	533.73	353.58
2011	1356.67	947.72	54.76	219.98	720.43	151.81	1111.16	773.08	450.12
2012	1552.75	1166.06	86.58	263.96	908.97	186.42	1338.15	1014.05	520.40
2013	1720.98	1317.60	95.02	308.34	1128.49	223.86	1611.30	1206.41	607.27
2014	1843.67	1422.28	124.27	339.86	1282.34	251.68	1698.06	1366.67	672.67
2015	1964.48	1515.16	137.13	373.45	1330.85	267.13	1808.15	1503.38	743.86
增长率	22.37	16.82	24.10	21.22	20.71	20.36	16.59	21.09	18.11

数据来源：根据历年《中国财政年鉴》数据整理所得。

（四）民族省区地方财政一般预算支出分析

地方财政一般预算支出指按照预算管理体制规定，地方政府为履行其职能安排的各项财政支出。财政一般预算收入是财政一般预算支出的基础。财政收入总量决定财政支出结构。从表 7－7 可以看出，自 2000 年以来，各民族省区地方财政预算支出具有以下特点：第一，各省区地方财政预算收入均呈大幅上升趋势；第二，地方财政预算支出大于同期一般预算支出；第三，财政预算支出增长速度高于财政收入增长速度；第四，各省区财政支出增长速度存在显著差异。西藏自治区地方财政预算支出增长幅度最大，从 2000 年的 59.97 亿元增长至 2015 年的 1381.46 亿元，增长了 23.04 倍，平均增长率最高（23.26%），其次为青海省，从 68.26 亿元增加至 1515.16 亿元，增长了 22.19 倍，平均增长率为（22.96%），云南省增长幅度最小，从 414.11 亿元增加至 4712.83 亿元，增长了 11.38 倍，平均增长率最低（17.60%）。除云南省之外，其余八省区地方财政一般预算支持平均增长率均在 20% 以上。

表 7－7　2000～2015 年民族地区各地方财政一般预算支出水平（单位：亿元，%）

年份＼地区	内蒙古	广西	西藏	宁夏	新疆	青海	云南	贵州	甘肃
2000	247.27	258.49	59.97	60.84	190.95	68.26	414.11	201.57	188.23
2001	319.26	351.65	104.57	93.58	263.32	101.30	496.43	275.20	235.46
2002	393.57	419.86	137.84	114.57	361.17	118.73	526.89	316.67	274.01
2003	447.26	443.60	145.91	105.78	368.47	122.04	587.35	332.35	300.01
2004	564.11	507.47	133.83	123.02	421.04	137.34	663.64	418.42	356.94
2005	681.88	611.48	185.45	160.25	519.02	169.75	766.31	520.73	429.35
2006	812.13	729.52	200.20	193.21	678.47	214.66	893.58	610.64	528.59
2007	1082.31	985.94	275.37	241.85	795.15	282.20	1135.22	795.40	675.34
2008	1454.57	1297.11	380.66	324.61	1059.36	363.60	1470.24	1053.79	968.43
2009	1926.84	1621.82	470.13	432.36	1346.91	486.75	1952.34	1372.27	1246.28
2010	2273.50	2007.59	551.04	557.53	1698.91	743.40	2285.72	1631.48	1468.58
2011	2989.21	2545.28	758.11	705.91	2284.49	967.47	2929.60	2249.40	1791.24
2012	3425.99	2985.23	905.34	864.36	2720.07	1159.05	3572.66	2755.68	2059.56
2013	3686.52	3208.67	1014.31	922.48	3067.12	1228.05	4096.51	3082.66	2309.62
2014	3879.98	3479.79	1185.51	1000.45	3317.79	1347.43	4437.98	3542.80	2541.49
2015	4252.96	4065.51	1381.46	1138.49	3804.87	1515.16	4712.83	3939.50	2958.31
增长率	20.88	20.17	23.26	21.57	22.08	22.96	17.60	21.92	20.16

数据来源：根据历年《中国财政年鉴》数据整理所得。

（五）民族地区及各省区财政收支差额与财政自给率

财政自给率指地方财政一般预算内收入与一般预算支出的比值。如果财政自给率高，表明地方政府能够通过本级财政筹集收入，较好地满足地方财政支出需要，对上级财政的依赖程度较低；如果财政自给率低，表明地方政府通过本级财政筹集收入不能很好地满足地方财政支出需要，对上级财政的依赖程度较高。满足地方财政支出需要，推进基本公共服务均等化，需要中央或上级政府通过财政转移支付来弥补地方财政收支缺口。

从表 7 - 8 可以看出，民族地区财政收支缺口呈增长趋势，财政收支缺口从 2000 年的 998.5 亿元上升至 2015 年的 18125.5 亿元，收支差额增加了 18 倍，收支差额增长率从 45.53% 下降至 15.22%，平均增长率为 21.32%，收支差额绝对数额呈拉大趋势。财政自给率从 40.91% 下降至 34.73%。2000 年财政自给率（40.91%）为最高值，此后财政自给率总体呈逐步下降趋势，2009 年财政自给率（32.16%）为最低值。财政自给率算数平均值为 35.22%，财政自给率每年均在 35% 左右波动。这表明民族地区经济社会发展滞后，财政收入规模较低，财政收支差额较大，财政自给率低。意味着民族地区本级财政收入仅能满足 1/3 左右的财政支出需要。这与民族地区经济社会发展滞后以及分税制改革后地方政府财权变化都有关。

表 7 - 8　2000 ~ 2015 年民族地区地方财政一般预算内收支差额及自给率

年份＼指标	一般预算内收入（亿元）	一般预算内支出（亿元）	收支差额（亿元）	收支差额增长率（%）	财政自给率（%）
2000	691.19	1689.69	-998.5	/	40.91
2001	787.67	2240.77	-1453.1	45.53	35.15
2002	862.21	2663.31	-1801.1	23.95	32.37
2003	974.04	2852.77	-1878.73	4.31	34.14
2004	1181.53	3325.81	-2144.28	14.13	35.53
2005	1453.04	4044.22	-2591.18	20.84	35.93
2006	1771.59	4861.00	-3089.41	19.23	36.44
2007	2316.69	6268.78	-3952.09	27.92	36.96
2008	2948.48	8372.37	-5423.89	37.24	35.22
2009	3491.36	10855.70	-7364.34	35.78	32.16
2010	4401.47	13217.75	-8816.28	19.72	33.30

续表

指标 年份	一般预算内收入（亿元）	一般预算内支出（亿元）	收支差额（亿元）	收支差额增长率（%）	财政自给率（%）
2011	5785.73	17220.71	-11435	29.70	33.60
2012	7037.34	20447.94	-13410.6	17.28	34.42
2013	8219.27	22615.94	-14396.7	7.35	36.34
2014	9001.50	24733.22	-15731.7	9.27	36.39
2015	9643.59	27769.09	-18125.5	15.22	34.73

数据来源：根据历年《中国财政年鉴》数据整理所得。

从表7-9可以发现，民族各省区财政自给率总体偏低且存在很大差异。自2000年以来，除内蒙古自治区之外，其余各省区地方财政自给率均呈下降趋势。仅广西和内蒙古自治区财政自给率略高于40%，区域省区地方财政自给率均在40%以下，西藏自治区地方财政自给率仅2014年（10.48%）高于10%，其余年份均在10%以下，为民族各省区中地方财政自给率最低。相对来看，广西地方财政自给率较高，其次为内蒙古自治区，西藏、青海和甘肃地方财政率较低。2000~2015年，内蒙古、广西、西藏、宁夏、新疆、青海、云南、贵州和甘肃等省区地方财政自给率算数均值分别为41.23%、43.30%、7.53%、30.30%、34.53%、18.72%、39.58%、36.07%、27.19%。这表明民族地区总体财政收入严重偏低，各省区财政状况亦存在较大差异。

表7-9　2000~2015年各民族省区地方财政自给率　（单位：%）

地区 年份	内蒙古	广西	西藏	宁夏	新疆	青海	云南	贵州	甘肃
2000	38.43	56.89	8.97	34.22	41.41	24.29	43.65	42.28	32.56
2001	31.14	50.81	5.84	29.46	36.11	19.57	38.53	36.25	29.71
2002	28.67	44.47	5.30	23.10	32.25	17.77	39.24	34.19	27.82
2003	31.02	45.91	5.59	28.39	34.80	19.70	38.99	37.48	29.22
2004	34.88	46.85	7.49	30.46	36.98	19.66	39.68	35.68	29.18
2005	40.69	46.29	6.49	29.78	34.74	19.92	40.80	35.05	28.76
2006	42.28	46.96	7.27	31.76	32.35	19.68	42.52	37.14	26.72
2007	45.49	42.48	7.31	33.09	35.95	20.10	42.87	35.85	28.27
2008	44.73	39.97	6.54	29.27	34.08	19.68	41.77	33.01	27.36
2009	44.16	38.29	6.40	25.81	28.86	18.03	35.76	30.35	23.00

续表

年份\地区	内蒙古	广西	西藏	宁夏	新疆	青海	云南	贵州	甘肃
2010	47.06	38.45	6.65	27.54	29.46	14.83	38.11	32.71	24.08
2011	45.39	37.23	7.22	31.16	31.54	15.69	37.93	34.37	25.13
2012	45.32	39.06	9.56	30.54	33.42	16.08	37.46	36.80	25.27
2013	46.68	41.06	9.37	33.43	36.79	18.23	39.33	39.14	26.29
2014	47.52	40.87	10.48	33.97	38.65	18.68	38.26	38.58	26.47
2015	46.19	37.27	9.93	32.80	34.98	17.63	38.37	38.16	25.14
算数平均	41.23	43.30	7.53	30.30	34.52	18.72	39.58	36.07	27.19

数据来源：根据历年《中国财政年鉴》数据整理所得。

（六）民族省区地方税收收入规模分析

税收是国家凭借其政治权威按照法律规定强制、无偿和固定地取得财政收入的一种方式。总体来看，税收收入是国家财政收入的主体部分。地方税收收入规模是衡量地方政府财政收入状况的重要指标，也在一定程度上反映地方经济发展水平。从表7－10可以发现，2015年，全国地方一般预算收入138099.55亿元，地方本级预算收入为82983亿元，占60.1%。其中税收收入为62661.93亿元，占地方本级预算收入的75.51%，占地方一般预算收入的45.37%。内蒙古、广西等5个民族自治区和青海、云南、贵州、西藏、甘肃等9个民族省区地方一般公共预算收入为9643.59亿元，占当年全国地方一般预算收入的6.98%。其中，税收收入为6634.61亿元，占民族省区地方一般公共预算收入的68.80%，占全国税收收入的10.59%。

表7－10　　2015年民族地区税收收入规模与比例　（单位：亿元，%）

省区\指标	地方一般公共预算收入	税收收入	主要税种收入					
			增值税	消费税	营业税	企业所得税	个人所得税	资源税
内蒙古	1964.48	1320.75	167.58	128.26	317.89	101.77	44.62	105.30
广西	1515.16	1031.65	139.99	286.30	321.90	109.74	34.76	18.06
西藏	137.13	92.00	17.34	3.07	41.61	11.50	8.48	0.96
宁夏	373.45	256.31	35.73	77.73	99.83	24.56	8.97	13.31
新疆	1330.85	861.73	140.72	256.62	265.12	92.34	55.55	66.36
青海	267.13	205.81	22.95	27.94	89.61	20.23	5.70	21.92

续表

指标 省区	地方一般公共预算收入	税收收入	主要税种收入					
			增值税	消费税	营业税	企业所得税	个人所得税	资源税
云南	1808.15	1210.54	190.25	727.28	367.68	147.44	44.16	18.23
贵州	1503.38	1126.03	120.47	235.22	353.08	127.38	33.27	24.67
甘肃	743.86	529.79	89.79	263.50	207.15	59.20	18.94	16.81
合计	9643.59	6634.61	924.82	2005.92	2063.87	694.16	254.45	285.62
全国	138099.55	62661.93	10112.52	10640.04	19162.11	9493.79	3446.75	997.07
占比 A	6.98	10.59	9.15	18.85	10.77	7.31	7.38	28.65
占比 B	/	/	13.94	30.23	31.11	10.46	3.84	4.31
占比 C	/	/	16.14	16.98	30.58	15.15	5.50	1.59

数据来源：根据《2016 中国税务年鉴》数据整理所得。

备注：（1）占比 A 表示民族省区各项收入合计与当年同类收入之比；

（2）占比 B 表示各税种收入占民族省区税收收入的比例；

（3）占比 C 表示全国各项税收收入与当年全国税收总额之比。

从地方税收收入来看，2015 年，9 个民族省区增值税、消费税、营业税、企业所得税、个人所得税、资源税等 6 个税种收入占当年全国同类税种收入的比例分别为 9.15%、18.85%、10.77%、7.31%、7.38%、28.65%。以上 6 个税种收入占民族省区税收收入的比例分别为 13.94%、30.23%、31.11%、10.46%、3.84%、4.31%。营业税在地方税收收入占比最高（31.11%），其次为消费税（30.23%），个人所得税占比最低（3.84%）。同期全国增值税、消费税、营业税、企业所得税、个人所得税、资源税等 6 个税种收入占当年全国税收收入的比例分别为 16.14%、16.98%、30.58%、15.15%、5.50%、1.59%。相对而言，除资源税占比之外，民族省区主要税种收入占地方税收收入之比低于全国同类税收收入占全国地方税收收入之比。

（七）民族省区地方税收收入结构分析

全国一般预算收入中税收收入占 82.05%，非税收入占 17.95%。民族省区税收收入占一般预算收入的比例为 68.8%，低于全国占比 13.97 个百分点。从各省区来看，税收收入占一般预算收入的平均比例为 69.54%，地区差异明显。其中，最高为青海省（77.04%），最低为新疆维吾尔自治区

(64.75)，相差12.29个百分点。从各省区主要税种收入在税收收入中的占比来看，相对而言，消费税在税收收入中占比区域差异最为明显。其中，贵州最高（60.08%），内蒙古最低（9.71%），相差50.37个百分点（见表7-11）。各省区产业结构与发展水平存在差异，主要税种收入在地方税收收入中所占比例存在明显的区域差异。

表7-11　　2015年民族地区税收收入结构

省区 \ 指标	税收收入占一般预算收入的比例（%）	主要税种收入占税收总收入的比例（%）					
		增值税	消费税	营业税	企业所得税	个人所得税	资源税
内蒙古	67.23	12.69	9.71	24.07	7.71	3.38	7.97
广西	68.09	13.57	27.75	31.20	10.64	3.37	1.75
西藏	67.09	18.85	3.34	45.23	12.50	9.22	1.04
宁夏	68.63	13.94	30.33	38.95	9.58	3.50	5.19
新疆	64.75	16.33	29.78	30.77	10.72	6.45	7.70
青海	77.04	11.15	13.58	43.54	9.83	2.77	10.65
云南	66.95	15.72	60.08	30.37	12.18	3.65	1.51
贵州	74.90	10.70	20.89	31.36	11.31	2.95	2.19
甘肃	71.22	16.95	49.74	39.10	11.17	3.58	3.17
平均	69.54	14.43	27.24	34.95	10.63	4.32	4.57

数据来源：根据《2016中国统计年鉴》数据整理所得。

（八）民族各省区地方财政支出结构分析

财政支出结构指在一定的预算管理体制下，在财政资金分配与使用过程中，财政支出构成要素相互联系的内在关系与空间表现形式，具体指财政资金分配中各部门、地区、项目之间的相互关联。财政支出结构反映了政府介入经济活动的深度和广度，也反映了公共财政在经济社会生活中的地位和作用。

财政支出结构是横向多样性和纵向多层次的统一。从横向来看，体现为财政支出的职能结构，可以分为一般公共服务支出、国防支出、教育支出、科技支出、文化体育支出、社会保障与就业支出、环境保护支出等；从纵向来看，体现为财政支出的层级结构，在我国按照政府层级依次划分为中央、省（直辖市、自治区）、市（州、盟）、县（市辖区、自治县、旗）、乡（镇）等五级支出。

从财政收入总量与结构关系来看，财政收入总量决定财政支出结构。当财政收入总量较低时，维持性的支出在财政总支出中所占比例相对较高，而促进经济社会发展方面的支出所占比例相对较低。随着财政收入总量的不断提高，维持基本需要支出的比例将会下降，而教育事业、医疗卫生、社会保障等公共服务方面的支出比例将不断提升。

2015 年，全国财政支出 175877.77 亿元。其中，中央财政支出 25542.15 亿元，占全国财政支出的比例为 14.52%；地方财政支出 150335.62 亿元，占全国财政支出的比例为 85.48%。由表 7－12 可以看出，从财政支出具体项目来看，2015 年，全国地方一般公共服务支出 12492.49 亿元，占预算总支出的比例为 8.31%；同期民族省区一般公共服务支出为 2540.32 亿元，占地方预算支出的比例为 9.15%。比较来看，民族省区一般公共服务、公共安全、文化体育和环境保护等方面支出占预算支出的比例高于全国同类支出占全国地方预算支出的比例；教育、社会保障与就业、医疗卫生等方面支出占预算支出的比例低于全国水平。

表 7－12　　2015 年全国地方财政支出结构与民族省区财政支出结构比较

（单位：亿元，%）

项目 \ 数值与比例	全国及省区	数额（亿元）	占预算支出比例（%）
一般公共服务支出	全国地方支出	12492.49	8.31
	民族省区支出	2540.32	9.15
公共安全支出	全国地方支出	7795.79	5.19
	民族省区支出	1455.94	5.24
财政教育支出	全国地方支出	24913.71	16.57
	民族省区支出	4485.78	16.15
文化体育支出	全国地方支出	2804.65	1.87
	民族省区支出	528.69	1.90
社保就业支出	全国地方支出	18295.62	12.17
	民族省区支出	3286.69	11.84
医疗卫生支出	全国地方支出	11868.67	7.89
	民族省区支出	2184.93	7.87

续表

项目＼数值与比例	全国及省区	数额（亿元）	占预算支出比例（%）
环境保护支出	全国地方支出	4402.48	2.93
	民族省区支出	861.64	3.10

随着民族地区财政收入总量的增加，财政支出结构出现新的变化。从表7-13可以发现，随着民族省区财政收入增加，特别是中央财政转移支付支持，民族省区地方财政一般预算支出绝对数额及占全国地方预算支出的比例均呈增长趋势。民族省区地方预算支出从2000年的1689.69亿元增加至2015年的27769.90亿元，平均增长率为20.52%；占全国地方财政预算支出的比例从16.3%上升至18.47%。

就同一省区来看，教育支出、就业与社会保障支出在民族省区预算支出中占比相对较高，其次为医疗卫生支出和一般公共服务支出，文化体育支出占比严重偏低。2015年贵州省教育支出占地方财政预算支出的比例为16.92%，同期文化支出占比仅为1.55%，相差15.37个百分点。从具体省区来看，不同省区同一支出项目占比也存在显著差异。2015年广西壮族自治区教育支出占地方财政预算支出的比例为19.42%，同期青海省支出比例仅为10.77%，相差近9个百分点。财政支出结构存在明显的地区差异（见表7-13）。

表7-13　2015年各民族省区地方财政支出结构　（单位：亿元,%）

年份＼地区		内蒙古	广西	西藏	宁夏	新疆	青海	云南	贵州	甘肃
预算支出		4252.96	4065.51	1381.46	1138.49	3804.87	1515.16	4712.83	3939.50	2958.31
公共服务	数额	299.14	395.30	205.92	67.09	366.41	117.33	388.51	428.61	272.01
	比例	7.03	9.72	14.91	5.89	9.63	7.74	8.24	10.88	9.19
公共安全	数额	188.37	220.55	103.23	51.23	251.95	59.02	242.54	215.95	123.10
	比例	4.43	5.42	7.47	4.50	6.62	3.90	5.15	5.48	4.16
教育支出	数额	536.53	789.65	167.27	142.51	647.93	163.19	767.46	772.91	498.33
	比例	12.62	19.42	12.11	12.52	17.03	10.77	16.28	19.62	16.85
文化支出	数额	95.81	79.00	34.73	20.97	78.96	33.60	61.66	61.20	62.76
	比例	2.25	1.94	2.51	1.84	2.08	2.22	1.31	1.55	2.12

续表

年份＼地区		内蒙古	广西	西藏	宁夏	新疆	青海	云南	贵州	甘肃
社保就业	数额	605.26	460.63	103.00	146.23	371.90	189.34	648.69	340.33	421.31
	比例	14.23	11.33	7.46	12.84	9.77	12.50	13.76	8.64	14.24
医疗卫生	数额	257.15	413.87	62.80	74.11	244.01	99.43	422.66	360.80	250.10
	比例	6.05	10.18	4.55	6.51	6.41	6.56	8.97	9.16	8.45
环保支出	数额	175.25	98.68	56.83	45.49	71.51	87.36	134.68	96.49	95.35
	比例	4.12	2.43	4.11	4.00	1.88	5.77	2.86	2.45	3.22

数据来源：根据《2016中国统计年鉴》数据整理所得。

作为政府实现其职能的基本经济手段，财政支出结构体现政府意志和政策。导致财政支出结构变化的因素包括政府职能转移、经济发展水平、财政支出总量、制度变迁、政府支出偏好等多方面。从以上分析可以发现，民族地区及各省区财政支出规模均快速增长，但是与全国整体比较，依然偏低或不足；财政支出结构中，经济建设支出比例下降，地方政府一般公共服务支出比例偏高，地方政府运行成本较高；公共安全、公共教育、文化体育、医疗卫生、社会保障与就业、环境保护等公共服务类支出比例有所上升，但是与发达地区相比较依然存在较大差距，财政支出结构需要不断优化。

第三节　民族地区财政转移支付制度的发展变化与均等化效应分析

中央财政历来重视和支持民族地区加快发展，认真贯彻落实党和国家的民族政策，按照《中华人民共和国民族区域自治法》和《国务院实施〈中华人民共和国民族区域自治法〉若干规定》的要求，在财政体制方面对少数民族地区给予必要的倾斜。通过设立多种形式的财政转移支付方式对民族地区予以支持，提高了民族地区地方财政保障能力，缩小了民族地区与其他地区的财力差距，促进了民族地区实现基本公共服务均等化。

一、民族地区财政转移支付制度的历史变迁

1949 年新中国成立以后实行统收统支的财政体制时期，中央财政就开始专门设置了民族地区预备费、民族地区机动金和民族地区一般补助费，对少数民族地区给予特殊的财政支持。1955 年，国家首次专门设立“民族地区补助费”，主要包括生产补助、卫生补助、社会救济费以及无息贷款等专门补助。1964 年，中央财政设立“民族自治地方机动金”，按照上年度民族自治地方各项财政支出决算数的 5% 计算。1972～1975 年对民族地区设置补助专款。1977 年，设立民族地区边境建设事业补助费，主要包括“边境事业补助费”和“边境建设专项补助投资”。

1980 年开始实行“分灶吃饭”的财政体制后，在延续以上各类照顾政策的同时，又给予以下优惠：一是在 1987 年前对民族地区实行递增补助的财政体制；二是核定体制收支基数时给予一定程度的基数照顾；三是支援不发达地区发展资金、“三西”资金和边境事业费等资金分配上向少数民族地区重点倾斜。此外，每年年终结算时，中央财政还视情况对少数民族地区给予补助。1977～1988 年，国家对内蒙古、广西、西藏、宁夏和新疆等五个民族自治区以及云南、贵州和青海等三个少数民族集中的省实行定额补助，补助数额按每年 10% 的比例递增。1989 年，中央将民族地区的递增补助予以固定，并调进体制基数。1992 年，设立少数民族发展基金。

1994 年分税制财政体制改革，地方按照统一的范围和比例与中央划分收支。原有对少数民族地区的补助和专项拨款继续保留，中央财政主要通过财政转移支付制度对少数民族地区予以支持和帮助。2000 年开始，中央财政设立“民族地区转移支付”，同时实施均衡性转移支付对少数民族地区的优惠政策，以及其他专项扶持政策。2010 年 1 月 1 日，为了支持少数民族地区加快发展，制定了《中央对地方民族地区转移支付办法》，进一步完善了省对下民族地区转移支付分配办法，增强转移支付的稳定性和可预见性，增量分配选取“民族行政区划”“少数民族人口数”等作为测算因素，资金分配进一步向民族贫困地区倾斜。

二、民族地区财政转移支付的范围与办法

从全国总体来看，我国财政转移支付制度的建立和完善是伴随着改革开放的发展历程而发展起来的。十一届三中全会以后，财政体制改革作为我国

经济体制改革的突破口率先推行，打破了传统的统收统支、高度集中的财政管理体制，逐步走上了财政分权化的改革道路。纵观我国的财政分权改革，经历了财政包干制和分税制两个不同阶段，中央与地方政府间财政关系也表现出不同的阶段性特征。

在财政包干制改革阶段，中央和地方按收入总额及比例分成划分各级收入，而不是按税种划分收入；按行政隶属关系划分中央与地方各级财政支出；中央对各省（直辖市、自治区）根据不同情况分别实行地方上解、共享分成和中央补助。中央与地方之间财政资金呈现双向流动格局，上解、补助和各种收入分成制成为政府间转移支付的主要形式。在分税制实施阶段，明确了中央与地方的事权和支出责任的划分框架，按照各税种属性及其差异将税收收入划分为中央固定收入、地方固定收入及中央与地方共享收入三类，建立了分级分税财政体制的基本框架体系，形成了纵向非平衡的财力分配格局。

从世界各国财政实践来看，地方政府间财力差异是财政转移支付制度存在的现实基础。财政转移支付成为政府平衡各地财力差距的重要机制设计和工具选择。从这个意义上讲，财政转移支付是以缩小地区财力差距，实现基本公共服务均等化为目标而实行的一种财政平衡制度，也是地方政府获得收入的重要途径。通过财政转移支付，中央政府不仅对各地由于人口、地理位置和资源禀赋等因素导致的财力非平衡状况进行平衡，而且可以向地方政府传达宏观经济调控意图。随着分税制改革的逐步推进，我国政府间转移支付制度框架逐步建立和不断完善。

（一）民族地区财政转移支付的范围

中央财政历来重视和支持民族地区经济社会发展。在不断完善已有的转移制度的同时，从2000年开始，中央实施民族地区转移支付制度，作为民族地区在享受一般性转移支付之后，继续享受的照顾性的财力性转移支付。资金主要安排用于保障行政事业单位正常运转费用、职工工资发放以及社会保障等基本公共服务支出。2000～2005年，民族地区转移支付对象为内蒙古、广西、西藏、宁夏、新疆等5个民族自治区和青海、云南、贵州等3个财政体制上视同少数民族地区对待的省份，以及吉林延边、甘肃临夏等8个非少数民族省区管辖的民族自治州。2006年，为了统一民族地区财政政策，进一步体现中央对少数民族地区的关怀，经国务院批准，又将非民族省区和非民族自治州管辖的民族自治县纳入民族地区转移支付范围。目前民族地区财政转移支付的范围如表 7－14 所示。

表 7－14　　民族地区财政转移支付范围

行政区划级别	行政区划名称	数量	特征
自治区	内蒙古自治区、广西壮族自治区、西藏自治区、宁夏回族自治区、新疆维吾尔自治区	5	民族自治地方
省	青海省、云南省、贵州省	3	财政体制上视同少数民族地区对待的省份
自治州	延边朝鲜族自治州、恩施土家族苗族自治州 湘西土家族苗族自治州、阿坝藏族羌族自治州 甘孜藏族自治州、凉山彝族自治州 临夏回族自治州、甘南藏族自治州	8	非少数民族省区管辖的民族自治州
自治县	围场满族蒙古族自治县、丰宁满族自治县 宽城满族自治县、大厂回族自治县 青龙满族自治县、阿克塞哈萨克族自治县 北川羌族自治县、肃北蒙古族自治县 肃南裕固族自治县、天祝藏族自治县 张家川回族自治县等 49 个民族自治县	49	非民族省区和非民族自治州管辖的民族自治县

备注：民族地区转移支付范围按照财政部规定统计整理。截至 2016 年 8 月，全国共有 30 个少数民族自治州，其中非民族省区管辖的自治州 8 个；全国共有 120 个民族自治县，其中非民族省区和非民族自治州管辖的自治县有 49 个。

（二）民族地区财政转移支付的办法

民族地区财政转移支付已经成为民族地区特别是民族自治地方政府财政收入的重要来源。中央财政按照上年度民族地区转移支付数额，以及前三年国内增值税收入平均增长情况，综合考虑确定本年度转移支付数额。转移支付资金分配具体办法如表 7－15 所示。

适应经济社会形势的发展变化，中央财政一直坚持完善民族地区转移支付资金具体分配办法。从 2010 年开始，中央对民族地区财政转移支付办法主要如下：（1）民族地区转移支付资金规模根据前三年国内增值税收入平均增长率滚动递增，以实现转移支付资金总体规模的适度稳定增长。（2）为保证转移支付资金分配的公平，转移支付资金分配区分为民族省州和民族自治县两个部分：民族自治县转移支付规模在上一年度各自补助数基础上，

表 7-15 民族地区财政转移支付资金分配办法与计算公式

分配办法 民族地区	分配办法	计算公式
自治区	转移支付总额扣除民族自治县分配数后的部分，在民族省份和民族自治州间分配。其中，70% 部分按照因素法分配，30% 部分考虑各地前三年上划中央增值税收入增量情况分配。	民族自治区分配数 = 按因素法分配数 + 与上划增值税收入增量挂钩的分配数
自治州	转移支付总额扣除民族自治县分配数后的部分，在民族省份和民族自治州间分配。其中，70% 部分按照因素法分配，30% 部分考虑各地前三年上划中央增值税收入增量情况分配。	民族自治州分配数 = 按因素法分配数 + 与上划增值税收入增量挂钩的分配数
自治县	民族自治县转移支付额在上一年度分配数基础上，统一按照前三年全国国内增值税收入平均增长率确定。	民族自治县分配数 = 上一年度分配数 × 前三年全国国内增值税平均增长率

备注：（1）按因素法分配数参照中央对地方均衡性转移支付办法计算确定。

（2）按照本办法分配的转移支付额少于上一年度分配数的民族省区或民族自治州，按照上年实际分配数额下达。

统一按照前三年全国增值税收入平均增长率滚动递增；转移支付总额扣除用于民族自治县后的部分，在八个民族省份和八个民族自治州间分配。其中，70% 部分按照因素法进行分配。30% 部分考虑各地上划增值税贡献因素进行分配。另外，对于按照统一办法测算的转移支付额少于上一年度分配数的地区，按照上年数额下达转移支付。

三、民族地区财政收支与基本公共服务支出分析

通过民族地区各地积极努力，加上中央财政大力支持，民族地区财政收支有所改善。从总体分析，民族地区人均财政收支增长速度高于同期地方人均财政收支。2000 ~ 2015 年，地方人均财政收入从 505.44 元增加至 6038.18 元，平均增长率为 17.98%；民族地区人均财政收入从 332.1 元增加至 4359.87 元，平均增长率为 18.73%。地方人均财政支出从 817.93 元增加至 10936.52 元，平均增长率为 18.87%；民族地区人均财政支出从 811.84 元增加至 12554.41 元，平均增长率为 20.01%。2000 年以来，民族

地区人均财政收支最高增速分别为 30.80% 和 32.89%，地方人均财政收支最高增速分别为 28.12% 和 27.80%（见表 7－16）。

表 7－16　2000～2015 年全国与民族地区人均财政收支比较

指标 / 年份	全国地方人均财政收入		民族地区人均财政收入		全国地方人均财政支出		民族地区人均财政支出	
	数量（亿元）	增长率（%）	数量（亿元）	增长率（%）	数量（亿元）	增长率（%）	数量（亿元）	增长率（%）
2000	505.44	/	332.10	/	817.93	/	811.84	/
2001	611.41	20.97	375.01	12.92	1029.14	25.82	1066.83	31.41
2002	662.89	8.42	407.07	8.55	1189.65	15.60	1257.41	17.86
2003	762.15	14.97	456.31	12.10	1333.30	12.07	1336.44	6.29
2004	914.96	20.05	549.34	20.39	1584.21	18.82	1546.31	15.70
2005	1154.88	26.22	684.85	24.67	1923.76	21.43	1906.12	23.27
2006	1392.46	20.57	830.13	21.21	2315.09	20.34	2277.78	19.50
2007	1784.06	28.12	1080.70	30.18	2901.66	25.34	2924.28	28.38
2008	2157.33	20.92	1368.52	26.63	3708.41	27.80	3885.99	32.89
2009	2443.06	13.24	1615.32	18.03	4574.31	23.35	5022.53	29.25
2010	3028.77	23.97	2056.38	27.30	5510.02	20.46	6175.36	22.95
2011	3900.03	28.77	2689.79	30.80	6882.67	24.91	8005.91	29.64
2012	4510.82	15.66	3249.90	20.82	7916.19	15.02	9443.03	17.95
2013	5071.67	12.43	3771.00	16.03	8799.78	11.16	10376.19	9.88
2014	5547.26	9.38	4104.09	8.83	9446.82	7.35	11267.72	8.59
2015	6038.18	8.85	4359.87	6.23	10936.52	15.77	12554.41	11.42

资料来源：根据历年《中国统计年鉴》相关数据整理计算所得。

2000 年，全国地方人均财政收入为 505.44 元，民族地区人均财政收入为 332.10 元，民族地区人均财政收入为地方人均财政收入的 65.71%。当年地方人均财政支出为 817.93 元，民族地区人均财政支出为 811.84 元，民族地区人均财政支出略低于地方人均财政支出。此后，民族地区人均财政支出持续稳定高于同期地方人均财政支出。2015 年，民族地区人均财政收入和支出分别为 4359.87 元和 12554.41 元，占同期地方人均财政收入和支出的比例分别为 72.21% 和 114.79%。2000～2015 年，民族地区人均财政支出占地方人均财政支出比例高于同期财政收入占比（见图 7－5）。

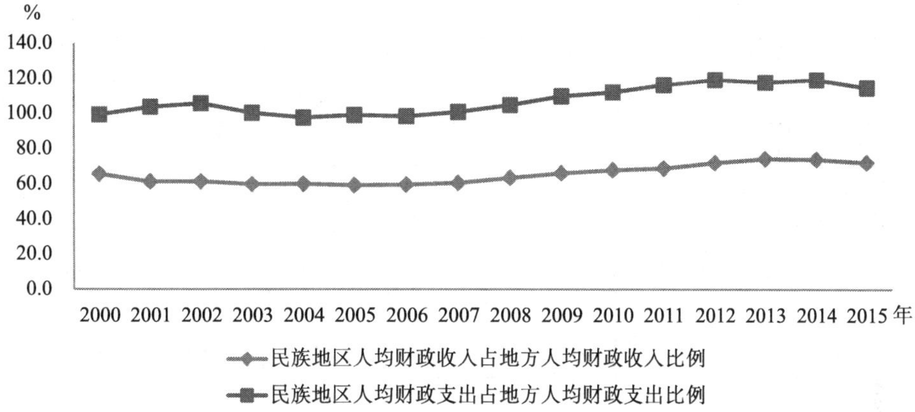

图 7－5　2000～2015 年民族地区人均财政收支与地方人均财政收支比较

基本公共服务一般包括基本民生需求的教育、就业、社会保障、医疗卫生、计划生育、住房保障、文化体育等领域的公共服务。在不同地域，发展阶段、需求偏好差异等都会导致公共服务需求类型、层次与结构出现差异。地区间公共服务水平差距固然有经济发展水平、土地面积、人口、自然条件等多方面的影响因素，但地区间财政能力差异却是最重要的原因①。地方财力差异是导致各地公共服务差异的重要原因。基于发展阶段、需求类型以及统计口径等方面的综合考虑，文章选取教育、社会保障和医疗卫生等主要的公共服务项目支出代表民族地区基本公共服务支出，通过民族地区人均教育支出、人均社保支出和人均卫生支出与全国同类比较，反映民族地区基本公共服务支出及其变化趋势。

表 7－17　2000～2015 年全国地方人均教育、社保和卫生服务财政支出

指标 年份	人均教育支出（元）		人均社保支出（元）		人均卫生支出（元）	
	全国地方	民族地区	全国地方	民族地区	全国地方	民族地区
2000	128.14	120.01	43.63	20.90	38.11	39.07
2001	159.51	157.73	58.56	41.20	43.68	48.18
2002	189.54	184.07	74.85	51.90	48.09	53.73
2003	208.71	199.96	86.49	87.97	58.50	62.42

① 陈颂东：中国的转移支付制度与地区公共服务均等化［J］．经济经纬，2008（01）．

续表

年份＼指标	人均教育支出（元）		人均社保支出（元）		人均卫生支出（元）	
	全国地方	民族地区	全国地方	民族地区	全国地方	民族地区
2004	242.05	234.27	239.72	93.07	64.03	67.51
2005	275.26	282.75	282.87	101.06	77.67	86.06
2006	341.11	346.36	331.83	113.67	98.56	107.15
2007	496.77	504.84	386.33	371.20	148.01	165.81
2008	506.55	678.32	486.44	485.48	204.09	225.44
2009	739.60	804.18	588.38	687.15	294.54	334.98
2010	882.17	991.74	647.34	744.20	352.79	423.54
2011	1150.28	1256.40	787.24	915.83	471.90	561.20
2012	1487.44	1578.95	886.22	1038.76	529.59	616.74
2013	1532.95	1635.53	1017.82	1173.04	602.86	663.60
2014	1592.91	1750.70	1116.29	1290.40	737.42	838.71
2015	1812.41	2005.43	1330.96	1485.91	863.42	942.60

资料来源：根据历年《中国统计年鉴》数据计算整理所得。

从表 7－17 可以发现，与全国地方人均同类支出相比，民族地区人均教育支出、人均社保支出和人均卫生支出呈现出阶段性特点。但总体而言，除少数年份外，民族地区人均教育、社保和卫生支出高于同期全国地方人均支出，2010 年后这种趋势体现得更为明显。2000～2015 年，民族地区人均教育支出从 120.01 元增加至 2005.43 元，平均增长 20.65%；全国地方人均教育支出则从 128.14 元增加至 1812.41 元，平均增长 19.32%。民族地区人均社会保障支出从 20.90 元增加至 1485.91 元，平均增长 32.88%；全国地方人均社会保障支出从 43.63 元增加至 1330.96 元，平均增长 25.59%。民族地区人均卫生支出从 39.07 元增加至 912.60 元，平均增长 23.38%；全国地方人均卫生支出从 38.11 元增加至 863.42 元，平均增长 23.12%。

从人均支出的绝对值看，民族地区人均支出高于同期地方人均支出，但并不意味着民族地区基本公共服务支出状况比全国更好。但是由于公共服务供给的规模效应，民族地区人口少且分布分散，地理位置特殊，公共服务供给的成本高于其他地区。即使民族地区基本公共服务人均支出高于全国地方人均公共服务支出，也难以避免民族地区与其他地区公共服务差距进一步拉大。对于民族地区而言，缩小与其他地区公共服务供给差距，不仅要提高公共服务人均支出水平，更要提高转移支付规模，完善转移支付结构，发挥转移支付均等化效应，不断提高基本公共服务支出占全国基本公共服务支持的比例。

四、民族地区财政转移支付的规模与结构

从民族地区财政转移支付规模方面分析，2000 年中央财政专门安排 10 亿元的民族地区转移支付资金，以后每年按照上年中央分享的增值税收入增长率递增。此外，将少数民族地区当年上划中央增值税收入增长部分的 80% 用于民族地区财政转移支付。2000 年以来，中央对民族地区的财政转移支付规模总体呈增长趋势，但是增长幅度呈下降趋势。2000 年，中央财政对内蒙古、广西、西藏、宁夏、新疆 5 个自治区和青海、云南、贵州和甘肃等 9 个民族省区转移支付合计 1055.1 亿元，2015 年增加至 16417.42 亿元，比 2000 年增长了 15.6 倍，平均增长率为 20.1%。从 2000 年开始，转移支付增长速度呈下降趋势。2001 年增长速度为 43.62%，2015 年环比增长速度为 10.62%。其中，内蒙古、宁夏、青海和甘肃省转移支付增长速度波动较大，其余省区增长速度比较稳定。

表 7－18　2000～2015 年中央对地方和民族地区转转移支付总额与人均财政转移支付

指标 年份	中央对民族地区转移支付总额（亿元）	增长率（%）	中央对民族地区人均转移支付		中央对地方人均转移支付		A－B
			数量（元）A	增长率（%）	数量（元）B	增长率（%）	
2000	1055.10	/	506.93	/	368.56	/	138.37
2001	1515.35	43.62	721.45	42.32	470.27	27.60	251.18
2002	1679.96	10.86	793.14	9.94	572.33	21.70	220.81
2003	1824.78	8.62	854.86	7.78	639.29	11.70	215.57
2004	2309.94	26.59	1073.99	25.63	800.69	25.25	273.30
2005	2659.77	15.14	1253.60	16.72	878.28	9.69	375.32
2006	3224.25	21.22	1510.82	20.52	1026.82	16.91	484.00
2007	4319.07	33.96	2014.77	33.36	1372.74	33.69	642.03
2008	5491.23	27.14	2548.73	26.50	1731.21	26.11	817.52
2009	7092.01	29.15	3281.21	28.74	2140.41	23.64	1140.80

续表

指标 年份	中央对民族地区转移支付总额（亿元）	增长率（%）	中央对民族地区人均转移支付		中央对地方人均转移支付		A - B
			数量（元）A	增长率（%）	数量（元）B	增长率（%）	
2010	8311.99	17.20	3883.38	18.35	2411.88	12.68	1471.50
2011	11229.41	35.10	5220.55	34.43	2962.94	22.85	2257.61
2012	12679.44	12.91	5855.47	12.16	3350.10	13.07	2505.37
2013	13421.05	5.85	6157.57	5.16	3546.42	5.86	2611.15
2014	14840.84	10.58	6766.44	9.89	3771.77	6.35	2994.67
2015	16417.42	10.62	7422.32	9.69	4008.20	6.27	3414.12

资料来源：根据历年《中国统计年鉴》相关数据整理计算所得。

从表 7－18 可以发现，从 2000 年开始，中央对民族地区人均财政转移支付额度及其增长速度均高于同期中央对地方人均财政转移额度及增长速度，每年中央财政对民族地区人均财政转移支付与中央财政对地方人均财政转移支付差额呈扩大趋势。从 2000 年的 138.37 元扩大至 2015 年的 3414.12 元，差额扩大 24.6 倍。

2000 年，中央财政对内蒙古、广西、西藏、宁夏、新疆 5 个自治区和青海、云南、贵州和甘肃等 9 个民族省区人均转移支付 506.93 元，当年中央财政对地方人均财政转移支付为 368.56 元。民族地区人均财政转移支付是同期地方人均财政转移的 1.38 倍，高于同期地方人均转移支付 138.37 元。2015 年，中央对民族地区人均财政转移支付为 7422.32 元，是 2000 年民族地区人均财政转移支付的 14.6 倍；同期中央对地方人均财政转移支付为 4008.20 元，是 2000 年地方人均财政转移支付的 10.9 倍。

从 2000 年至 2015 年，中央对民族地区人均财政转移支付增长速度以及中央对地方人均财政转移支付增长速度均呈明显下降趋势。民族地区人均财政转移支付增速从 42.32% 下降至 9.69%；地方人均财政转移支付增速从 27.60% 下降至 6.27%。民族地区人均财政转移支付平均增长速度为 19.59%；地方人均财政转移支付平均增长速度为 15.99%。民族地区人均财政转移支付与地方人均财政转移支付差值从 138.37 元增加至 3414.12 元。

表 7－19　　2015 年中央对民族地区财政转移支付数量与结构

指标 地区	一般转移支付		专项转移支付		税收返还	
	数额（亿元）	占全国比例（%）	数额（亿元）	占全国比例（%）	数额（亿元）	占全国比例（%）
内蒙古	1064.88	3.74	926.74	4.29	115.65	2.30
广西	1313.37	4.62	705.85	3.26	144.22	2.87
西藏	762.87	2.68	518.36	2.40	38.74	0.77
宁夏	399.83	1.41	258.59	1.20	21.22	0.42
新疆	1234.75	4.34	1121.90	5.19	72.10	1.44
青海	515.08	1.81	425.65	1.97	15.85	0.32
云南	1224.06	4.30	1025.17	4.74	260.95	5.20
贵州	1257.90	4.42	965.00	4.46	95.17	1.90
甘肃	1029.86	3.62	812.29	3.76	90.35	1.80
合计	8802.60	30.94	6759.55	31.26	854.25	17.02
全国	28455.02	100/51.64	21623.63	100/38.25	5018.86	100/9.11

资料来源：根据财政部网站《2015 年全国财政决算》数据整理所得。

从转移支付结构方面分析，从表 7－19 可以发现，2015 年中央对地方转移支付总额为 50097.51 亿元，其中一般转移支付资金 28455.02 亿元，专项转移支付资金共计 21623.63 亿元，税收返还资金共计 5018.86 亿元，分别占转移支付资金总额的 51.64%、39.25% 和 9.11%。当年中央对民族地区转移支付资金总计 16416.4 亿元，其中一般转移支付资金 8802.60 亿元，专项转移支付资金 6759.55 亿元，税收返还资金 854.25 亿元，分别占中央对民族地方转移支付总额 53.62%、41.18% 和 5.20%。从转移支付内部结构分析，一般转移支付比例最高，一般转移支付比例高出专项转移支付比例 12.43 个百分点，而税收返还比例最低。这意味着中央对民族地区转移支付以一般转移支付为主，由于经济发展滞后，税收返还比例非常低。一般转移支付资金完全由地方政府自主支配，有利于实现基本公共服务均等化，也有利于地方政府根据居民需求变化提供公共服务，充分体现了中央财政对于民族地区支持和照顾。同全国同类转移支付项目比较，一般转移支付和专项转移支付比例偏高，税收返还比例偏低。2015 年民族地区一般转移支付占当年全国一般转移支付总额的比例为 30.94%；专项转移支付占全国专项转移支付的 31.26%，税收返还占全国税收返还总数的 17.02%。

五、中央对民族地区财政转移支付均等化效应

（一）中央对民族地区转移支付横向均等化效应

2000 年，内蒙古、广西、西藏、宁夏、新疆、青海、云南、贵州和甘肃等 9 个民族地区财政收入为 691.19 亿元，当年全国地方财政收入为 6406.06 亿元，民族地区财政收入占全国地方财政收入的 10.79%。2015 年，民族地区财政收入为 9643.59 亿元，占全国地方财政收入的比例为 11.62%。从 2000 年至 2015 年，民族地区财政收入增加了 8952.24 亿元，增加了近 14 倍，占全国地方财政收入的比例增加了 0.83 个百分点。同期，民族地区人口占全国总人口的比例均在 16% 以上（见表 7－20）。以上数据变化反映出民族地区财政收入有了大幅度增加，但是占全国地方财政收入比例依然偏低且变化不大，与人口占比相比，民族地区财力无法提供与全国平均水平相当的公共服务。

表 7－20　2000～2015 年民族地区财政收支与全国地方财政收支及人口比较

指标 年份	财政收入（亿元）			财政支出（亿元）			人口（万人）		
	民族地区	全国地方	占比（%）	民族地区	全国地方	占比（%）	民族地区	全国	占比（%）
2000	691.19	6406.06	10.79	1689.69	10366.65	16.30	20813	126743	16.42
2001	787.67	7803.30	10.09	2240.77	13134.56	17.06	21004	127627	16.46
2002	862.21	8515.00	10.13	2663.31	15281.45	17.43	21181	128453	16.49
2003	974.04	9848.98	9.89	2852.77	17229.85	16.56	21346	129227	16.52
2004	1181.53	11893.37	9.93	3325.81	20592.81	16.15	21508	129988	16.55
2005	1453.04	15100.76	9.62	4044.22	25154.31	16.08	21217	130756	16.23
2006	1771.59	18303.58	9.68	4861.00	30431.33	15.97	21341	131448	16.24
2007	2316.69	23572.62	9.83	6268.78	38339.29	16.35	21437	132129	16.22
2008	2948.48	28649.79	10.29	8372.37	49248.49	17.00	21545	132802	16.22
2009	3491.36	32602.59	10.71	10855.7	61044.14	17.78	21614	133450	16.20
2010	4401.47	40613.04	10.84	13217.75	73884.43	17.89	21404	134091	15.96
2011	5785.73	52547.11	11.01	17220.71	92733.68	18.57	21510	134735	15.96
2012	7037.34	61078.29	11.52	20447.94	107188.34	19.08	21654	135404	15.99
2013	8219.27	69011.16	11.91	22615.94	119740.34	18.89	21796	136072	16.02
2014	9001.50	75876.58	11.86	24733.22	129215.49	19.14	21933	136782	16.04
2015	9643.59	83002.04	11.62	27769.09	150335.62	18.47	22119	137462	16.09

资料来源：根据历年《中国统计年鉴》数据整理计算所得。

通过中央财政转移支付，民族地区财力有所增强。从表 7 - 20 可以发现，2000 年民族地区财政支出为 1689.69 亿元，占当年全国地方财政支出比例为 16.30%，同期民族地区人口为 20813 万，占全国总人口比例为 16.42%。民族地区财政支出占全国地方财政支出比例略低于民族地区人口占全国总人口的比例。此后，民族地区财政支出比例持续稳定高于同期人口占全国总人口的比例。如 2001 年，民族地区财政支出占全国地方财政支出比例为 17.06%，当年民族地区人口占全国总人口的比例为 16.42%。从 2000 年至 2015 年，民族地区人口占全国总人口的比例持续稳定在 16% 左右，且呈下降趋势；同期民族地区财政支出占全国地方财政支出的比例从 16.30% 提高至 18.47%；民族地区财政支出从 1689.69 亿元增加至 27769.09 亿元，平均增长率为 20.52%；同期全国地方财政支出从 10366.65 亿元增加至 150335.62 亿元，平均增长率为 19.52%；民族地区人口从 20813 万人增加至 22119 万人，平均增长率为 0.41%。以上总量数据及比例变化反映出，在接受中央的财政转移支付后，民族地区财政支出能力增强，缩小了与其他地区的财力差距，财政转移支付对民族地区横向均等化效应比较明显。

相对于地方财政收入，人均财政收入均衡考虑到了各地区的人口因素，同时也能够很好地符合布坎南（1950）提出的“横向公平均等化”原则。通过计算人均财政收入基尼系数进一步深入研究财政转移支付对民族地区财力横向均等化效应。假设 G_0 表示转移支付之前民族地区与非民族地区间人均财政收入差异的基尼系数，G_1 表示转移支付之后民族地区与非民族地区间人均财政收入差异的基尼系数。$G_0 - G_1 > 0$，表明转转移支付在缩小地区财力差距方面具有正向效应；$G_0 - G_1 < 0$，表明转移支付在缩小地区财力差距方面具有负向效应；$G_0 - G_1 = 0$，表明转移支付在缩小地区财力差距方面具有负向效应。$(G_0 - G_1)/G_0$ 可以用来衡量中央对民族地区转移支付的均等化效应，其数值越大，则表明当年中央对地方转移支付的均等化效应越大。人均财政收入具体计算公式①为：

$$G = \frac{1}{2^{n(n-1)}u}\sum_{j=1}^{n}\sum_{i=1}^{n}|X_j - X_i|$$

① 张霞：民族地区财政转移支付的公共服务均等化效应评价——以少数民族八省区为例［J］. 管理学刊，2011（2）.

其中：n 为样本容量，u 为人均财政收入的均值，X_i为民族地区人均财政收入，X_j为非民族地区人均财政收入。采用国家统计年鉴相关数据计算，2000～2015 年民族地区财政转移支付前、转移支付后人均财政收入基尼系数，具体计算结果如表 7－21 所示。

表 7－21　2000～2015 年中央转移支付前和转移支付后地区间人均财政收入基尼系数

年份＼指标	G_0	G_1	G_0-G_1	$\lvert G_0-G_1\rvert/G_0$
2000	0.4293	0.3122	0.1171	0.2728
2001	0.4374	0.3108	0.1266	0.2894
2002	0.4367	0.3067	0.1300	0.2977
2003	0.4332	0.3047	0.1285	0.2966
2004	0.4325	0.3072	0.1253	0.2897
2005	0.4353	0.3037	0.1316	0.3023
2006	0.4342	0.3048	0.1294	0.2980
2007	0.4309	0.2923	0.1386	0.3217
2008	0.4280	0.2814	0.1466	0.3425
2009	0.4171	0.2813	0.1358	0.3256
2010	0.4098	0.2734	0.1364	0.3328
2011	0.4056	0.2685	0.1371	0.3380
2012	0.3938	0.2632	0.1306	0.3316
2013	0.3862	0.2587	0.1275	0.3301
2014	0.3856	0.2533	0.1323	0.3431
2015	0.3833	0.2506	0.1327	0.3462

资料来源：根据历年《中国统计年鉴》相关数据整理计算所得。

从表 7－21 可以看出，2000～2015 年，中央转移支付前人均财政收入基尼系数呈逐年下降趋势，从 2000 年的 0.4293 下降至 2015 年的 0.3833，但是仅在 2012 年之后的 4 年中小于 0.4，其他年份均大于 0.4，反映出民族地区与非民族地区在人均财政收入方面存在很大差距。同期，接受中央财政转移支付后，人均财政收入基尼系数亦呈下降趋势。从 2000 年的 0.3122 下降至 2015 年的 0.2506，从 2007 年开始，人均财政收入基尼系数低于 0.300，反映出在接受中央财政转移支付后，民族地区财力有所增强，民族地区与非民族地区之间差距大幅缩小。中央对民族地区的财政转移支付在缩小民族地区与非民族地区横向差距方面发挥了显著作用。同时可以发现，转移支付前与转转移支付后人均财政收入基尼系数差值均大于零，转移支付在缩小民族地区与非民族地区财力差距方面具有正向作用，两者差值与转移支付前人均财政收入基尼系数逐年提高，从 2000 年的 0.2728 提高至 2015 年的 0.3462，反映出中央财政转移支付在缩小不同地区横向财力差距方面的作用越来越大。

（二）中央对民族地区转移支付纵向均等化效应

中央对民族地区转移支付纵向均等化效应主要体现在接受中央转移支付后，民族地区财政财政收支占全国、中央和地方同期财政收支比例的变化。从表 7－22 可以发现，2000 年，内蒙古、广西、西藏、宁夏、新疆、青海、云南、贵州和甘肃等 9 个民族地区财政收入占全国财政收入比例为 5.16%，财政支出占全国财政支出比例为 10.64%，财政支出占比与收入占比相差 5.48 个百分点。2005 年，民族地区财政收入占全国财政收入的比例为 4.59%，财政支出占全国财政支出的比例为 11.92%，财政支出占比与收入占比相差 7.33 个百分点。2010 年，民族地区财政收入占全国财政收入的比例为 5.30%，财政支出占全国财政支出的比例为 14.71%，财政支出占比与收入占比相差 9.41 个百分点。2015 年，民族地区财政收入占全国财政收入的比例为 6.33%，财政支出占全国财政支出的比例为 15.79%，财政支出占比与收入占比相差 9.46 个百分点。民族地区财政收入与支出占全国财政收入和支出比例均呈升高态势，反映出民族地区财力逐步增强；支出占比与收入占比差值逐年提高，反映出中央对民族地区财政转转移支付纵向均等化作用越来越大。

表 7－22　2000～2015 年民族地区财政收支与全国、中央、地方的比较

年份	指标	全国财政	中央财政	地方财政	民族地区
2000	财政收入（亿元）	13395.23	6989.17	6406.06	691.19
	财政支出（亿元）	15886.50	5519.85	10366.65	1689.69
2005	财政收入（亿元）	31649.29	16548.53	15100.76	1453.04
	财政支出（亿元）	33930.28	8775.97	25154.31	4044.22

续表

年份	指标	全国财政	中央财政	地方财政	民族地区
2010	财政收入（亿元）	83101.51	42488.47	40613.04	4401.47
	财政支出（亿元）	89874.16	15989.73	73884.43	13217.75
2015	财政收入（亿元）	152269.23	69267.19	83002.04	9643.59
	财政支出（亿元）	175877.77	25542.15	150335.62	27769.09

资料来源：根据历年《中国统计年鉴》相关数据整理计算所得。

从民族地区各省区来看，接受中央的财政转移支付后，各省区的财政支出与财政收入在全国的位次发生显著变化。从表 7－23 可以看出，从 2000 年到 2015 年，总体而言，民族地区各省区财政支出在全国的排名均高于财政收入在全国的排名。2000 年，除宁夏、广西和西藏外，其余地区财政支出排名均高于财政收入排名。内蒙古、广西、新疆、青海、云南、贵州和甘肃省等 6 省区财政支出在全国的排名分别为 20、24、28、11、23 和 25，同期财政收入在全国的排名分别为 23、26、30、14、25 和 27。2015 年除宁夏和甘肃外，其余 7 省区财政支出在全国排名均高于财政收入在全国的排名。当年内蒙古、广西、西藏、新疆、青海、云南、贵州和甘肃省财政支出在全国的排名分别为 17、18、29、22、28、13、和 21，同期财政收入在全国的排名分别为 17、22、31、24、30、20 和 23。中央对民族地区财政转移支付的纵向均等化效应显著。

表 7－23　　2015 年民族地区财政收支及位次变化　　单位：亿元

省区（指标／年份）	2000 年 财政收入	排名	财政支出	排名	2015 年 财政收入	全国排名	财政支出	全国排名
内蒙古	95.03	23	247.27	20	1964.48	19	4252.96	17
广西	147.05	17	258.49	19	1515.16	22	4065.51	18
西藏	5.38	31	59.97	31	137.13	31	1381.46	29
宁夏	20.82	29	60.84	30	373.45	29	1138.46	31
新疆	79.07	26	190.95	24	1330.85	24	3804.87	22
青海	16.58	30	68.26	28	267.13	30	1515.16	28
云南	180.75	14	414.11	11	1808.15	20	4712.83	13
贵州	85.23	25	201.57	23	1503.38	23	3939.50	21
甘肃	61.28	27	188.23	25	743.86	27	2958.31	27

资料来源：根据 2015 年《中国统计年鉴》相关数据整理所得。

六、基本结论与主要建议

民族地区经济社会快速发展，财政状况有所好转，综合实力显著提升，但是民族地区经济社会发展总体滞后，城乡区域发展不平衡，财政保障能力不足等问题依然没有得到改善。民族地区基本公共服务供给不足，地方政府财力无法提供与全国平均水平相当的基本公共服务仍是基本国情。民族地区转移支付已经成为民族地区特别是民族自治地方重要的财力来源。中央对民族地区财政转移支付总体呈增长趋势。这种增长趋势不仅体现在转移支付总量的绝对增长，也体现在人均转移支付水平的相对增长。但是无论是从转移支付总量分析，或人均转移支付数量分析，转移支付增长速度均呈下降趋势。转移支付规模波动较大，不利于转移支付的稳定性和可预见性，影响民族地区财政平稳运行，也不利于推动民族地区经济发展方式的转变。中央对民族地区转移支付结构有所改善。与全国相比，一般转移支付和专项转移支付比例偏高，税收返还比例偏低。财政转移支付对民族地区基本公共服务均等化效应显著。在缩小民族地区与非民族地区横向差距方面，乃至纵向均等化方面均发挥了重要作用。

（一）继续完善转移支付对民族地区的优惠政策

首先，继续完善一般性转移支付对民族地区的照顾和优惠政策。现行一般性转移支付按照人口数量、工业增加值等客观因素计算确定各地标准财政收支，对存在收支缺口的地区根据财政困难程度予以补助。测算各地标准财政支出时，选取海拔、人口密度、温度、运输距离等影响财政支出的因素计算各地支出成本差异系数，对民族地区相对较高的支出需求进行科学的量化，并专门设置民族因素修正系数，加大对少数民族地区的补助力度。其次，完善其他转移支付项目对少数民族地区的照顾和优惠政策。中央对地方调整工资转移支付和农村税费改革转移支付等方面通过适当提高转移支付补助系数的方式对民族地区予以倾斜和照顾；建立艰苦边远地区津贴制度，由此增加的支出全部由中央财政负担，享受此项补助的基本上是西部民族省区。再次，专项转移支付资金分配也向民族地区进行倾斜。如边境地区转移支付、西部基层政权建设经费、支援不发达地区发展资金、财政扶贫资金和以工代赈资金等。最后，对部分省份特殊问题出台专项扶持政策。除在统一的转移支付框架内加大对民族地区的支持外，针对个别省份经济社会发展进程中面临的特殊情况，如边境维稳等，中央应予以专门的扶持政策。

（二）优化财政转移支付结构，完善民族地区转移支付运行机制

从中央对民族地区转移支付结构来分析，专项转移支付所占比例较高。但是相对而言，一般性转移支付更有利于促进地区基本公共服务均等化。尽管专项转移支付在缩小区域发展差距，促进民族地区经济社会发展方面发挥了重要作用。但是与一般转移支付相比，专项转移支付促进基本公共服务均等化作用相对有限。因此，从长远来看，促进和实现民族地区基本公共服务均等化，必然要提高一般转移支付比例，同时需要规范民族地区专项转移支付制度。一般性转移支付和专项转移支付相结合，以一般性转移支付为主，清理、整顿和规范专项转移支付，实现事权与支出责任相匹配，发挥中央和地方的积极性。民族地区专项转移支付存在多头管理、资金分散的弊端，难以发挥财政资金规模效益。因此，需要进行必要的规范和清理。对过于分散的转移支付项目进行有效整合，同时将一些不合理的转移支付进行清理。将属于地方事权的项目并入均衡性转移支付。税收返还实际上是维护地方既得利益，不利于实现基本公共服务均等化，应逐步降低税收返还和体制补助比例。

（三）完善财政转移支付计算办法，强化转移支付监督机制

转移支付核算办法要考虑民族地区各地发展差距、地方政府行为偏好等影响财政收支的综合因素，通过科学的计算办法来计算不同地区公共服务需求成本差异，并以此作为确定转移支付规模和数量的依据。选取的因素应具有客观性、普遍性和可操作性，计算办法应规范、简便。对于民族地区而言，应充分考虑民族地区自然条件、发展阶段、民族因素、人口分布、需求偏好、服务成本等方面的特殊性，科学预测中央对民族地区转移支付数量与规模，实现转移支付规模适度稳定增长。加强转移支付立法，以完善的法律体系规范转移支付资金用途与去向，建立健全转移支付监督机制，加强对转移支付资金的绩效评价和考核监督。

第八章

基于农民需求表达机制的西北民族地区农村公共服务多元合作供给体系

西北民族地区农民文化程度相对较低，宗教意识浓厚，公共服务需求及其表达方式有其特殊性。要从根本上解决公共服务供给的效率问题，必须构建一个科学合理的需求表达机制。提高西北民族地区农村公共服务供给质量与效率，关键是要建立以农民公共服务需求表达机制为基础的农村公共服务多元合作供给体系。

第一节 多元合作公共服务供给体系与农民需求表达机制①

农村公共服务以地方政府单一供给体系为主，社会组织以及私人机构在公共服务供给中作用有限，难以满足农民多样化的公共服务需求。农民公共服务需求表达方式单一，能力相对低下。提高民族地区农村公共服务供给质量与效率，需要以农民需求为导向，建立以农民公共服务需求表达机制为基础的公共服务多元合作供给体系，发挥财政机制、市场机制和社会组织在公共服务供给中的作用，实现农民需求满意度最大化与公共服务供给最优化的动态均衡。

---

① 此节内容发表于：刘书明：多元合作公共服务供给理论与民族地区农民需求表达机制研究——基于甘肃省临夏回族自治州的实证研究［J］. 财政研究，2016（9）.

一、多元合作公共服务供给体系与农民需求表达机制的理论分析

从历史发展来看，公共服务供给体系先后经历了由政府垄断的单一供给体系到多元主体合作供给体系两个不同阶段。传统的单纯依靠政府供给的单一供给方式，已经或正在被充分挖掘市场与社会力量共同参与的多元化供给方式所取代，而且多元化的供给方式在不同国家也正在朝不同的方向发展①。多元化供给方式取代单一的政府供给方式，可以在一定程度上解决政府失灵问题，提高公共服务供给效率与质量。

（一）基于传统公共产品理论基础的政府垄断的单一供给体系

公共产品理论认为，与私人产品不同，公共产品消费具有不可分割性、非竞争性和非排他性的特点。这些特点使得公共产品消费中由外部性导致的搭便车成为可能，加之消费者自利动机，出现边际收益与边际成本的非均衡状态，导致资源配置偏离效率状态，对于这种“市场失灵”问题需要政府予以矫正。当物品是公共物品，因而是不可排他和不可分时，就不可能依靠分权的、自发的过程来实现开放竞争市场所实现的同样的优等水平②。基于对公共物品特点与市场机制缺陷之间矛盾的深入分析，形成了公共物品政府供给理论，并最终导致了政府垄断的单一供给体系。

在政府单一供给模式下，政府是唯一的供给主体，承担公共服务供给职能，几乎包揽了公共服务的内容、形式、机制、政策等安排，公共服务的决策、管理和筹资等都需要依赖政府“自上而下”单项行政指令和强制执行来保障。这种供给模式有利于强化政府在公共服务供给中的职责，在一定程度上保证公共服务有效供给。但这种供给模式受地方经济发展水平、政府财政保障能力、政府支出偏好等多种因素的影响。随着社会经济水平不断提高，公共服务需求呈现出多样化的发展态势，由政府垄断的单一供给体系导致的供给效率低下问题，使得公共服务需求扩张与公共服务供给低效之间的矛盾更为尖锐，需要探索和形成新的适应公共服务需求扩张的公共服务供给体系。

（二）基于多中心治理理论的多元主体的合作供给体系

公共服务多元合作供给体系的理论基础是多中心治理理论。多中心治理

---

① 赵子健：公共服务供给方式研究述评［J］. 中共天津市委党校学报，2009（1）.

② 艾莉诺·奥斯特罗姆：公共服务的制度构建——都市警察服务的制度结构［M］. 宋全喜，任睿译，上海：上海三联书店，2000.

理论以自主治理为基础，反对权力的垄断和集中，允许多个决策中心或服务中心并存并且在形式上相互独立，通过竞争与协作给予公民更多的选择和更好的服务，同时提高决策的科学性。治理意味着一系列来自政府但又不限于政府的社会公共机构和行为者。各种公共的和私人机构只要其行使的权力得到公众认可，就可能成为在各个不同层面上的权力中心①。

在多中心理论看来，公共物品或公共服务具有复杂多变的特征，应根据公共物品或公共服务的不同属性和各自特征选择由不同主体构成的多元合作供给体系以提高公共物品供给效率。对公共物品不同属性与特征的分析，是决定不同性质的公共服务供给主体多元制度安排的基础，其目的是实现各种公共服务的需求与供给均衡，使供给的效率达到最优。公共物品是指具有非排他性和非竞争性的物品，不是固定不变的、不可再分的，而是具有复杂多变特征的②。艾莉诺·奥斯特罗姆通过公共池塘资源研究发现，表面上看起来杂乱无章的公共服务领域实际上是有章可循的：公共物品不是完全相同的，不同种类的公共物品不仅可以而且应该通过不同的方式提供。

（三）在实际操作层面，多元主体理论要求部分决策中心下移，面向地方和基层，在多层面展开决策以及控制，特别鼓励基层组织和公民参与

在多中心治理理论中，需要借助多样化权力和政府单位解决不同范围的公共治理问题。奥斯特罗姆认为：借助多样化的权力和政府单位，以解决不同范围的公共治理问题，使公民获得更有效的公共服务；多中心治理理论强调决策中心下移，面向地方和基层，决策以及控制在多层面展开，吸引和鼓励基层组织公民参与③。在多元主体的合作供给体系框架中，可以充分发挥政府、市场和社会组织等多种力量。不同的供给主体合理分工、优势互补、信息共享，通过多元主体间的有效合作以提高公共服务供给质量与效率。其特点主要体现在三个方面：一是服务目标一致化，提供优质高效的公共服务；二是服务主体多元化，由政府、市场、社会组织和公民构成多元供给主体；三是服务过程合作化，在提供公共服务的过程中，各参与主体形成分工合作关系，实现合作共赢。

---

① 俞可平．治理与善治［M］．北京：社会科学文献出版社，2000.

② 罗纳德·科斯：生产的制度结构［M］．盛洪译，上海：上海三联书店，1994.

③ 奥斯特罗姆：公共服务的制度构建——都市警察服务的制度结构［M］．毛寿龙译，上海：上海三联书店，2000.

二、多元合作供给体系与公共服务需求表达机制

（一）多元合作供给体系强调整体公共服务需求表达机制

需求表达是个体或群体就自身有关利益提出要求的过程，具体指公共服务需求主体将自身对公共服务的需求信息，包括需求的数量、结构、种类等通过制度化或非制度化方式反映出来，使之为公共服务供给主体所知晓。公共服务需求表达机制则是为保障需求主体对公共服务的需求意愿和信息得以充分顺畅表达而做出的一系列体系设计和制度安排，包括需求表达主体、内容、渠道、需求偏好的整合和需求表达的反馈等方面。需求表达是实现公共服务有效供给的前提和基础。但是由于对公共服务的需求信息无法通过市场交易以货币的方式加以表达，进而产生了公共服务供给的“缺位”和“错位”问题。要从根本上解决公共服务供给的效率问题，实现供需均衡，就必须首先构建一个科学合理的需求表达机制，使居民对公共服务的需求信息能够充分有效地显示和表达出来。

（二）多元合作供给体系中需求机制的关键是基层意愿的表达

公共服务需求表达的主体包括公共服务需求信息表达主体以及对公共服务信息进行接收并加以整合、反馈的主体。公共服务需求表达的内容主要包括公共服务需求的具体项目、需求数量、需求结构以及提供方式等。公共服务需求表达的渠道即需求表达的途径是公共服务需求能否有效表达的关键环节，主要包括制度化渠道和非制度化渠道两类。公共服务需求偏好整合是指政府将收集到的个体需求偏好信息进行整理，并将个体偏好整合为总体偏好，以此作为需求表达反馈的重要依据。公共服务需求表达反馈是政府对公共服务需求偏好进行整合后做出的具体回应，它可以是提供某种公共服务的决策，也可以是政府就某一具体需求表达行为做出的回应。需求表达反馈的质量是公共服务需求表达机制有效运行的保障，也是提高需求表达主体参与公共服务需求表达积极性的重要举措。在多元合作供给体系中，基层意愿的科学有效表达是其内在要求。

（三）农村公共服务供给体系与农民需求表达机制的逻辑关联性分析

农村公共服务供给与需求的矛盾本质上是一个体制与机制的问题。首先，从体制层面分析，农村公共服务体制，指供给主体在提供公共服务过程中形成的一系列体系和制度，通常包括组织体系、权责划分、运行模式等。其次，从机制层面分析，农村公共服务机制，其实是一种权力转移和利益再

分配机制，是由多种具有关联性的规则、制度构成的一个体系或组合。作为解决农村公共服务供给与需求矛盾的体制与机制，其关键是供给体系与需求表达机制。供给体系解决“由谁供给”的问题，包括供给主体的确立，是单一供给主体还是多元供给主体，涉及供给主体确立的依据、标准以及不同供给主体之间的关系；需求表达机制则解决“为谁供给”和“如何供给”的问题，在明确供给对象之后，就要考虑根据其公共服务需求偏好提供何种类型、数量与质量的公共服务。

第二节 基于农民需求表达机制的西北民族地区农村公共服务多元合作供给体系构成与运行机制

随着西北民族地区社会经济的不断发展，城乡居民对于公共服务的需求日益提高，以往单纯依靠政府、市场或第三部门等单一供给模式的各种弊端渐暴露，使得公共服务供给体系的改革与创新势在必行。公共服务具有规模效应大、资源投入多、周期性长的特点，决定了其供给主体应多元化。农村公共服务供给的多中心制度安排以及市场化、社会化途径既是社会主义新农村建设的必然趋势，也是公共管理改革和服务型政府改革的关键，更是西北民族地区新发展的必然要求。

一、“一主多元”供给模式及其有效性

公共服务供给能力表明，在欠发达的民族地区，政府能力的有限性使得其难以完全承担提供公共服务和公共产品的重任。市场、非政府组织等参与公共产品的供给也面临重重困难，因此，民族地区农村公共服务的多元供给并不是一蹴而就的。根据民族地区的实际情况和各供给主体之间的协调关系，可考虑在西北民族地区实行“一主多元”的供给模式，即以民族地区各级地方政府为主体，市场、社会组织及农村居民三方协同供给，同时在供给过程中对各民族地区进行分类、分层次、分区供给。

政府作为最为重要的公共服务的提供者，面对西北民族地区特殊的自然地理位置以及复杂的社会环境，应发挥其主体作用。然而，要实现民族地区公共服务供给的多元化，在充分尊重政府主体地位的基础上，还需发挥市

场、社会组织和社区居民的协同作用。此外，鉴于西北民族地区公共服务需求鲜明的民族性，以及该地区农村经济发展的独特性，还需农村居民个人参与供给，并与市场、社会组织相协调，使之成为农村公共服务中志愿性公共服务的直接提供者和享受者。其各供给主体之间的关系可用图 8－1 表示。

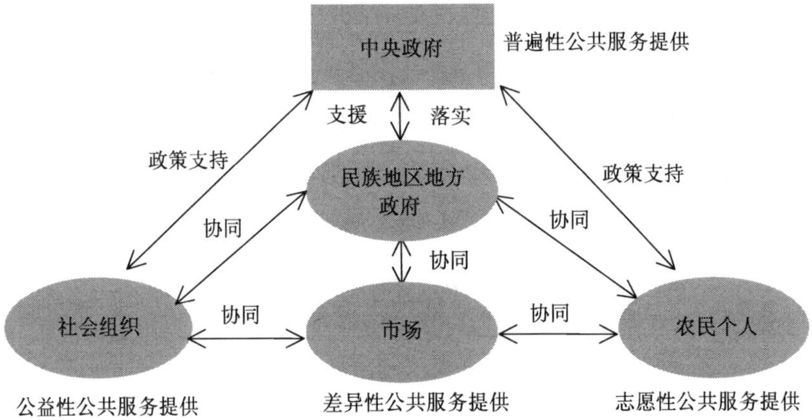

图 8－1　基于政府、市场和社会合作层面的西北民族地区农村公共服务多元供给体系构成

（一）"一方主导"：地方政府承担公共服务供给主体

公共服务的非排他性和非竞争性决定了政府必须作为农村公共服务的供给主体，但并不是其唯一主体。尽管现阶段强调政府在公共服务供给中更应该扮演服务者角色，且需"有进有退"，但政府在公共服务供给中仍应发挥其主导作用。就西北民族地区公共服务供给而言，中央政府应该承担起如科、教、文、卫等关系到民族地区人民根本利益的纯公共物品提供的责任，同时加大对民族地区的政策倾斜；各级地方政府则应就各民族的实际情况，提供有针对性的公共服务，如本辖区内农业基础设施的建设等。这样，各级政府各司其职、相互补充，合理规划西北民族地区公共服务供给领域的社会秩序，从而促进西北民族地区长期稳定的发展。

（二）"三方协同"：市场、社会组织和农民个人共同参与

在公共服务多元供给体系下，市场与非政府组织及农村居民个人等共同参与、相互协调，可以促进公共服务供给的有效性。受不同地理位置的影响，西北各民族地区对公共服务的需求存在显著差异。长期以来，地方政府作为最传统的公共服务供给主体，在公共服务的供给过程中往往因为资金限

制及利益因素的影响，对公共服务和公共产品的提供存在“缺位”“低效率”甚至“无效”的现象。而市场往往能利用自身优势，灵活调整对公共服务供给的规模与种类，有效弥补政府缺陷，更加及时有效的提供西北地区各民族、各地区不同种类和不同层次的公共物品，实现公共服务供给的高效率。此外，考虑到西北民族地区特殊的地域性，只依靠政府和市场提供公共物品是远远不够的，还需非政府组织和农村居民个人加入，实现协同供给。西北民族地区经济发展落后，地方政府财政支出能力有限，对于公共服务的提供相对有限且总量不足，通过与非政府组织合作来提供某些公益性的公共服务，往往能保证公共服务的规模和种类；同时由于鲜明的地域性，对民族地区所提供的公共服务不能相互等同，应该建立在尊重当地农村居民需求偏好的基础上。其供给模式可体现为以下三种。

1. 公共部门和私人部门的合作伙伴

在公共服务供给多元化趋势下，公共部门与私人部门可建立长期合作关系。政府通过财政购买保证公共服务和产品的长期提供，同时以契约约束机制监督私人部门提供的公共服务及公共产品的质量。西北民族地区各级政府可以通过政府购买或财政转移支付加大农村公共服务的提供，促进民族地区农村居民解决最基本的公共服务需求；在此基础上，私营部门可通过市场进行生产，在保证自身利益需求下，提供一些政府所不能或无法提供的服务或产品。这样既能实现政府对民族地区公共服务提供的主体责任，也能保证公共服务提供的有效性。

2. 政府与第三部门的功能互补

西北地区自古以来就是少数民族聚居地之一，受多元文化的影响，在长期治理过程中形成了众多的非政府组织。非政府组织由于其自身特点，在提供公共服务方面有天然的优势，有利于贴近民众、协调政府与民众之间的关系、提高公共服务供给效率、承接政府职能等。因此，在政府对公共服务供给总量不足的情况下，可适当扩大非政府组织对民族地区公共服务的提供规模，使得公共服务的供给能有效地实现政府和非政府组织的功能互补，共同为农村居民公共利益服务。

3. 以政府为主导，市场和非政府组织为辅，农民协同参与

受地理位置和自然条件的限制，西北民族地区经济发展较为落后。在国家积极倡导基本公共服务均等化的大背景下，如何进一步提高西北民族地区尤其是该地区农村公共服务供给的水平，虽然困难重重但刻不容缓。解决方

法之一就是在公共服务多元供给体系指导下，由政府主导，市场、社会组织和农民个人共同参与公共服务的提供，既能保证其供给的有效性，也能最大限度地弥补公共治理碎片化所带来的公共服务供给的滞后性，能结合各供给主体的职能，切实有效的得到治理与建设，有效促进民族地区经济的快速发展。

二、多元供给体系的主要构成及内容分析

（一）多元供给主体

西北民族地区农村公共服务供给多元化的构建首先应该从农村公共服务供给主体的多元化开始。就西北民族地区而言，政府作为传统公共服务供给的唯一主体，在供给过程中存在“缺位”现象，并不能实现对民族地区公共服务的全面供给。在多元化供给体系下，政府应通过转变职能，从公共服务的管治者变为服务者，中央政府通过下放部分职能，使得各民族地区可以灵活的运用这部分权力，合理的调整公共服务的供给，地方政府也可以发挥其宏观调控作用，以保证公共服务供给的有效性。同时，积极促进市场、非政府组织、农民个人协同提供公共服务，发展多元供给主体，优势互补，形成良性循环。

（二）多元筹资方式

公共服务的属性决定了其供给成本较大，且无法获得同等的收益，因此，公共服务的资金筹集始终是公共服务供给面临的重要问题。西北民族地区农村公共服务的资金来源主要是地方政府财政资金和中央转移支付资金，随着农村税费改革的推进，地方政府特别是县乡财政资金不可能承担地方公共服务供给支出。目前资金来源结构非常单一，且资金短缺的瓶颈始终制约着民族地区农村公共服务的有效供给。在公共服务供给多元化机制安排下，政府应通过多种方式积极引导私人部门和社会组织参与农村公共产品的供给，通过相应的政策工具激励他们在公共服务供给方面的积极性，通过政府间协议和专项资金相结合的方式共同筹措公共服务支出所需资金。同时，在政府转移支付的基础上，通过吸引私人部门资金投入，吸收农民的部分缴费和慈善捐款等，实现多元筹资方式，以及筹资渠道多样化和多元供给主体的有效结合。

（三）决策机制的转变

在传统的公共服务供给体系中，政府掌控着国家整个公共服务的资源，

遵循一种“自上而下”的决策机制，上级管理者直接决定公共服务的种类、规模，而农村居民作为公共服务消费者只能被动的享受公共服务。这种“自上而下”的决策体制必然导致公共服务供给的不协调性，其直接的后果是公共服务的供给与农民需求的严重偏离，农村公共服务的供需结构严重失衡，供给效率低下。事实上，为保证农村居民切实享受到政府所提供的公共服务，为居民提供符合其实际需要的公共服务，则应该实行“自下而上”的决策机制。该机制下，需求导向原则的确立和实施，保障了农民在农村发展中的主体地位，并通过建设更多的机构获取民族地区农村居民对于公共服务的需求信息，避免了在信息不对称情况下公共服务供给的低效率或滞后性。同时，“自下而上”的决策机制在一定程度上保证了民族地区农村居民能更加公平的享受公共服务。

第三节 西北民族地区农村公共服务多元合作供给中主体间关系协调

长期以来，民族地区农村公共服务的供给重任一直靠乡镇和县级政府及农民自己来承担。乡镇政府由于自身的缺陷，长期以来所提供的公共服务规模、种类等严重不足，限制了农民的发展。多元化供给机制要求市场、非政府部门等多方主体共同参与，并根据公共服务本身属性来决定供给主体和责任承担者，这在一定程度上明确了各供给主体间的责任分工，保证了民族地区农村公共服务供给的有效性。

一、农村公共服务供给主体的责任分析

（一）财政投资的主导责任

“财政乃庶政之母”，财政作为政府经济活动的重要体现，必然要实现政府职能与目标。政府通过财政投资可直接实现公共服务均等化、缩小人民生活差距、促进社会公平等目标。尽管公共服务供给逐渐走向市场化和慈善化，但这并不意味着政府在公共服务供给中的投资责任会减弱。事实上，对西北民族地区农村公共服务而言，政府的投资责任反而是加强了。政府通过财政转移支付提供公共服务，并结合自己的宏观职能积极引导市场和非政府

组织及农村居民个人参与到公共服务的供给中来，政府由传统意义上的微观责任上升到中观和宏观层面。与此同时，民族地区农村居民对于公共服务需求的“刚性”和公共服务供给本身的属性，决定了政府需要利用自身强制性和宏观调控作用负责对普遍性公共服务的投资。政府所提供的是基础性的保底服务，这道底线是维持民族地区社会发展的必要服务，是其他组织所无法替代的，对社会发展和民族地区农村发展而言，无疑是基础性和决定性的。

（二）企业投入、慈善捐助的双重辅助

为保证公共服务供给的可持续性，私人部门和非政府组织等也要参与到公共服务的供给中来。在公共服务市场化过程中，市场依据自身优势，选择一些有竞争和营利性质的差别性公共服务的供给，在一定程度上可以避免公共服务供给碎片化。民族地区主要是各类企事业机构承担着公共服务生产职能，政府可通过其主导作用和市场准入壁垒保证公共服务供给的质量。在多元化供给体系下，市场作为公共服务供给的重要主体，对西北民族地区农村公共服务的供给承担着辅助和促进的作用。

由于西北民族地区自然条件的限制，私营企业发展较慢、规模较小，对于某些公共服务可提供的规模较小，无力承担对农村公共服务的有效供给，还需要以公益性为代表的社会慈善组织共同协调帮助提供农村公共服务。市场自身的营利性决定了私营企业无法对公益性公共服务的供给，对于该部分的公共服务供给责任自然落到社会慈善组织手中。民族地区农村公共服务需求存在显著的多样性，且供给总量总体偏小，为此，社会组织参与供给可以有效增加民族地区农村公共产品的供给规模和种类，实现民族地区农民需求的多样化和多层次化。此外，结合社会组织的慈善性质，可以避免在公共服务供给过程中的利益冲突，真正为民族地区农村居民发展服务，维护民族地区社会的稳定发展。

（三）农民的“带动”协同作用

农民是民族地区农村公共服务的直接受益主体和公共产品的重要消费群体，民族地区农村公共服务的多元供给机制的建立，离不开农民的参与和带动。虽然农民自身条件有限，但个别带动作用会激发农民团结互助，促进农村公共服务供给的公平与效率的相互协调。就目前西北民族地区实际情况而言，公共服务的供给水平较低，农村公共服务存在低效率和滞后性，农民发展过程中的大多数急需的公共产品和服务都得不到满足，只能靠农民自己解决。部分有能力的农民自愿购买部分体育用品或修建道路等基础设施，提供其他居民所需的公共服务，此举同时也会带动其他居民有秩序、有选择的向他人提供服务，避免供给的盲目性。当然，作为民族地区农村公共服务最重要的直接受益者，农民也有义务协同其他供给主体参与地方公共服务的供给，以实现合作共赢的结果。

以上对于民族地区农村公共服务各供给主体责任的分析，明确了各供给主体之间的责任和职责。在多元供给体系下，政府对公共服务的供给仍具有主导性，但并不是唯一责任承担者。鉴于民族地区的特殊性，农村公共服务的供给走向市场化和社会化是大势所趋，是实现公共服务有效性的重要途径。同时，民族地区的多样化和多层次化也决定农民参与到公共服务的供给具有现实意义和价值。

二、多元供给体系运行与实现

积极应对和满足西北民族地区农民公共服务需求，是保证西北民族地区社会稳定和促进社会主义新农村建设的关键，完善农村公共服务多元供给机制正是对农村公共需求的积极回应。为保证西北民族地区农村公共服务供给的多元化机制，需要建立有效的公共需求输入机制，保证民族地区农村居民的公共需求的表达、传递和汲取，这是农村公共服务需求与供给平衡的关键点，也是促进农村公共服务有效性的重点所在。西北民族地区现有的农民表达机制有限，农民不能及时准确的表达公共需求，还需要地方政府在各民族农村搭建有效的需求表达平台或委派专业人员定时汲取农民的公共需求。

（一）“分层次、分类型、分区域”供给

根据公共产品供给理论，公共产品和服务的供给具有一定的地域性，不同的民族和地区所需要的公共服务具有差异性，应该在充分考虑公共产品和服务供给差异性的基础上，因地制宜地提供公共服务。民族地区农村公共服务本身具有特殊性，提供公共服务和产品的基础是对农村公共服务产品准确分类，根据不同类型选择供给主体，实现多方筹资。

1. 公共服务的多元“分类型”供给

在公共服务多元供给体系下，为优化公共产品的多元供给体制，提高公共服务供给的有效性，将公共产品根据某种特定的依据进行分类，并在科学分类的基础上，正确选择公共服务的供给主体，明确界定政府、市场、非政府组织和农民之间的责任和各主体之间的协同作用。根据现有农村公共服务

受益类型，可将农村公共产品分为普遍性公共服务、差异性公共服务、公益性公共服务和特殊公共服务等。国防外交、社会治安、医疗卫生及社会保障等关乎民众切身利益的普遍性公共服务应该由政府提供。民族地区发展过程中还需要部分具有营利性质的公共服务和产品，如技术培训、网络通信建设等差异性产品，其提供主体应为市场。随着民族地区社会经济的发展及社会组织的发展，作为公共服务及产品的第三方供给主体，被民众所普遍认同和接受，社会组织对于部分公益性公共服务的提供可在一定程度上增加公共服务供给总量，解决农民发展过程中公共服务短缺的问题。西北民族地区公共服务还具有明显的民族性，还需要各地区农民自身的参与协同以实现对部分特殊产品的供给，满足自身的发展（见表 8－1）。

表 8－1　民族地区公共服务多元供给模式结构

供给主体	供给方式	生产方式
政府	政府购买纯公共产品 普遍性公共服务	政府直接生产 委托其他单位生产
市场	市场出资准公共产品 差异性公共服务	企事业单位生产 私营企业合作
社会慈善组织	社会出资慈善捐助 公益性公共服务	第三部门生产
农民个人	个人出资农户协同 志愿性公共服务	私人生产

2. 公共服务的“分区域”供给

民族地区农村公共服务应“分区域”供给。一方面，由于西北民族地区独特的地理位置和自然条件的限制，各民族农村地区发展模式具有差异性。有些地区适宜以发展畜牧业为主，而有些地区则适宜发展种植业，这直接导致了不同民族地区有不同的公共服务需求，需求决定供给，在农村公共服务的供给过程中应视具体情况提供不同的公共服务和产品及基础设施建设；另一方面，不同民族地区经济发展程度不同，特别是西北民族地区农村地区的经济情况可分为经济发展较好、经济发展一般和经济发展较差等不同阶段，因此在提供基础设施及农村公共服务的同时，应相对具有倾向性，对于经济发展程度较差的部分农村地区应加大供给力度。

3. 公共服务的“分层次”供给

受历史和现实因素制约，西北民族地区公共产品供给多元化和公共治理多中心制度的建立需要长期的实践。就目前来看，西北民族地区公共产品市场化和社会化程度较低，加之各民族地区经济发展差异性显著，使得民族地区公共服务多元化供给只能“分层次、分阶段”实施。依据公共服务的内容，可将公共服务分为基础性公共服务、经济类公共服务、公共安全类服务、社会类公共服务等不同类型，根据马斯洛的需求层次理论分析，只有满足低级公共服务需求才可上升到更高一级的公共服务需求。尽管西北民族地区农村经济社会发展缓慢，人民生活水平普遍较低，但是随着发展水平的不断提高，对于不同发展阶段、不同地区农民应提供与发展阶段和实际需要相适应的公共服务。

三、公共服务多元供给体系的路径选择

为了提高西北民族地区农村公共服务的供给质量与效率，满足农民公共服务需求，针对现实公共服务运行中存在的不足，从多元供给体系运行的实际出发，逐渐探索出贯穿于供给、决策及监督的公共服务全过程的路径选择，以促进西北民族公共服务多元供给体系的有效运行和实现（见图 8－2）。

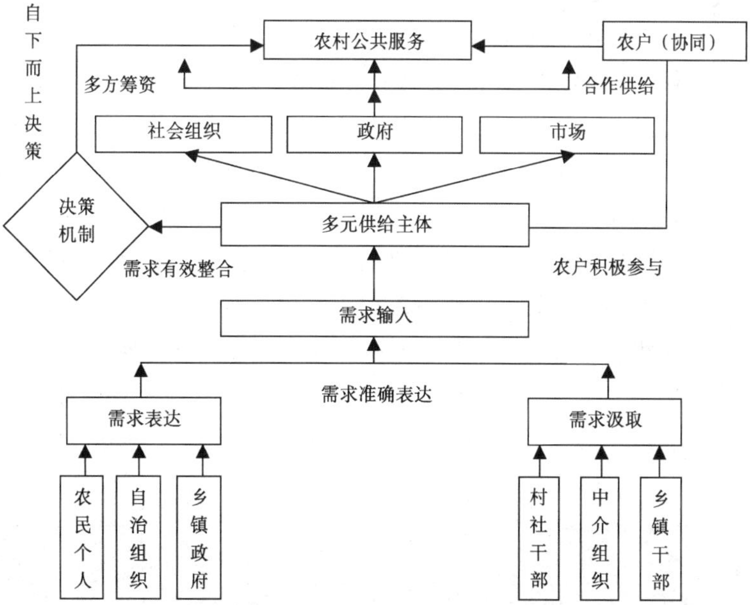

图 8－2 西北民族地区农村公共服务多元合作供给体系与农民需求表达机制

（一）促进农村公共服务可持续发展

西北民族地区现有的农村公共服务多元供给体系建设并不完善，农村公共服务长期以来存在碎片化等问题，严重影响农村公共服务供给的可持续发展。为保障该地区农村公共服务供给的可持续，应从以下几个方面入手：首先，建设公共服务专项资金，运用财政杠杆效应，吸引多方资金投入到公共服务体系建设中来，并通过专项资金保证后续公共服务管护的需要。其次，重点培养专业人才，通过人才技术效应，将农村公共服务基础化、科学化，延长公共服务设施的使用寿命。最后，在民族各地区加大对农村公共服务相关措施的宣传力度，提高农民对公共服务的认知度，避免出现公共设施运用不合理或低效率现象。

（二）建立以农民公共服务需求为导向的决策机制

坚持以人民为中心，建立以农民公共服务需求为导向的决策机制，是公共服务有效供给的前提条件，也是完善农村公共服务制度化的重要保障。在多元化公共服务供给体制下，农村公共服务决策表现为“自下而上”的特点，其中需求表达机制是前提、汲取需求是重点、监督实施是保证。需求决定供给，要强调农民需求的主体地位，通过“自下而上”的决策机制，真正将农民的需求通过公共服务机制表达出来，使供给与需求相平衡，促进农村公共服务的体系化和制度化。

（三）强化农村公共服监督机制

有效的监督机制是农村公共服务质量与效率的重要体现，也是农村公共服务法制化的实现渠道。长期以来，农村公共服务存在公平和效率不协调，资金使用不规范等问题，这在一定程度上阻碍着民族地区农村公共服务多元供给体系的建设和完善。诸多问题的存在使得农民对公共服务体系有所质疑，挫伤了农民享受公共服务的积极性，难以保证农村公共服务的有效性。为此，应建立并强化对农村公共服务的多元化监督机制，使得公共服务的供给、分配、享受等各方面都走向透明化和法制化，同时要加强政府、社会、民众等多元主体的监督，让农户之间相互合作，共促农村公共服务的有效供给。

第九章

研究结论与建议

第一节 研究结论

一、西北民族地区农村公共服务供给体系方面

民族地区由于经济发展落后，社会中介组织发育滞后，农村公共服务供给以地方政府单一供给体系为主，社会组织以及私人机构在公共服务供给中的作用有限。县乡两级政府在民族地区农村公共服务供给中具有重要作用。农民对于基层县乡政府最主要的期待是收集和反映农民公共服务需求信息。村民委员会、宗教团体、行业协会以及其他民间自治组织作用没有得到充分发挥。尽管中央历来重视和支持对民族地区的财政转移支付，但是由于基础薄弱，受地方财力所限，地方公共服务供给严重不足，难以满足农村居民日益多样化的公共服务诉求。完善公共服务供给体系，实现由政府单一供给体系向以政府为主体、其他组织协同参与的多元供给体系的变革，对于改善民族地区公共服务供给质量和效率具有重要作用。

二、西北民族地区农民公共服务需求表达机制方面

随着农村经济社会的发展，以及城乡一体化进程的加快，民族地区农村居民对于公共服务需求已不再局限于传统的服务类型，社会保障、医疗卫生、环境保护等成为重要的公共服务需求内容。民族地区农民主要是通过村委会这一农村基层群众自治组织反映其公共服务方面的意见和建议；其次为

基层乡镇政府领导及其工作人员。农民公共服务需求意愿表达方式相对单一，表达能力较低。农民公共服务需求表达能力不强，需求表达机制和平台缺乏，在一定程度上导致公共服务供给与农民公共服务需求脱节，影响了公共服务供给质量和效率。

三、民族地区农村公共服务多元供给体系与农民需求表达机制中财政转移支付作用方面

民族地区经济社会快速发展，财政状况有所好转，综合实力显著提升，但是民族地区经济社会发展总体滞后，城乡区域发展不平衡，财政保障能力不足，基本公共服务供给不足，民族地区财力无法提供与全国平均水平相当的基本公共服务。中央对民族地区财政转移支付总体上呈增长趋势。这种增长趋势不仅体现在转移支付总量的绝对增长，也体现在人均转移支付的相对增长。但是无论是从转移支付总量分析，或人均转移支付数量分析，转移支付增长速度均呈下降趋势。

中央对民族地区转移支付结构有所改善。从转移支付内部结构分析，一般转移支付比例最高，其次为专项转移支付比例，税收返还比例最低。中央对民族地区转移支付主要以一般转移支付为主，由于经济发展滞后，税收返还比例非常低。一般转移支付资金完全由地方政府自主支配，有利于实现基本公共服务均等化，也有利于地方政府根据居民需求变化提供公共服务，充分体现了中央财政对于民族地区的支持和照顾。同全国同类转移支付项目相比，一般转移支付和专项转移支付比例偏高，税收返还比例偏低。中央财政转移支付对民族地区基本公共服务均等化效应显著，无论在缩小民族地区与非民族地区横向差距方面，还是在纵向提高民族地区自身财力方面均发挥了显著作用。转移支付资金对于改善民族地区经济社会发展条件、提高城乡居民收入水平等都发挥了重要作用。

第二节 主要政策建议与研究展望[①]

一、主要建议

（一）完善公共财政体系，重视和发挥财政机制在多元合作公共服务供给体系中的基础保障作用

财政是国家治理的基础和重要支柱。财政机制要发挥其在多元公共服务供给体系中基础保障作用，前提是建立科学明晰的政府支出责任和相对完善的转移支付制度。科学明晰的支出责任划分是建立可持续的政府间税收分享以及转移支付制度的基础。完善的财政转移支付制度是平衡地方财力差距的重要机制安排。但是由于政府间支出责任划分缺乏严格的法律规定，导致地方政府间事权与财权不匹配的问题呈普遍性。民族地区同样也不例外，只是在民族区域自治制度下显得更为特殊和复杂。民族地区多数地方属于国家主体功能区规划中的限制开发区和禁止开发区，地方政府财力匮乏，公共服务供给的财政保障能力严重不足。

针对民族地区的实际情况以及地方财政体制存在的问题，按照事权、财权与财力三者相匹配的原则，合理调整民族地区各级政府间的事权和财权，可通过两种思路考虑：第一，在坚持现有事权基本不变的前提下适当调整财权配置。具体指在税种配置、税率选择以及共享税分享比例等方面给予民族地区优惠和照顾；规范转移支付的具体标准和操作程序，继续加大中央和省级政府对民族地区的财政转移支付力度，弥补民族地区公共服务财政保障能力的差距。第二，在财权基本不变的前提下合理调整事权配置，缩小民族地区基层政府支出范围，适当提高具有相应财力的上级政府的支出责任，特别是在基础教育、社会保障和公共卫生等基础性公共服务领域，需要减少县级政府的支出责任，而适当增加省、自治区政府的支出责任。

---

① 此节内容发表于：刘书明．多元合作公共服务供给理论与民族地区农民需求表达机制研究——基于甘肃省临夏回族自治州的实证研究［J］．财政研究，2016（9）．

（二）重视和发挥市场机制在多元合作公共服务供给体系中的提高效率的作用

由于特殊的区位和条件，民族地区公共服务供给成本较高。实现民族地区农村公共服务有效供给，不仅要考虑民族地区财政收入能力差异，而且要综合考虑各地公共服务供给成本不同而导致的财政支出需求差异。由于风俗习惯、教育程度等多种因素影响，民族地区农村人口自然流动不强，制约和限制农民任意选择其偏好的公共服务，即无法通过“用脚投票”来促进公共资源的有效配置。多元合作公共服务供给体系首先关注供给效率问题。因此，综合考虑民族地区公共服务供给成本以及农民公共服务偏好差异，即使在多元合作供给体系框架下，同样要重视和发挥市场机制在提高公共服务供给效率方面的积极作用。

重视和发挥市场机制的作用，具体指在公共服务供给过程中，通过引入市场机制以调动社会资源积极参与公共服务供给，从而实现以较低成本提供优质的公共服务。在公共服务多元供给体系框架下，市场机制发挥作用的主要方式有合同外包、特许经营和内部市场等。合同外包指通过转包的方式，由私人部门与政府签订公共服务合同，私人组织生产公共服务，政府为之支付合同约定的费用，并对服务质量进行监督。医疗卫生、社会保障、道路交通、邮电通信、环境保护等领域都可以通过合同外包的方式引入市场机制。特许经营指由政府授予企业一定时间和范围内的对某项公共服务的特许经营权，并准许其通过向用户收取费用以回收投资并获得适当利润。电力、天然气、自来水、污水处理以及电信服务等领域适合特许经营方式。内部市场是在由政府提供并直接生产的公共服务领域建立模拟市场，用明细的委托—代理关系来限制公共服务提供者的权力，使其不断提高效率。铁路、航空、邮电、电力等资产专用性高、外部效应明显的行业适合通过内部市场方式引入市场机制。

（三）尊重民族地区公共服务差异性和特殊性，重视和发挥社会组织在满足多样化公共服务需求方面的作用

少数民族都有自己的宗教信仰、风俗习惯和传统节日，受这些因素长期影响，民族地区居民所需公共服务除医疗卫生、义务教育、社会保障和环境保护等一般性的服务项目外，还需要诸如维护民族团结、弘扬民族精神、民族传统文化传承、维护边疆稳定等特殊的公共服务，民族地区公共服务差异性和多样性特点更为明显。地方政府不可能同时提供所有的公共服务。政府仅是根据一般需求提供公共服务，无法针对某一特定对象提供差异化的公共服务。市场机制有利于提高公共服务供给效率，但是市场机制自身难以克服由私人垄断导致的公共服务供给数量不足，结构失衡，受益不均衡，以及公共责任缺失等弊端。

社会组织是基于公共利益的非营利组织，有着与企业不同的价值追求，是公民个体与政府组织之间联系与沟通的桥梁和纽带。社会组织的民间性、志愿性和公益性等特征，使其能够有效弥补政府失灵和市场失灵所导致的问题，并在一定程度上化解社会风险。首先，社会组织的民间性，使其更加贴近普通民众，能够灵活准确有效地对其公共服务需求做出反应，有助于建立较为稳定的服务关系并满足其多样化的公共服务需求；其次，社会组织的非营利性，使其能够更加关注弱势群体的生活与生存状况，其救助行动有利于减少贫困和改善社会不平等现象，促进公共服务公平享受；第三，社会组织的公益性，能够吸引更多的人参与和关注公共生活，能够组织和整合社会资源，提供优质高效的公共服务。

（四）坚持以人民为中心，以农民公共服务需求为导向，实现农民需求满意度最大化与公共服务供给最优化动态均衡

民族地区农村公共服务供给需要以农民公共服务需求为导向，以政府为主导，引入市场竞争机制，鼓励社会组织积极参与。需要加快政府职能转变，推进行政审批制度改革，建立服务型政府，为公共服务供给体系变革创造良好的外部条件。在公共服务供给过程中，改革传统的“自上而下”的公共服务供给决策模式，引入公民参与机制，优化公共资源配置，让农民自主选择公共服务的项目，使农民能够自己掌握公共服务的选择权，避免政府部门的决策者仅以个人偏好而做出盲目性决策。

在农民公共服务需求满意度最大化的目标导向下，实现公共服务供给的最优化，把握农民自身公共服务需求特点及其变化趋势。现实中，农民由于自身素质缺陷以及农村社会结构缺陷，导致其无法通过制度化的渠道正确表达自身的公共服务需求，对于一些公共服务的需求往往是非理性的，过于看重公共服务供给所带来的短期经济效益，而忽视长期的社会效益，这种非理性的需求会导致公共服务资源的浪费。因此，政府在公共服务供给决策过程中不仅要以农民需求为中心，引入公民参与机制，还要对农民进行正确的引导，最大程度实现公共资源的有效整合与优化配置，实现农民需求满意度最大化与公共服务供给最优化的动态均衡。

（五）加强农民公共服务需求表达机制的主体建设

建立和完善农民公共服务需求表达机制的主体建设，关键在于不断提高农民自身素质，使其具备现代公民意识，认识到参与的重要性与有效方式。首先，加强民族地区教育设施建设。民族地区教育设施不完善，农民文化素质普遍偏低，导致农民民主权利意识薄弱。加大民族地区基础教育设施投入力度，有效整合与优化教育资源配置，完善教育体系结构，最大程度提高民族地区农民自身的文化水平，使其对自身公共服务需求的认识水平和表达方式更趋于理性化。其次，加强政府政策宣传，合理引导农民对于政策制定、政策目标及其价值的正确认识，提高其表达自身公共服务需求意愿的能力。最后，完善农村基层群众自治组织。完善农村基层选举制度，加强农村民主管理工作，保障农民的民主权利，引导农民在民主管理中积极参与公共事务，有效表达自身关于公共服务的利益诉求。

（六）建立和完善农村公共服务需求表达的农民参与机制

建立和完善农村公共服务供给决策中农民有序参与机制。首先，完善决策听证制度。通过扩大听证范围和增强公开性等方式建立和完善农村听证会制度。其次，巩固和加强信访工作。充分发挥好信访制度在信息汇集、民主参与和有效监督等方面的作用。最后，减少农民参与的中间环节，缩短农民表达的利益需求信息传递至决策中枢系统的距离，减少农民表达的利益需求信息在传递过程中的损失，提高需求意愿表达质量与效率。在网络时代下，需要创造多样化的农民参与形式。首先，发挥大众媒体的作用，一方面政府部门要加强管理和监督力度，引导大众媒体及时、准确传达政府信息，防止或减少信息扭曲现象的发生；另一方面媒体也要进行角色转变，强化公民合法利益诉求的表达功能；其次，要加强网络化参与。农民通过网络平台参与农村集体事务决策，密切基层组织与农民的关系，促进公共决策的科学化与民主化，在农民网络参与过程中加强教育和引导，使其成为理性的、能运用自身文化知识的政策参与者，实现其表达愿望的理性化、科学化和民主化。

（七）重视和加强农民公共服务需求表达机制的渠道建设

民族地区农民公共服务需求表达的渠道主要是农村基层组织，包括基层党组织、村民委员会等。完善农民公共服务需求表达的渠道建设就是要完善农村的基层组织建设。首先，完善农村基层党组织建设。农村基层党组织是党在农村工作的基础，是贯彻落实党的方针政策、推进农村改革发展的战斗堡垒和核心力量。从思想政治、党风党纪、组织纪律等方面加强基层党组织建设。其次，完善农村基层自治组织建设。农村基层群众性自治组织是农民表达自身公共服务需求的主要途径，完善基层自治组织，加强民主监督，不但有助于农民需求的有效表达和反馈，而且能够保障农民民主权利的实现。最后，加强农民专业组织、协会建设，增强农民的组织性，使其能够通过所在组织自主表达自身公共服务需求。重视民族地区农民需求表达的非制度化渠道建设，为农民公共服务需求表达提供便利。随着信息网络技术的推广应用，公共服务需求表达的非制度化渠道将会逐步实现制度化，在农民公共服务需求表达方面发挥更加积极有效的作用。

（八）强化财政监察机制建设

财政资金特别是中央转移支付资金在民族地区公共服务供给中发挥着基础保障作用。在中央“自上而下”对民族地区予以财政支持，以及民族地区农民公共服务需求“自下而上”表达的双向过程中，为了保证中央政策与资金真正落到实处，以及农民的需求意愿得以真正表达，需要强化中央对地方财政的监督和检查。积极推动财政部驻各地监察专员办事处监督检查途径和方式的转变。根据现阶段国家监察体制改革的总体要求，从中央到地方各级政府可以设立专门的财政监察委员会，建立健全财政监督监察运行机制，专门独立行使财政监督监察职能，重点监察政策落实以及资金用途和去向，矫正农民需求表达中出现的偏差，加强对财政资金绩效评价和考核的监督，充分发挥“监察专员办事处”和“财政监察委员会”的作用，最大限度地发挥财政监督的保障职能与内部控制作用。

二、研究展望

农村公共服务供给与农民需求表达机制是一个重要的课题。由于能力与水平所限，目前研究只是其中一小部分，还有许多与此相关的问题需要持续深入研究。结合实地调研掌握情况，以及自己已有的研究基础和个人兴趣，个人认为后续的研究重点可能主要集中在以下两个方面。

（一）民族地区公共服务供给成本及其差异研究

公共服务的有效供给不仅涉及供给主体的选择、需求意愿表达等问题，同时离不开供给成本的准确分析。各地区的地理位置、经济发展水平、人口分布状况、交通运输条件等都对公共服务供给成本具有重要影响。从全国来看，各地区不仅地方财力存在很大差异，而且同样的公共服务在各地的供给成本也存在较大的区际差异。成本差异是影响供给效率的重要因素，因为它影响基本公共服务支出标准（对标准财政支出调整系数有影响），进而影响财政转移支付资金数额的测算。就民族地区而言，多数处于偏远地带，自然条件恶劣，经济社会发展滞后，人口密度小，交通运输条件差，公共服务供给成本高于其他地区。这是基于一般理论的基本假设和判断，但是民族地区公共服务供给成本到底怎样？这种供给成本的构成、数量是多少？各地成本差异究竟是多大？成本及其差异呈现何种变化趋势，区域经济发展差异与区域基本公共服务差异之间的关系等都需要后续的深入研究分析。

（二）民族地区地方政府间事权与支出责任研究

这既是一个多年来没有解决的老问题，也是现阶段一个新问题。在多级政府体制下，政府间事权与支出责任划分是一个普遍性问题，各国在处理这一问题上的思路与做法既具有共性也有差异。主要包括中央政府与地方政府的关系，以及各级地方政府之间的关系。就我国实际情况而言，在民族地方这一问题更为特殊和重要，之所以特殊是因为在民族自治地方，包括自治区、自治州和自治县等由于具有其他地方所没有的自治权，因此处理这一问题就显得比较特殊，清晰的地方政府间事权与民族自治权之间合理平衡就显得尤为关键。之所以重要是因为与民族团结和社会稳定紧密相关，从这一意义上讲，对于民族地方而言，地方政府间事权与支出责任划分绝不仅仅是经济问题，也是重要的政治问题，需要认真加以研究来解决。

参考文献

[1] 阿尔弗雷德·格雷纳：财政政策与经济增长［M］. 郭庆旺，杨铁山译，北京：经济科学出版社，2000.

[2] 阿玛蒂亚·森，让·德雷兹：经济发展与社会机会［M］. 黄飞君译，北京：社会科学文献出版社，2006.

[3] 埃莉诺·奥斯特罗姆：公共事物的治理之道［M］. 余逊达，陈旭东译，上海：上海译文出版社，2012.

[4] 艾医卫，屈双湖：建立和完善农村公共服务多元供给机制［J］. 中国行政管理，2008（10）.

[5] 安体富，任强：公共服务均等化：理论、问题与对策［J］. 财贸经济，2007（1）.

[6] 奥克森·罗纳德：治理地方公共经济［M］. 万鹏飞等译，北京：北京大学出版社，2005.

[7] 庇古：福利经济学［M］. 金镝译，北京：华夏出版社，2007.

[8] 布坎南：自由、市场与国家［M］. 北京：北京经济学院出版社，1993.

[9] 曹俊文，罗良清：转移支付的财政均等化效果实证分析［J］. 统计研究，2006（1）.

[10] 曾峻：公共秩序的制度安排：国家与社会关系的框架及应用［M］. 上海：学林出版社，2005.

[11] 查尔斯·林德布罗姆：政治与市场：世界的政治——经济制度［M］. 上海：上海三联书店，1992.

[12] 查尔斯·沃尔夫：市场或政府——权衡两种不完善的选择［M］. 北京：中国发展出版社，1994.

[13] 车峰：我国公共服务领域政府与NGO合作机制研究［D］．中央民族大学，2012.

[14] 陈昌盛，蔡跃洲：中国政府公共服务：基本价值取向与综合绩效评估［J］．财政研究，2007（6）.

[15] 陈昌盛，蔡跃洲：中国政府公共服务——体制变迁与地区综合评估［M］．北京：中国社会科学出版社，2007.

[16] 陈共：财政学［M］．北京：中国人民大学出版社，2007.

[17] 陈国详，韩艺：国际新公共管理浪潮与行政改革［M］．北京：人民出版社，2007.

[18] 陈奇星，胡德平：政府公共服务方式的多元化选择：趋势与策略［J］．上海行政学院学报，2011（5）.

[19] 陈颂东：促进区域公共服务均等化的财税制度研究［J］．税务研究，2008（10）.

[20] 陈潭：多中心公共服务供给体系何以可能——第三方治理的理论基础与实践困境［J］．人民论坛，2013（9）.

[21] 陈锡文：中国农村公共财政制度［M］．北京：中国发展出版社，2005.

[22] 陈宇峰，胡晓群：国家、社群与转型期中国农村公共产品的供给——一个交易成本政治学研究视角［J］．财贸经济，2007（1）.

[23] 丛树海：财政支出学［M］．北京：中国人民大学出版社，2003.

[24] 崔宝玉，张忠跟：经济增长、政府行为与农村公共产品供给：一个理论模拟［J］．经济问题探索，2007（10）.

[25] 崔军：调节居民收入分配的财政制度安排［M］．北京：经济科学出版社，2011.

[26] 戴维·奥斯本，特德·盖布勒：改革政府：企业家精神如何改革着公共部门［M］．周墩仁等译，上海：上海译文出版社，2006.

[27] 丹尼尔·W. 布罗姆利：经济利益与经济制度——公共政策的理论基础［M］．陈郁，郭宇峰等译，上海：上海人民出版社，2007.

[28] 丹尼斯·C. 缪勒：公共选择理论［M］．杨学春等译，北京：中国社会科学出版社，1999.

[29] 丁菊红，邓可斌：政府偏好、公共品供给与转型中的财政分权［J］．经济研究，2008（7）.

[30] 丁元竹：非政府公共部门与公共服务 [M]. 北京：中国经济出版社，2005.

[31] 樊继达：非对称性财政分权、财政转移支付与公共服务均等化 [J]. 国家行政学院学报，2007 (6).

[32] 樊丽明，解垩，石绍宾：基于农户视角的农村公共产品供需均衡研究 [J]. 当代经济科学，2008 (9).

[33] 樊丽明，李齐云等：中国地方财政运行分析 [M]. 北京：经济科学出版社，2001.

[34] 樊丽明，石绍宾，解垩：新农村建设中农村公共产品供给的动态特征及问题探讨 [J]. 财经研究，2008 (8).

[35] 方福前：公共选择理论——政治的经济学 [M]. 北京：中国人民大学出版社，2000.

[36] 方堃：当代中国农村新型公共服务体系研究——基于“服务三角”模型的分析框架 [M]. 北京：中国社会科学出版社，2010.

[37] 方堃：当代中国农村新型公共服务体系研究 [D]. 华中师范大学，2010.

[38] 方银水：取消农业税后农村公共产品主要提供主体之间的博弈分析 [J]. 社会科学，2006 (9).

[39] 费雪：州和地方财政学（第二版）[M]. 北京：中国人民大学出版社，2000.

[40] 冯曦明：农村公共产品供给的财政政策研究 [J]. 西北师范大学学报（社会科学版），2008 (1).

[41] 弗雷德·W. 弗尔德瓦里：公共物品与私人社区 [M]. 郑秉文译，北京：经济管理出版社，2007.

[42] 龚金保：需求层次理论与公共服务均等化的实现顺序 [J]. 财政研究，2007 (10).

[43] 郭瑞萍：我国农村公共产品供给制度研究 [M]. 北京：中国社会科学出版社，2008.

[44] 哈维·罗森：财政学（第四版）[M]. 北京：中国人民大学出版社，2002.

[45] 韩俊：破解三农问题——30 年农村改革与发展 [M]. 北京：中国发展出版社，2008.

［46］何菊芳：论取消农业税后农村公共产品供给体制的创新［J］. 财政研究，2005（11）.

［47］贺雪峰：农民公共产品需求偏好的表达与供给［J］. 学习月刊，2008（8）.

［48］洪银兴：公共经济学［M］. 北京：经济科学出版社，2003.

［49］胡宝珠，杜晓：农村公共产品供给不足的原因与对策［J］. 云南社会科学，2004（4）.

［50］胡洪曙：农村公共产品体制的历史演变及对比分析［J］. 中南财经政法大学学报，2007（2）.

［51］胡洪曙：农村社区的村民自治与公共选择——兼论农村公共产品供给的决策机制［J］. 财政研究，2007（2）.

［52］胡佳：整体性治理：地方公共服务改革的新趋向［J］. 国家行政学院学报，2009（3）.

［53］黄丽华：中国农村公共产品供给制度变迁与制度创新［D］. 吉林大学，2008.

［54］稽明：促进民族地区发展的财政政策研究［D］. 吉林大学，2011.

［55］贾康，孙杰：公私合作伙伴机制：新型城镇化投融资的模式创新［J］. 中共中央党校学报，2014（2）.

［56］贾康，阎坤，鄢晓发：农村公共产品供给机制创新研究——对江苏省农村低保、医疗卫生和教育情况的调研［J］. 财政研究，2007（5）.

［57］贾晓俊，岳希明，王怡璞：分类拨款、地方政府支出与基本公共服务均等化——兼谈我国财政转移支付制度改革［J］. 财贸经济，2015（4）.

［58］姜鑫，罗佳：城乡基本公共服务均等化评价与对策［M］. 成都：西南财经大学出版社，2012.

［59］姜岩：中国农村公共服务体制的研究［D］. 天津大学，2008.

［60］蒋牧宸：基本公共服务供给机制探析［J］. 江西社会科学，2013（12）.

［61］解建立，任广浩：改善农民民生的基本制度设计：多中心理论与农村公共物品供给主体多元化［J］. 学术交流，2007（11）.

［62］靳永翥：公共服务提供机制：以欠发达农村地区为研究对象

[M]. 北京：社会科学文献出版社，2009.

[63] 睢党臣：农村公共产品供给结构研究 [M]. 北京：中国社会科学出版社，2009.

[64] 句华：公共服务中的市场机制——理论、方式与技术 [M]. 北京：北京大学出版社，2006.

[65] 柯武刚，史漫飞：制度经济学：社会秩序与公共政策 [M]. 韩朝华译，北京：商务印书馆，2000.

[66] 孔喜梅：中国农村公共产品供给问题研究 [M]. 北京：经济科学出版社，2008.

[67] 孔祥智，李圣军，陈丹梅：农户对农村公共产品需求的优先序及投入重点研究 [J]. 吉林大学学报（社会科学版），2007（4）.

[68] 孔祥智，李圣军，马九杰：农村对公共产品需求的优先序及供给主体研究 [J]. 社会科学研究，2006（4）.

[69] 李海金：农村公共产品供给、城乡统筹与新农村建设 [J]. 东南学术，2007（2）.

[70] 李汉文，王征：论农村公共产品供给过程中的需求表达机制 [J]. 当代财经，2005（10）.

[71] 李洪山：公共服务市场化进程中的竞争机制研究 [J]. 理论界，2009（6）.

[72] 李慧：公共产品供给过程中的市场机制 [D]. 南开大学，2010.

[73] 李慧凤，许义平：社区合作治理实证研究 [M]. 北京：中国社会出版社，2009.

[74] 李洺，孟春，李晓玉：公共服务均等化中的服务标准：各国理论与实践 [J]. 财政研究，2008（10）.

[75] 李萍，许宏才：中国政府间财政关系图解 [M]. 北京：中国财政经济出版社，2006.

[76] 李齐云：分级财政体制研究 [M]. 北京：经济科学出版社，2003.

[77] 李强，郭锦墉，蔡根女：我国农村公共产品的自愿供给：一个博弈分析的框架 [J]. 东南学术，2007（1）.

[78] 李晓园：当代中国县级政府公共服务能力及其影响因素的实证研究 [M]. 北京：中国社会科学出版社，2010.

[79] 李欣：我国农村公共服务体系构建研究 [J]. 地方财政研究，2007 (12).

[80] 李砚忠：多重竞争模式和我国公共服务体制改革路径选择 [J]. 中央财经大学学报，2007 (7).

[81] 李燕等：政府公共服务提供机制构建——基于公共财政研究的视角 [M]. 北京：中国财政经济出版社，2008.

[82] 李燕凌：中国农村公共产品供给效率论 [M]. 北京：中国社会科学出版社，2007.

[83] 李燕凌：我国农村公共产品供求均衡路径分析及实证研究 [J]. 数量经济与技术经济研究，2004 (7).

[84] 理查德·W. 马斯格雷夫，佩吉·B. 马斯格雷夫：财政理论与实践 [M]. 北京：中国财政经济出版社，2002.

[85] 廖清成：农村公共品供给优先序问题研究 [J]. 江西社会科学，2004 (12).

[86] 林万龙：中国农村社区公共产品供给制度变迁研究 [M]. 北京：中国财政经济出版社，2003.

[87] 林万龙：家庭承包制后中国农村公共产品供给制度诱致性变迁模式及影响因素研究 [J]. 农业技术经济，2001 (4).

[88] 刘兵：公共风险与农村公共产品供给：另一个角度看农民增收 [J]. 农业经济问题，2004 (5).

[89] 刘德吉：基本公共服务均等化：基础、制度安排及政策选择——基于制度经济学视角 [M]. 上海：上海交通大学出版社，2013.

[90] 刘溶沧，焦国华：地区间财政能力差异与转移支付制度创新 [J]. 财贸经济，2002 (1).

[91] 刘溶沧：促进经济增长方式转变的财政政策选择 [M]. 北京：中国财政经济出版社，2000.

[92] 刘尚希，孟春：公共政策与地区差距 [M]. 北京：中国财政经济出版社，2006.

[93] 刘尚希：基本公共服务均等化：现实要求和政策路径 [J]. 浙江经济，2007 (13).

[94] 刘尚希：实现基本公共服务均等化的政策路径与方案选择 [J]. 经济研究参考，2007 (60).

[95] 刘长生，郭小东，简玉峰：财政分权与公共服务提供效率研究——基于中国不同省份义务教育的面板数据分析 [J]. 上海财经大学学报，2008 (4).

[96] 龙兴梅，曾伏秋：农村公共服务研究 [M]. 长沙：湖南人民出版社，2009.

[97] 卢映川，万鹏飞等：创新公共服务的组织与管理 [M]. 北京：人民出版社，2007.

[98] 罗尔斯：作为公平的正义：正义新论 [M]. 姚大志译，上海：上海三联书店，2002.

[99] 吕炜，单双：政府规模与公共服务水平关系研究——基于中国省级面板数据的分析 [J]. 财经科学，2009 (13).

[100] 吕新发：农村基本公共服务制度创新——基于均等化目标下的研究 [M]. 北京：光明日报出版社，2012.

[101] 马国贤：中国大陆的财政体制改革 [M]. 上海：上海财经大学出版社，2000.

[102] 马国贤：基本公共服务均等化的财政政策研究 [J]. 财政研究，2007 (10).

[103] 马静：财政分权与中国财政体制改革 [M]. 上海：上海三联书店，2009.

[104] 马斯格雷夫：比较财政分析 [M]. 韩朝华译，上海：上海三联书店、上海人民出版社，1996.

[105] 马晓河，方松海：我国农村公共产品供给现状、问题与对策 [J]. 农业经济问题，2005 (4).

[106] 迈克尔·麦金尼斯：多中心体制与地方公共经济 [M]. 毛寿龙译，上海：上海译文出版社，2000.

[107] 曼瑟尔·奥尔森：集体行动的逻辑 [M]. 陈郁等译，上海：上海三联书店，1995.

[108] 闵琪：从公共品需求到公共品供需均衡：理论与现实 [D]. 山东大学，2011.

[109] 乔宝云：中国财政分权与小学义务教育 [J]. 中国社会科学，2005 (6).

[110] 乔鑫：建立和完善农村公共服务多元供给体系 [J]. 经济研究

导刊，2011（3）.

［111］青木昌彦，奥野正宽：经济体制的比较制度分析［M］. 北京：中国发展出版社，2005.

［112］任勤：完善和创新农村公共产品的需求表达机制和决策机制［J］. 福建论坛，2007（9）.

［113］石洪斌：农村公共物品供给研究［M］. 北京：社会出版社，2009.

［114］史玲：我国农村公共产品供给主体研究［J］. 中央财经大学学报，2005（5）.

［115］斯蒂芬·贝利：地方政府经济学［M］. 左昌盛，周雪莲，常志霄译，北京：北京大学出版社，2006.

［116］斯蒂格利茨：公共部门经济学［M］. 郭庆旺译，北京：中国人民大学出版社，2005.

［117］宋文昌：财政分权、财政支出结构与公共服务不均等的实证分析［J］. 财政研究，2009（3）.

［118］苏明：财政支出结构优化理论与制度保障［J］. 现代财经，2003（4）.

［119］孙翠清，林万龙：农户对农村公共服务的需求意愿分析——基于一项全国范围内农户调查的实证研究［J］. 中国农业大学学报（社会科学版），2008（3）.

［120］孙开：财政体制改革问题研究［M］. 北京：经济科学出版社，2004.

［121］孙开：地方财政学［M］. 北京：经济科学出版社，2002.

［122］孙开：农村公共产品供给与相关体制安排［J］. 财贸经济，2005（6）.

［123］孙晓莉：中外公共服务体制比较［M］. 北京：国家行政学院出版社，2007.

［124］唐娟莉：农村公共服务满意度及其影响因素分析——基于陕西省32个乡镇67个自然村的调研数据［J］. 当代经济科学，2010（1）.

［125］陶勇：中国农村公共产品供给与农民负担［M］. 上海：上海财经大学出版社，2005.

［126］王爱学，赵定涛：论我国农村公共产品供给机制缺失与重构

[J]. 学术界，2007 (3).

[127] 王朝才，李学军：民族地区财政收入问题研究 [M]. 北京：经济科学出版社，2005.

[128] 王朝才：地方财政风险管理与控制研究 [M]. 北京：经济科学出版社，2003.

[129] 王春明：提高农村公共产品供给绩效的路径选择 [J]. 农村经济，2009 (12).

[130] 王定云，王世雄：西方国家新公共管理理论综述与实务分析 [M]. 上海：上海三联书店，2008.

[131] 王国华，李克强：农村公共产品供给与农民收入问题研究 [J]. 财政研究，2003 (1).

[132] 王国敏：农村公共产品供给制度——一个非均衡发展的经济学分析 [J]. 社会科学研究，2006 (5).

[133] 王磊，宋英杰：农村公共产品供给体制与农村公共产品供给不足的关联分析 [J]. 中央财经大学学报，2007 (3).

[134] 温来成：各级政府农村公共产品供给边界问题研究 [J]. 地方财政研究，2009 (5).

[135] 吴春梅：中国农村公共产品供给体制改革研究 [M]. 太原：山西经济出版社，2008.

[136] 吴春梅：转型期中国农村公共产品供给体制改革研究 [D]. 华中农业大学，2007.

[137] 吴孔凡：构建需求导向型农村公共产品供给制度 [J]. 财政研究，2007 (11).

[138] 吴孔凡：新时期农民公共需求的特点与农村公共服务供给的取向 [J]. 经济研究参考，2008 (69).

[139] 吴士健，薛兴利，左臣明：试论农村公共产品供给体制的改革与完善 [J]. 农业经济问题，2002 (7).

[140] 吴伟：公共物品有效提供的经济学分析 [M]. 北京：经济科学出版社，2008.

[141] 夏锋：从三维视角分析农村基本公共服务现状与问题 [J]. 统计研究，2008 (4).

[142] 夏志强，毕荣：论公共服务多元化供给的协调机制 [J]. 四川

大学学报（哲学社会科学版）2009（4）.

[143] 肖建华，刘学之：有效政府与财政服务均等化［J］. 中央财经大学学报，2005（6）.

[144] 熊巍：我国农村公共产品供给分析与模式选择［J］. 中国农村经济，2002（7）.

[145] 徐小青，郭建军：中国农村公共服务改革与发展［M］. 北京：人民出版社，2008.

[146] 徐增辉：新公共管理研究［D］. 吉林大学，2005.

[147] 许莉，万春：农村公共产品供给制度的路径变迁及现实选择［J］. 社会科学辑刊，2009（2）.

[148] 许莉：中国农村公共产品政府供给研究——基于政府和农民分析视角［M］. 北京：经济管理出版社，2014.

[149] 杨静：统筹城乡中农村公共产品供给：理论与实证分析［M］. 北京：经济科学出版社，2008.

[150] 杨永忠，林明华：农村公共产品多元主体供给的制度约束——马甲村路灯供给案例研究［J］. 中国工业经济，2008（1）.

[151] 杨之刚：财政分权理论与基层公共财政改革［M］. 北京：经济科学出版社，2006.

[152] 姚洋：作为制度创新过程的经济改革［M］. 上海：格致出版社，2008.

[153] 叶文辉：农村公共产品供给体制改革和制度创新［J］. 财经研究，2004（2）.

[154] 叶文辉：中国公共产品供给研究［D］. 四川大学，2003.

[155] 叶子荣，刘鸿渊：农村公共产品供给制度：历史、现状与重构［J］. 学术研究，2005（1）.

[156] 于建嵘：岳村政治——转型期中国乡村政治结构变迁［M］. 北京：商务印书馆，2005.

[157] 于树一：公共服务均等化的理论基础探析［J］. 财政研究，2007（7）.

[158] 于水：乡村治理与农村公共产品供给——以江苏为例［M］. 北京：社会科学文献出版社，2009.

[159] 俞可平：市场经济与公民社会［M］. 北京：中央编译出版

社，2005.

[160] 俞可平：治理与善治 [M]. 北京：社会科学文献出版社，2000.

[161] 郁建兴，张利萍：地方治理中的协同机制及其整合 [J]. 思想战线，2013 (11).

[162] 贠鸿琬：农村公共品多元化供给主体的责任划分 [J]. 农村经济，2009 (8).

[163] 约翰·L. 米克塞尔：公共财政管理：分析与应用 [M]. 白彦峰，马蔡琛译，北京：中国人民大学出版社，2007.

[164] 詹姆斯·M. 布坎南：宪政的经济学阐释 [M]. 家文华，任洪生译，北京：中国社会科学出版社，2012.

[165] 张珺：中国农村公共产品供给 [M]. 北京：社会科学文献出版社，2008.

[166] 张开云：农村基本公共服务：现状评价与路径选择 [J]. 学术研究，2009 (11).

[167] 张立荣，冷向明：基本公共服务均等化取向下政府行为变革 [J]. 政治学研究，2007 (4).

[168] 张启春，胡继亮，李淑芳：区域基本公共服务均等化：政府财政平衡机制与政策研究 [M]. 北京：科学出版社，2016.

[169] 张文礼：合作共强：公共服务领域政府与社会组织关系的中国经验 [J]. 中国行政管理，2013 (6).

[170] 张新：论农村公共产品供给与地方财政改革的路径依赖——一个基于地方公共物品理论的分析框架 [J]. 财经问题研究，2006 (8).

[171] 张秀生：农村公共产品的供给与农民收入增长 [M]. 北京：中国农业出版社，2007.

[172] 张要杰：德国农村公共物品供给的经验研究——基于地方治理理论的视角 [J]. 农业经济，2009 (6).

[173] 赵成根：新公共管理改革：不断塑造新的平衡 [M]. 北京：北京大学出版社，2007.

[174] 赵宇，姜海臣：基于农民视角的主要农村公共产品供给情况——以山东省 11 个县（市）的 32 个行政村为例 [J]. 中国农村经济，2007 (5).

[175] 赵宇：农村公共品需求表达与供给决策问题分析——理论考察和山东调研 [J]. 财政研究，2009 (7).

[176] 珍妮特·V. 登哈特，罗伯特·B. 登哈特：新公共服务 [M]. 丁煌译，北京：中国人民大学出版社，2004.

[177] 郑磊：财政分权、政府竞争与公共支出结构——政府教育支出比重的影响因素分析 [J]. 经济科学，2008 (1).

[178] 郑晓燕：中国公共服务供给主体多元发展研究 [M]. 上海：上海人民出版社，2012.

[179] 郑晓燕：中国公共服务供给主体多元发展研究 [D]. 华东师范大学，2010.

[180] 钟晓敏：地方财政学 [M]. 北京：中国人民大学出版社，2001.

[181] 周连弟，陈俊红：农村公共产品政府投资优化配置 [M]. 北京：中国经济出版社，2007.

[182] 周耀东：中国公用事业管理改革研究 [M]. 上海：上海人民出版社，2005.

[183] 朱红琼：民族地区财政研究 [M]. 北京：经济科学出版社，2009.

[184] 朱红琼：中央与地方财政关系及其变迁 [M]. 北京：经济科学出版社，2008.

[185] 朱利安·勒，格兰德，卡洛尔·普罗佩尔，雷·罗宾逊：社会问题经济学 [M]. 苗正民译，北京：商务印书馆，2006.

[186] 邹继础：中国财政制度改革之探索 [M]. 北京：社会科学文献出版社，2003.

[187] B. 盖伊·彼得斯：政府未来的治理模式 [M]. 吴爱民等译，北京：中国人民大学出版社，2001.

[188] Brueckner J K. Fiscal federalism and capital accumulation [J]. Journal of Public Economic Theory, 1999: 205-224.

[189] Buchanan J. An economic theory of clubs [J]. Economica, 1965, 32: 1-14.

[190] C. 布朗，P. 杰克逊：公共部门经济学 [M]. 北京：中国人民大学出版社，2000.

［191］ Chales Tiebout. The pure theory of public expenditure ［J］. The Journal of Political Economy, 1956, 64: 416－424.

［192］ E. S. 萨瓦斯：民营化与公私部门的伙伴关系［M］. 周志忍译，北京：中国人民大学出版社，2002.

［193］ Mc Guite M. Groups segregation and optimal jurisdictions ［J］. Journal of Political Economy, 1974, 82: 112－132.

［194］ Musgrave R A. The Theory of Public Finance ［M］. New York: McGraw－Hill, 1959.

［195］ Oates W. An essay on fiscal federalism ［J］. Journal of Economic Literature, 1999, 11: 175－195.

［196］ Oates W. Fiscal Federalism ［M］. New York: Harcourt Brace Jovanovch, 1972.

［197］ Samuelson PA. The theory of public expenditure ［J］. The Review of Economics and Statistics, 1954, 36 (4): 387－389.

附　录

《西北民族地区农村公共服务多元供给体系与农民需求表达机制》调查问卷

尊敬的同志：

您好！我们是2013年国家教育部人文社科规划一般项目：“西北民族地区农村公共服务多元供给体系与农民需求表达机制”（编号：13YJA810008）课题调研组成员。为了全面准确地了解目前民族地区农村公共服务供给的现状、存在的问题，以及农民公共服务需求表达途径与方式，提出改善民族地区农村公共服务质量的对策建议。我们专门组织开展此次问卷调查活动，请您予以配合。此次问卷调查采用无记名方式作答，仅供学术研究之用，对您不会产生任何影响，请您认真作答。请在您认为的合适选项后面的“□”内划“√”，对于占用您的时间及带来的不便我们深表歉意！对您的参与和支持表示衷心的感谢！祝您及家人身体健康、生活幸福！

“西北民族地区农村公共服务多元供给体系与农民需求表达机制研究”
（13YJA810008）课题调研小组
2014年7月12日

问卷编码：□□□调查时间：□□年□月□日
调查地点：　　　　　　　　　　调查人员：

一、调查对象基本情况

A1. 您的性别是？
（1）男□（2）女□

A2. 您的年龄是？

（1）16 岁以下□（2）17—30 岁□（3）31—40 岁□

（4）41—50 岁□（5）51—60 岁□（6）61 岁以上□

A3. 您的文化程度是？

（1）初中及以下□（2）高中（中专）□（3）大学专科□

（4）大学本科及以上□

A4. 您的家庭人口数是？

（1）3 人及以下□（2）4 人□（3）5 人□（4）6 人及以上□

A5. 您家庭的年收入是？

（1）10000 元及以下□（2）10001 元—15000 元□

（3）15001 元—20000 元□（4）20001 元—25000 元□

（5）25001 元—30000 元□（6）30001 元及以上

A6. 您的民族是？

（1）汉族□（2）回族□（3）东乡族□（4）保安族□（5）撒拉族□

（6）土族□（7）藏族□（8）维吾尔族□（6）其他（请注明）

二、民族地区农村公共服务供给体系调查

B1. 在您看来，目前民族地区农村公共服务存在的主要问题是？

（1）公共服务供给体系不完善□（2）政府公共服务财政投入低下□

（3）公共服务供给效率低下□（4）公共服务供给质量不高□

（5）公共服务供给城乡差异较大□（6）难以满足多样化的公共服务需求□

B2. 在您看来，目前民族地区农村公共服务的提供者主要是？

（1）地方政府□（2）村民委员会□（3）宗教团体□

（4）行业协会□（5）其他民间自治组织（请注明）

B3. 在您看来，目前民族地区的地方政府在公共服务方面的主要作用是？

（1）加大公共服务财政投入□（2）了解居民公共服务需求偏好□

（3）收集和反馈居民公共服务需求信息□

（4）在公共服务供给中加强与非政府组织的合作□

（5）制定地方基本公共服务供给标准□

（6）其他（请注明）

B4. 在您看来，目前民族地区农村公共服务中最需要加强和改善的是？

（1）义务教育（小学及初中教育）□

（2）医疗卫生（乡村卫生）□

（3）社会保障（医疗、养老等）□

（4）公共文化（图书馆、农家书屋等）□

（5）社会治安（突发事件）□

（6）环境保护（村容村貌、垃圾处理等）□

（7）公共交通（乡村交通工具）□

（8）基础设施（乡村道路、农田水利设施）□

（9）其他（请注明）

B5. 在您看来，理想的民族地区农村公共服务供给体系应是？

（1）政府单一供给□（2）以政府为主，其他组织协同参与□

（3）由政府、自治组织和企业联合组成的多元供给体系□

（4）其他（请注明）

B6. 在您看来，除政府之外，目前民族地区农村公共服务供给中发挥作用最大的组织是？

（1）村民委员会□（2）各类行业协会□（3）宗教团体□

（4）企业□（5）其他自治组织（请注明）

三、民族地区农村公共服务需求内容与表达方式调查

C1. 您喜欢参与的公共文化活动是：____（可多选，按照喜欢程度排序）

（1）看电视□（2）读书看报□（3）听音乐□（4）看电影□

（5）上网□（6）看演出□（7）参加培训、讲座□

（8）旅游□（9）看展览□（10）参加宗教活动□

C2. 您所在的农村有哪些公共文化活动场所？

（1）公共图书馆□（2）文化馆□（3）艺术馆□（4）档案馆□

（5）博物馆□（6）青少年宫□（7）社区活动中心□

（8）其他□（请注明）

C3. 在您看来，目前民族地区农村最需要的公共文化活动是？

（1）文化下乡活动□（2）演出活动□（3）培训讲座□

（4）放电影□（5）民俗活动□（6）文艺比赛活动□（7）其他□

C4. 您认为目前民族地区最需要提升以下哪一项公共文化服务？

（1）文化设施的建设□（2）文化资源和遗产的保护□

（3）文化活动的举办□（4）文化理念的塑造□

（5）文化产品的生产和创新□（6）文化体制的运营和创新□

C5. 在您看来，目前民族地区农村居民最需要的社会保障（保险）类型是？

（1）医疗保险□（2）养老保险□（3）生育保险□

（4）工伤保险□（5）失业保险□

C6. 在您看来，目前政府提供的社会保障对生活有实质性帮助吗？

（1）很有帮助□（2）比较有帮助□（3）一般□

（4）几乎没有帮助□（5）完全没有帮助□

C7. 在您看来，目前民族地区农村义务教育发展中需要加强的方面是？

（1）提高学校师资水平□

（2）加强学校基础设施建设，改善办学条件□

（3）提高学校伙食补助标准□

（4）学校布局优化，方便孩子就近入学□

（5）加强学校管理，重视学校与家庭交流□

（6）改进教学方法、手段，提高教育质量□

C8. 在您看来，目前民族地区农村公共安全中需要加强的方面是？

（1）各类自然灾害防范与应对□（2）农村社会治安加强□

（3）刑事案件的防范与应对□（4）暴力恐怖活动的防范与应对□

（5）公共安全形势教育□（6）农村基层组织危机应对能力提升□

C9. 当您及家人对现有公共服务各个方面有意见或建议时，向哪些部门去反映？

（1）村委会主任及工作人员□（2）乡镇人民政府领导或工作人员□

（3）宗教团体□（4）行业协会□

（5）其他村民自治组织（请注明）（6）不知道向谁反映□

C10. 当您及家人向相关部门反映对公共服务各个方面意见或建议时，主要通过何种方式？

（1）直接面谈□（2）书面反映□（3）电话联系□

（4）委托第三方反映□（5）其他村民自治组织（请注明）

四、民族地区农村公共服务满意度调查

D1. 请对您所在农村的以下基本公共服务项目满意度做出总体评价（请

在适当的方框内划“√”）

基本公共服务项目	很满意	较满意	一般	较不满意	不满意
义务教育					
医疗卫生					
社会保障					
公共文化					
社会治安					
环境保护					
公共交通					
基础设施					

D2. 请对以下组织在基本公共服务供给中发挥的作用做出评价（请在适当的方框内划“√”）

公共服务供给主体	很满意	较满意	一般	较不满意	不满意
县政府					
乡政府					
村委会					
宗教团体					
行业协会					
其他组织					

D3. 请对您所在农村的义务教育服务要素满意度做出评价（请在适当的方框内划“√”）

义务教育服务要素	很满意	较满意	一般	较不满意	不满意
师资水平					
经费投入					
学校设施					
学校管理					
学校伙食					
教学方法					
学校距离					
两免一补					
其他					

D4. 请对您所在农村的医疗服务（乡镇卫生院、村卫生室）要素满意度做出评价（请在适当的方框内划“√”）

医疗服务要素	很满意	较满意	一般	较不满意	不满意
医疗费用					
医疗设备					
服务态度					
卫生状况					
服务便捷					
医疗质量					
其他					

D5. 请对您所在农村的社会保障（社会保险、社会救助、社会福利）服务要素满意度做出评价（请在适当的方框内划“√”）

社会保障服务要素	很满意	较满意	一般	较不满意	不满意
保障覆盖范围					
保障公平性					
保障透明性					
社会保障管理水平					
社会补助和救济金发放标准					
社会保障办理程序、手续					
其他					

D6. 请对您所在农村的公共文化服务要素满意度做出评价（请在适当的方框内划“√”）

公共文化服务要素	很满意	较满意	一般	较不满意	不满意
文化场所数量					
文化设施状况					
文化活动数量					
文化活动类型					
文化活动内容					
文化活动参与					
其他					

后记

该专著是在我主持的2013年教育部人文社科基金一般规划项目（13YJA810008）基础上完成的。依托该项目，同时完成了在中国财政科学研究院的博士后研究报告。回想起从事博士后研究工作期间的学习与生活，心里充满许多的感激与欣慰！感激的是财科院导师的认真细心地指导与同学的热情帮助，欣慰的是财科院良好的科研条件与学术氛围为自己专业成长提供了良好的平台。

首先，最为感谢的是博士后研究工作期间的合作导师，中国财政科学研究院外国财政研究室原主任吕旺实研究员。2011年11月在北京大学经济学院参加第七届中国公共财政论坛时与先生初次相识，会议期间向先生请教税制改革有关问题，先生详细地回答了我的困惑。先生渊博的学识和敏锐的思维给我留下深刻印象，并互留了联系方式。此后，有关学术问题多次向先生请教，先生都耐心细致地予以指导和帮助，让我很受感动。

2013年6月兰州大学博士毕业后，与先生联系表明自己愿意在其门下从事博士后研究工作的设想与打算，先生高兴地答应了。自从事博士后研究工作以来，越来越感觉到自己的选择是正确的，遇到先生真是太幸运了。先生于20世纪80年代初期考入北京大学经济学院，先后获得经济学学士、硕士学位，后留学加拿大，德高望重、学识渊博、为人谦和，对学生认真负责、悉心指导，不仅在专业学习上，即使在工作与生活方面，先生都尽力支持和帮助我。最为开心和高兴的是，每次在新知大厦与先生交谈，听先生讲经济学问题以及偶尔提及自己当年北京大学经济学院读书学习的情景，催人奋进！特别是本研究报告，从研究提纲、主要内容、框架结构以及问卷设计等方面先生均提出了宝贵的指导意见和修改建议，多次面对面指导相关问题！在此，向先生的悉心指导和热情帮助致以最为诚挚的谢意。

其次，感谢课题组成员甘肃农业大学管理学院青年教师陈海生、吕永强、陈思明和范国华博士在问卷调查及文献资料等方面给予的支持！特别是陈海生和吕永强老师在实地调查时付出的辛勤劳动！在此对以上教师致以诚挚的谢意！衷心感谢甘肃省临夏回族自治州东乡县河滩镇接受调查单位的大力支持与密切配合，使得问卷调查工作得以顺利完成！感谢甘肃农业大学管理学院硕士研究生唐仕朝、左转宏、王丹、王东东等同学在部分资料收集方面的工作。

感谢甘肃农业大学管理学院的韩建民教授、韩旭峰教授长期以来的鼓励、关心和支持。特别感谢甘肃农业大学管理学院院长王文棣教授长期以来在教学、科研等诸多方面给予的大力支持与帮助！感谢西北师范大学公共管理学院副院长孙健教授在报告撰写中所给予的关心和支持！感谢中国人民大学公共管理学院常务副院长许光建教授给予课题的帮助和支持！

感谢甘肃省人文社科重点研究基地——甘肃农业大学西部农村发展与社会保障研究中心的出版资助。

感谢我的岳父俞有禄先生、岳母郭兰花女士长期以来给予家庭的大力支持，没有他们的支持我的研究工作是难以完成的！在我外出学习培训、访学深造期间，给予家庭及孩子无微不至的体贴和关心，使得我能够静下心来潜心从事研究工作。

感谢我的母亲赵根贵女士、弟弟刘峰明在研究期间的鼓励与支持；特别感谢我的妻子俞美丽女士的鼓励与支持，为了我的研究工作，她承担了大量的家务劳动，为家庭付出了许多，在工作之余承担女儿的生活照顾与学习辅导等方面大量的工作，其中的辛苦可想而知！为了支持我专业发展，她牺牲了大量的休息时间！在此表示感谢！最为开心的是在紧张繁忙的工作与学习之余，女儿刘佳琦带来的无尽的天真与快乐！

感谢我二爸刘璋先生和二妈陈春玲女士多年来给予我学业及家庭无微不至的关心和支持，虽然他们年事已高，远在甘肃金昌，但有两位老人的关心和支持，我感到亲情无比伟大、无比让人感动！每当内心感到孤独与无助时，有他们的关心和支持，我会感到非常开心与欣慰。正是他们长期以来的鼓励、关心和支持，才使我不断坚持自己专业发展之路。

感谢中国财政科学研究院评审组各位专家提出的宝贵的修改意见。感谢财科院各位同学在站期间给予的关心和支持，他们分别是霍军、王东旭、夏署峰、邢剑锋、孙庆华、刘兵、王美桃、董欣、刘锐、范博超、邢斯达、张琳、秦愿等。

最后，特别感谢中国财政经济出版社编审闫娟博士（后）在出版联系及文字校对等方面付出的辛勤劳动！

当然需要特别说明的是，对于我个人而言，公共服务供给体系与需求表达机制的关系是一个全新的研究课题，需要多学科综合研究予以攻关。由于自己能力与水平所限，不足之处在所难免，敬请批评指正！

刘书明

2017 年 10 月 16 日